中央财政支持高等职业学校提升专业服务能力项目
北京高等学校青年英才计划项目

保险法基础与实务

主　编◆王雨静
副主编◆郭　雷
撰稿人◆（按姓氏笔画为序）
王雨静　刘远景　刘继兰
李迎春　李　峣　张　晶
赵　江　姜　丽　胡俊华
郭少军　郭　雷　宿　迟
黄炎娇

中国政法大学出版社
2014·北京

作者简介

宿　迟　男，现任北京市第二中级人民法院党组副书记、副院长。

郭少军　男，现任中国人民财产保险股份有限公司北京市分公司副总经理。

王雨静　女，1978 年生，2001 年毕业于中国政法大学，现任北京政法职业学院经贸法律系副主任，讲师，兼职律师，研究方向民商法、经济法。

郭　雷　男，1980 年生，2005 年毕业于中国政法大学，现任北京政法职业学院讲师，兼职律师，研究方向经济法、金融法。

刘远景　女，1961 年出生，1983 年毕业于中国政法大学，现任北京政法职业学院经贸法律系主任、法学教授，兼职律师，研究方向民商法、经济法。

刘继兰　女，1963 年生，1987 年毕业于北京联合大学，现任北京政法职业学院讲师，研究方向经济法。

赵　江　男，1969 年生，2002 年毕业于中国政法大学，北京政法职业学院讲师，兼职律师，研究方向民商法。

胡俊华　女，1976 年生，2006 年毕业于河北大学，现任北京政法职业学院讲师，兼职律师，研究方向诉讼法、经济法。

李　峣　男，1971 年生，2007 年毕业于中国社会科学院，现任北京政法职业学院讲师，研究方向民商法、经济法、诉讼法。

姜　丽　女，1962 年生，1987 年毕业于北京大学分校，现任北京政法职业学院讲师，兼职担任北京市第二中级人民法院陪审员工作，研究方向民商法。

李迎春　女，1974 年生，2008 年毕业于中国政法大学，现任北京政法职业学院教师，研究方向经济法、行政法。

黄炎娇 女，1984 年生，2013 年毕业于中国青年政治学院，现任北京政法职业学院教师，研究方向经济法。

张　晶 女，1983 年生，2008 年毕业于中国人民大学，现任北京政法职业学院讲师，研究方向管理学。

前言

为了适应从职业出发，以学习者为中心，在行动中学习的职业教育教学改革、课程改革的需求，北京政法职业学院特别邀请司法机关、保险公司等行业专家与学院专业教师共同组成课题组，遵循职业教育的开放性、职业性的特征，对人才培养方案进行了颠覆性地修正。通过基于工作过程的课程项目化改造、校内仿真实训、校外顶岗实习、就业性岗位实习，使工学交替式的教学模式逐步形成。

由此对教材提出了一个全新的要求。

课题组从教学实际出发，针对当前教学改革、课程改革中出现的新问题进行了深入、系统的研讨与研究，在取得了一定的应用成果基础上形成了高等职业院校《保险法基础与实务》课程教材。本教材以提高学生处理保险法律事务能力为目的，遵循“法理够用、技能全面、以线串点、学做轮动”的原则，使学生能够掌握一定的保险法基础，同时更加注重对学生实际操作技能的培养，凸显职业教育特征。

在体例编排上，教材遵循宏观、微观两条线。宏观上以保险法律事务顺序为主线；微观上以保险公司主要工作流程为主线，将保险法律实务分解为保险销售法律实务、保险承保法律实务、保险理赔法律实务、保险客户服务法律实务、保险纠纷处理实务五大综合项目模块。教学模式设计上采用了以项目导向、任务驱动、实境模拟，实训实战的全新体例。

在内容选取上，将保险法的基础知识、基本理论、法律依据、真实案例与保险法律事务融合为一体，形成整体保险法律实务。围绕保险法律实务设计教学与训练综合项目，分解工作过程，提炼教学与训练任务，力求“教、学、做、训、评”的有机结合。

在高等职业教育教学与课程改革中，课题组对于制约高等职业教育发展的瓶颈性问题之一的教材问题进行了有益探索，尚不成熟，还在不断研究之中。

本部教材由王雨静同志担任主编，郭雷同志担任副主编，刘远景、刘继兰、赵江、胡俊华、李峣、姜丽、李迎春、黄炎娇、张晶等同志参加了编写工作。特别是课题组邀请的政法行业专家北京市第二中级人民法院党组副书记、副院长宿迟同志，以及保险企业专家中国人民财产保险股份有限公司北京市分公司副总经理郭少军同志加入课题组参加编写。行业专家对本教材体例及法律实务部分提出了中肯的建设性意见和建议。同时本教材的编写工作受到了北京政法职业学院院领导的高度重视，学院党委书记、院长张景荪同志，党委副书记、副院长陈勇同志多次参加教材编写工作调研、研讨活动，亲自参加、指导和帮助教材的审订工作，在各个方面给予了课题组极大的支持。在此对所有为本教材的编写和出版给予支持和帮助的领导、同志们一并表示诚挚的谢意！

北京政法职业学院课题组

2014 年 8 月

目　录

综合训练项目一：保险销售法律实务

■ 学习目标

保险销售是保险实务操作中的第一个关键环节，保险产品只有通过销售行为转移到消费者手中，才能使保险产品产生效用，实现保险经营的目标和宗旨。做好保险销售工作，有利于扩大承保数量，拓宽承保范围，实现保险业务的规模经营，满足大数法则的要求，保持偿付能力，实现保险公司的利润目标。保险销售从业人员不仅要掌握相关的专业知识，还要掌握较高的业务技能。学生通过本综合训练项目的学习和训练，应当认知保险的含义，保险产品的含义、构成要素及类型，保险销售的法律依据；了解保险销售岗位的主要职责，明确各类保险产品的目标客户、销售渠道并能运用于实践；熟悉保险销售的业务流程；掌握开拓准保户、设计并介绍保险方案、拒绝处理的方法和技巧、订立保险合同、解决保险销售过程中的具体法律问题等保险销售的基本业务技能。

■训练项目一：保险销售岗位认知

■教学与训练任务一：认识保险销售岗位

一、保险的含义及分类

（一）保险的含义

1. 保险的含义。《中华人民共和国保险法》（以下简称《保险法》）第2条规定："本法所称保险，是指投保人根据合同约定，向保险人支付保险费，保险人对于合同约定的可能发生的事故因其发生所造成的财产损失承担赔偿保险金责任，或者当被保险人死亡、伤残、疾病或者达到合同约定的年龄、期限等条件时承担给付保险金责任的商业保险行为。"

2. 保险法律关系的含义。所谓法律关系，是指法律规范在调整行为人行为过程中形成的权利和义务关系，它是现实社会关系的思想形式，其实质是经济关系的反映。保险关系作为一种法律关系，具体表现为以下四种社会关系：

（1）保险活动当事人之间的关系。该关系是在保险人与投保人、被保险人、受益人之间因保险合同而形成的关系。

（2）保险当事人与中介人之间的关系。该关系是在保险人与保险代理人、保险经纪人、保险公估人之间因经营保险业务而形成的关系。

（3）保险企业之间的关系。目前，我国保险市场上的保险企业，除了股份有限公司、有限责任公司和国有独资公司外，还有外资保险公司、中外合资保险公司。它们在保险经营活动中互相竞争、互相协作。

（4）保险企业与保险管理机构的关系。一是政府与企业之间的关系。二是监督管理者与被监督管理者之间的关系。

（二）保险的分类

1. 按照实施方式分类，保险可分为强制保险和自愿保险。

（1）强制保险是由国家（政府）通过法律或行政手段强制实施的一种保险。

强制保险的保险关系虽然也是产生于投保人与保险人之间的合同行为，但是，合同的订立受制于国家或政府的法律规定。自愿保险是在自愿原则下，投保人与保险人双方在平等的基础上，通过订立保险合同而建立的保险关系。

（2）自愿保险的保险关系，是当事人之间自由决定、彼此合意后所建立的合同关系。投保人可以自由决定是否投保、向谁投保、中途退保等，也可以自由选择保险金额、保障范围、保障程度和保险期限等。保险人也可以根据情况自愿决定是否承保、怎样承保等。

2. 按照保险标的分类，可将保险分为财产保险和人身保险。

（1）财产保险是以财产及其有关利益为保险标的的一种保险，包括财产损失保险、责任保险、信用保险等保险业务。财产损失保险是以各类有形财产为保险标的的财产保险；责任保险是指以被保险人对第三者的财产损失或人身伤害依照法律和契约应负的赔偿责任为保险标的的保险；信用保险是以各种信用行为为保险标的的保险。

（2）人身保险是以人的寿命和身体为保险标的的保险，包括人寿保险、健康保险、意外伤害保险等保险业务。人寿保险是以被保险人的寿命作为保险标的，以被保险人的生存或死亡为给付保险金条件的一种人身保险；健康保险是以被保险人的身体为保险标的，使被保险人在疾病或意外事故所致伤害时发生的费用或收入损失获得补偿的一种人身保险；意外伤害保险是以被保险人的身体为保险标的，以意外伤害而致被保险人身故或残疾为给付保险金条件的一种人身保险。

二、保险销售的含义及岗位职责

（一）保险销售的含义

保险销售是指以保险产品为载体，以消费者为导向，以满足消费者的需求为中心，运用整体手段，将保险产品转移给消费者，以实现保险公司长远经营目标的一系列活动。保险销售的最终目的是为保险公司组织和争取保险业务。专业化的保险销售流程通常包括四个环节，即：①准保户的开拓；②调查并确认准保户的保险需求；③设计并介绍保险建议书；④疑问解答并促成签约。

（二）保险销售的从业人员

1. 保险销售从业人员的种类。保险销售从业人员主要包括保险代理人和保险经纪人。

（1）保险代理人。保险代理人是指根据保险人的委托，在保险人授权的范围内代为办理保险业务，并依法向该保险人收取代理手续费的单位或个人。保险代理人的类型包括：专业保险代理人、兼业保险代理人及个人保险代理人。我国保险代理人资格考试由中国保监会委托全国省市广播电视大学组织，每月下旬都有一次考试。

(2) 保险经纪人。保险经纪人是基于投保人的利益，为投保人与保险人订立保险合同提供中介服务，并依法收取佣金的有限责任公司。保险经纪人的资格考试每半年举行一次。

2. 保险代理人和保险经纪人的职业区别。保险经纪人和保险代理人都是保险合同的辅助人，主要区别在于：其一，保险经纪人代表的是投保人的利益，保险代理人代表的是保险人的利益。其二，保险经纪人是以自己的名义进行保险经纪活动，但是保险代理人则是以保险人的名义与投保人和被保险人发生关系。其三，保险经纪人的保险经纪业务所产生的法律责任，由保险经纪公司承担，但是保险代理人在授权范围内进行活动所产生的法律责任由保险人承担。只有在授权范围之外的活动产生的法律责任，才由代理人承担。

(三) 保险销售的岗位职责

保险销售人员的岗位职责包括：以最大诚信原则进行业务操作；以客户利益至上的原则尽可能满足投保人的保险要求；向消费者宣传保险知识，解释保险条款、点评、设计保险产品，制定保险计划；将投保人真实、完整的资料提交给承保的保险公司；根据客户需要为其提供优质的售后服务；定期回访老客户，维护潜在客户等。

三、保险销售的渠道

保险公司能够运行成功的一个关键因素就是要有一支强大的销售队伍。保险销售渠道是指保险产品从保险公司向客户转移过程中所经过的途径。理解保险销售渠道应把握三点内容：保险销售渠道的起点是保险公司，其终点是保险消费者，即投保人；在保险销售渠道中，保险产品从保险公司向投保人的转移是以保险产品所有权的转移为前提的，在特殊情况下，保险公司可以将险种直接销售给投保人，但在大多数情况下，保险产品从保险公司转移给投保人要经过保险中介进行多次转移；保险销售渠道的环节是那些参与或帮助保险产品转移的组织和个人的集合，包括所有保险中介，如保险代理人和保险经纪人。

关于保险销售渠道可以归并为直接营销和间接营销两种主要方式。

(一) 直接营销渠道

直接营销渠道亦称直销制，是指保险公司利用该支付薪金的业务人员直接推销保单，招揽业务。这种方式一般适合实力雄厚、分支机构健全的保险公司。但对大多数保险公司而言，这种方式不足以争取到大量的保险业务，而且在销售成本上也是不合算的。

直接营销渠道依据所利用的手段不同又可分为自销和直接营销。自销是指依靠保险公司的雇员推销保险商品并提供客户服务。直接营销是指允许供应商和消费者相互直接交易的方式。在这种方式中，保险信息往往通过电子邮件、报纸、杂志、电视和电台广告直接传给顾客。公众可上网或打电话索取投保单，无须同保险公司人员直接接触就能办完投保手续，但这种方法只适合于个人保险业务。

（二）间接营销渠道

间接营销渠道亦称中介制，是指保险公司通过保险中介机构、依法取得资格证书的保险销售从业人员等中介销售保险产品的方式。保险中介不能代替保险人承担保险责任，只是通过参与代办、推销、提供专门技术服务等各种保险活动，来促成保险销售的实现。间接销售渠道的具体方法有：

1. 保险代理人销售。保险代理人是根据保险人的委托，向保险人收取佣金，并在保险人授权的范围内代为办理保险业务的机构或者个人。目前我国保险市场上的代理人主要有保险专业代理机构、保险兼业代理机构和个人保险代理人三种类型。

2. 保险经纪人销售。保险经纪人是基于投保人的利益，为投保人与保险人订立保险合同提供中介服务，并依法收取佣金的机构。我国目前只允许法人单位从事保险经纪活动。保险人通过保险经纪人争取保险业务，从而实现保险的销售。

四、比较分析保险和储蓄的差异

【实训背景】

2013年5月，李女士前往某银行办理存款业务，当时银行柜台内的工作人员为其安排了一位穿着同样制服的工作人员（后来李女士得知这位工作人员是保险公司银保销售人员）。李女士表示："当时销售人员声称有一款5年期理财产品，每年存款1万元连存5年，收益均按照5万元利息结算，产品还有分红并送一份保障，5年后到期就能全部取出，出于对银行的信任，我才买这份理财产品。"李女士直到第二年收到保险公司的交款通知时，方知购买的"理财产品"是保险产品；且仅有一张银行给的保险单，投保书保险合同条款等都没有见到，也没有收到保险公司任何回访电话；再加上收益低微，李女士决定退保。

【实训任务】

请你以保险从业人员的经验，为广大保险消费者介绍一下保险和储蓄的差异性。

【实训指导】

保险与储蓄都是以现在的剩余资金做未来所需的准备，即同为"未雨绸缪"之计，因而都体现一种有备无患的思想。但是，两者属于不同的经济范畴，有着明显的差异：其一，储蓄和保险是两种性质不同的风险防范路径。银行储蓄可以应付未来风险，是一种自助行为；而保险则把风险转移给保险公司，是一种互助行为。其二，储蓄和投保都是收益预期确定的产品。银行储蓄的预期收益包括确定的本金和利息；而投保后得到的“收益”是预期收益，是确定的未来风险保障，只要缴纳了足额的保险费，就能得到完全的、充分的未来风险保障。

特别值得提醒广大保险消费者的是，绝不能把保险等同于储蓄。从传统保险产品看，保险的主要功能是提供风险保障。新型人寿保险有一定的投资功能，但其流动性和收益性都有别于储蓄和股票等其他投资工具。

■教学与训练任务二：认识保险产品

一、保险产品及其构成

（一）保险产品的概念

保险产品是由保险人提供给保险市场的，能够引起人们注意、购买，从而满足人们减少风险和转移风险，必要时能够得到一定的经济补偿需要的承诺性组合。从营销学的角度来看，保险产品包括保险合同和相关服务的全过程。

（二）保险产品的构成要素

保险产品的构成要素一般包括保险责任、保险费率、保费交付方式、保险期限、保险赔款或保险金给付方式。

1. 保险责任。保险责任是保险人所承担责任的风险范围，即保险产品中约定的风险发生后，保险人承担赔偿或者给付保险金的责任。

2. 保险费率。保险费是保险人向投保人收取的费用，以作为保险人承担保险责任的报酬。保险费率是指单位保险金额中保险人应收取的保险费的比率。在保险实务中，保险费率通常是以千分数来表示的。保险费率的确定是依据保险标的的风险程度、损失概率、保险责任范围、保险期限和保险人的经营管理费用等因素来综合加以考虑的。

3. 保费交付方式。保险费的交付方式一般有两种：一种是合同成立时投保人一次缴纳，即趸缴；另一种是投保人分期缴纳保费。

4. 保险期限。保险期限是指保险人对保险标的承担保险责任的时间范围，或者说是保险责任开始到终止的有效期间。财产保险产品的保险期限较短，通常为1年；人寿保险产品的保险期限较长。在实践中，保险人一般允许续保，即投保人可在旧保单满期后继续缴纳保险费，并规定续保期限。

5. 保险赔款或保险金给付方式。被保险人在保险有效期内发生保险责任范围内的损失或者事件时，保险人要按照合同的约定向被保险人或受益人支付保险赔偿款或保险金。被保险人或受益人领取保险赔款或保险金的方式在财产保险与人寿保险中有一定差别。在财产保险中，发生保险事故时，被保险人可以一次性领取保险赔偿款。在人寿保险中，被保险人或受益人领取保险金可采取三种方式：一次性领取保险金；以年金形式分期领取保险金；上述两种方式混合使用，即保险金的一部分一次性领取，剩余部分以年金形式领取。

二、主要的保险产品类型

在保险制度中按保险标的来划分，主要的保险产品类型有两大类：一类是人身保险产品；另一类是财产保险产品。

（一）人身保险产品

人身风险的客观存在是人身保险产生、发展的前提。人身风险包括生、老、病、死、残等，因此人身保险的保险责任包括死亡、伤残、疾病、年老等，即人们在日常生活中可能遇到的意外伤害、疾病、衰老、死亡等各种不幸事件。

1. 人寿保险产品。人寿保险是以被保险人的生命为保险标的，以被保险人的死亡或者生存为保险事故的一种人身保险。在人寿保险实务上，人寿保险分为普通人寿保险和创新型人寿保险。总体上看普通人寿保险一直处于业务核心位置。

（1）普通人寿保险。普通人寿保险具体包括四种基本险种，即定期人寿保险、终身寿险、生死合险（又称两全保险）和年金保险。

第一，定期人寿险。提供特定期间的死亡保障，如 1 年、5 年、10 年、20 年，或保障到被保险人的某个年龄为止。当被保险人在特定期间内死亡，由保险人向受益人给付保险金；如特定期间届满，被保险人仍然生存，则保险人不承担保险责任。除长期险种外，定期寿险通常没有现金价值，是一种非储蓄性产品。定期寿险是人寿保险业务中产生最早、也最简单易行的一个险种。它的期限短，保险费低于两全保险与终身寿险，经常成为长期寿险的替代品。定期寿险是廉价的保险，主要适合如下两类人购买：一类是家庭收入较低而急需较高保险金的人群；另一类是在短期内担任一项危险工作的人士。

【产品示例】

泰康人寿 e 爱家定期寿险养老计划〔1〕

1. 产品特色：每月只要几百元，寿险养老可两全；大病豁免保险费，泰康来交养老钱。

---

〔1〕 泰康人寿保险股份有限公司网站：http：//www.taikang.com/，访问日期：2013 年 11 月 6 日。

2. 投保年龄：18～45周岁。

3. 保费：以30岁为例，30万元定期寿险保额，每月保费只需一百多元起。

4. 推荐按照目前年收入的5～10倍购买，即便发生不幸，也能照顾父母、家人未来数年的生活。

5. 保险责任：

身故保险金：投保1年后身故（意外身故不受1年限制），我们按"保额+已交保险费（含被豁免部分）"给付身故保险金。

满期保险金：满期给付等价于所有保险费的保险金。

豁免保险费：投保180天后初次确诊重大疾病，我们豁免本计划的后续保险费，保障继续有效。

6. 投保示例：

张女士30岁，投保了30万元本保险，保障到60岁，年交2212.91元，交20年。

假设	身故保险金	满期保险金
32岁患恶性肿瘤，已交费3年	豁免本计划的后续保险费，但身故保险金（30万元+交费次数*2213元）不变，保单继续有效	可领取44 260元，数额等于20年的保费
33岁身故，已交费4年	身故保险金=308 852元（=身故保额30万+已交4次保费合计8852元）	无
健康生存到60岁	无	领取20年所交保费（2213*20年=44 260元）

第二，终身寿险。终身寿险提供被保险人终身的死亡保障，一般到生命表的终端年龄100岁为止。只要保险合同仍旧生效，不论被保险人在100岁以前何时死亡，保险人都要向受益人给付保险金。如果被保险人生存到100岁，保险人则向其被保险人给付保险金。投保人投保终身寿险的目的，一般是为了在被保险人死亡后，家属得到一笔收入。终身寿险的保险费高于定期寿险，而低于两全保险。因此，从保险成本的角度看，终身寿险是最昂贵的定期寿险同时也是最便宜的两全保险。终身寿险具有现金价值，但就储蓄成分而言，低于两全保险。

第三，两全保险。两全保险也称"生死合险"或"储蓄保险"，它是生存保险与死亡保险的结合。当被保险人在保险期内死亡或者生存到保险期满时，保险人均给付保险金。由于保险人同时考虑到生存与死亡这两种生命状态，既提供强大的储蓄功能，又能防止储蓄期间的死亡风险。因此，该险种既可以保障被保险人退休后的生活需要，又可以解除由于被保险人死亡而给家庭生活带来的后顾之忧。

两全保险有两项基本用途：一是提供老年退休基金；二是为家属提供生活与教育费用。由于两全保险的储蓄性强于终身寿险，属于高度储蓄性保险产品，故其还有一些特殊用途，如作为投资工具，作为半强迫性储蓄工具，或作为个人借贷中的债务抵押品。两全保险一般规定一个期间，其表示方法有两种：一种是以特定的年数表示，如10年、15年、20年的两全保险；另一种是以特定的年龄表示，如55岁、60岁、65岁的两全保险。保险费通常在整个保险期间按年、半年、季或月缴付，也可以限期缴清。

第四，年金保险。年金保险是指保险人在约定的期限内或在制定人的生存期内，按照一定的周期给付年金领取者一定数额保险金的保险。这种周期可以是1年、半年、季或月，但以月为主。年金保险是生存保险的一种特殊形态，目的是为了保证年金领取者晚年的经济收入。在年金保险中，保费可以采取一次缴清方式，也可以采取按月或者按年的分期缴费方式。但不论采取何种方式，在开始领取年金以前，投保人必须缴清所有的保费，年金领取日往往就是缴费截止日。

年金保险产品的种类繁多，根据不同的分类标准，年金保险的内容也有所不同。

按照缴费方法的不同，分为趸缴年金和期缴年金。趸缴年金的投保人一次交清全部保险费，期缴年金的投保人分期缴纳保险费。

按照年金给付开始的时间不同，分为即期年金和延期年金。即期年金是指当投保人缴纳所有的保费后，保险人立即按期给付年金。即期年金一般采取趸缴保费方式。延期年金是指保险合同成立后，经过一定期间或达到一定年龄后且当被保险人仍然生存时才开始给付年金。延期年金一般采取分期缴纳保费的方式。

按照被保险人的不同，分为个人年金、联合及生存者年金和联合年金。个人年金又称“单生年金”，被保险人仅为1人，并以其生存作为给付条件。联合及生存者年金又称为“联合及最后生存者年金”，被保险人有2人以上，而年金给付继续到其中的最后生存者死亡为止。此种年金的投保人通常为夫妻二人。联合年金是以两个或两个以上的被保险人均生存作为给付条件，只要有1人先行死亡，保险金就停止给付。

按照给付期限的不同，分为定期年金、终身年金和最低保证年金。定期年金是指保险人在约定的期限内给付年金，并以约定期满与被保险人死亡两者之先发生者作为终止给付年金的时间。终身年金是指保险人以被保险人的死亡作为给付年金的终止时间。显然，终身年金对长寿者非常有利，而被保险人死亡得越早越不利。最低保证年金是指在年金领取人死亡的情况下，保险人继续向其指定的受益人支付年金领取人没有领完的那部分金额。

按照给付额是否变动，分为定额年金和变额年金。定额年金的给付额是固定的，而变额年金的给付额随着货币购买力的变动而不断调整，因此，变额年金克服了定额年金在通货膨胀条件下保障水平低的不足。个人购买变额年金可以作为一项投资，而购买定额年金主要作为一种储蓄。

（2）创新型寿险产品。与传统型寿险产品相比，创新型寿险产品是保险产品与其他金融产品充分而巧妙的结合，这类产品既考虑到投保人和被保险人的方便和利益，同时兼顾保险人自身经营风险的分散。这类产品目前主要有：

第一，变额人寿保险。变额人寿保险也叫投资联合保险。按美国全国保险监督官协会制定的《变额人寿保险示范法规》的观点，变额人寿保险基本上是一种普通终身寿险，提供可变的死亡和（或）生存保险金给付，而从法律意义上讲，变额寿险既属于保险范畴又属于证券范畴。变额人寿保险与传统寿险相比较，其通常具有以下特点：其一，其保费的缴纳是固定的，但死亡或生存给付金额在保证一个最低限额的条件下，却是可以变动的。其二，变额寿险通常开立有分立账户，保险公司对其实行分账管理。每个投保人的保费分为两个账户，一个是保障账户；另一个是投资账户，由该账户的资金所形成的基金专门用来投资，但由于同其他寿险产品所形成的保险基金的投资是分开的，因此叫作“分离账户”。对分离账户的投资，保单所有人拥有投资选择权，因此，变额人寿保单又称为“与股权相联系的保单”。这种产品的保单所有人要承担投资风险，即利差损风险，而保险公司只承担因死亡率和费用率变动的风险，即死差损风险和费差损风险。其三，现金价值随保险公司的投资组合和投资实绩的变动而变动。其四，人们购买变额人寿保险的目的是希望受益人能得到金额较大的死亡保险金给付，其给付金额按被保险人死亡时投资组合的市场价值提供。

第二，万能人寿保险。万能人寿保险又称为综合人寿保险。是创新型寿险中的主流产品。其特点在于：其一，万能人寿保险具有很大的灵活性。在保险期间，它的保费可以随保单所有人的需求与经济状况而改变，投保人甚至可以暂时停止缴纳保费。保单所有人可以根据需要改变保险金额，但保险单规定了一个最低保险金额，增加保险金额需要提供可保性证明。其二，保险公司为每个保单所有人设立单独账户。其三，保险公司至少每年向保单所有人寄送一份报告书，向其显示所缴保费在提供死亡给付保障、费用和现金价值间如何分配。

而传统型具有现金价值的保单并不区分死亡率、投资与费用的构成。其四，现金价值与实际投资收益相联系。其五，保单所有人不仅可以进行保单质押贷款，而且还可以提取部分现金价值，保险合同仍旧有效。

第三，万能变额人寿保险。万能变额人寿保险改变了变额人寿保险缴费固定的特点，死亡给付金额、保费、保险期限在一定的限制条件内都可以变动，产品的灵活性因而大大增加。

2. 人身意外伤害保险产品。

（1）意外伤害保险的概念。人身意外伤害保险是指被保险人在保险期间遭受非本意的、外来的、突然的意外事故，以致死亡、身体残疾、支付医疗费用或暂时丧失劳动能力，由保险人给付保险金的保险。它至少包含三个条件：一是有客观的事故发生，而且是不可预料、不可控制、非受害者所愿的；二是被保险人身体或生命所遭受的伤害是客观的、看得见的；三是意外事故属于保险合同范围，是伤害被保险人身体或生命的直接原因或者说是近因。即客观的、外来的、突然的这三个条件缺一不可，共同构成人身意外伤害保险合同成立的条件。

（2）人身意外伤害保险的分类。比如根据保险期间来分，主要是短期意外险和一年期或者更长期的意外保险。如果是根据保险责任划分，大致有综合意外险、交通工具保险、旅游险。综合意外险也称一般意外伤害保险，它是保障生活中常见的磕碰撞伤等意外伤害，保障范围较广。

还有交通工具保险保障，而旅游险可以理解为短期的综合意外险，另外，还有职业意外保险和高风险运动保险。对从事较高风险职业和体育训练的人群来说，综合意外险一般不提供保障，需要投保专门的职业保险或保障高风险项目的保险。

（3）意外伤害的认定。如何认定人身意外伤害保险责任，是被保险人能否获得意外伤害保险保障的关键，构成人身意外伤害死亡、残疾保险责任的必要条件主要包括：

第一，被保险人在保险期间遭受人身意外伤害。首先，人身意外伤害必须是客观发生的事实，而不是主观意愿。其次，被保险人遭受人身意外伤害的客观事实必须发生在保险有效期内。

第二，被保险人在责任期限内死亡或残疾。首先，被保险人发生死亡或残疾的事实。其次，被保险人死亡或残疾发生在责任期限内。

第三，被保险人所遭受的人身意外伤害是造成死亡或残疾的直接原因或近因。具体包括三种情况：首先，人身意外伤害是死亡、残疾的直接原因。即人身意外伤害事故直接造成被保险人死亡或残疾。其次，人身意外伤害是死亡或残疾的近因。最后，人身意外伤害是死亡或残疾的诱因。

（4）意外伤害保险的特点：①保险金额。意外伤害保险的保险金额确定与人寿保险相同。②保险期限。意外伤害保险的保险期限一般为1年，最长为5年，也可以为几个月。③保险责任。意外伤害保险的保险责任与人寿保险中的定期死亡保险责任有交叉。④赔偿方式。意外伤害保险中，采用定额给付方式，按保险合同中约定的金额给付保险金，而不管被保险人的实际损失是多少也不能有所增减。

（5）人身意外伤害保险费率。保险费的计算由比较复杂的因素构成，一般是根据意外事故发生频率及其对被保险人造成的伤害程度，对被保险人的危险程度进行分类，对不同类别的被保险人分类，对不同类别的被保险人分别制定保险费率。一般短期费率高于相应月份占全年12个月的比例，而对有一些保险期限在几星期、几天、几小时的极短期伤害保险来讲，保险费率往往更高。影响意外伤害保险费率高低的因素有两个：一是被保险人从事工作的危险程度；二是保险期限的性质。危险程度高，保险费率高；危险程度低，则保险费率低。

（6）如何选择合适的人身意外保险。现在很多消费者存在跟风购买保险的情况，并且购买后很长时间也不仔细查看保单，不知道自己购买的是什么产品。其实消费者要购买合适的保险产品，需要注意的问题很多，涉及的方面也很广。通常而言，大致包括：风险分析与保障需求、保险购买渠道的仔细挑选和保险产品与保险条款的详细了解等。一般来说，要想协助消费者购买到适合自己的人身意外保险产品，需要保险销售人员提前分析消费者的实际情况与保障需求。优选完善保障型的保险产品，然后再有必要根据实际情况，选择其他类型的保险产品做好保障补充。所以，保险销售人员在营销此类产品时，应对此有所了解，提前做好准备。

【产品示例】

一、中国平安一年综合意外险[1]

适用人群：1~65周岁

保险期限：1年

保单形式：电子保单/纸质保单

支付方式：信用卡/网银/电话支付

---

〔1〕中国平安保险集团公司网站：http：//www.pa18.com/，访问日期：2014年1月6日。

保障项目	保险金额	保障范围
意外身故/残疾/烧烫伤	5～50万元	因意外伤害事故身故/残疾/烧烫伤，我们将给付意外身故/残疾/烧烫伤保险金。
意外伤害医疗（可选）	0.2～10万元	因意外伤害事故需门诊或住院治疗，发生的医疗费用，我们将就其事故发生之日起180日内实际支出的按照当地社会医疗保险主管部门规定可报销的、必要的、合理的医疗费用超过人民币100元的部分给付医疗保险金。
住院误工津贴（可选）	10～50元/天	因意外伤害事故入院治疗，我们按照保险单载明的住院误工津贴日额给付，累计给付天数以90天为限。
住院护理津贴（可选）	10～50元/天	因意外伤害事故入院治疗，我们按照保险单载明的住院护理津贴日额给付，累计给付天数以90天为限。
紧急医疗救援（可选）	紧急医疗救援服务	当发生紧急救援事故后，请务必第一时间拨打电话：400－650－6119，救援公司将为您提供相应的咨询及医疗费用垫付或担保等服务。
交通意外身故/残疾（可选）	飞机：50万到500万；火车（含高铁、地铁）、轮船：飞机保额的50%；汽车（含公交、出租车）：火车保额的10%；	如果被保险人在保险期间，以乘客身份乘坐相应交通工具时因遭受意外伤害事故身故或残疾，我们将赔偿意外身故保险金或意外残疾保险金。 温馨提示： 1. 未成年人除航空意外以外的身故保险金额最高不超过10万元； 2. 交通意外身故/残疾与主险意外身故/残疾累计赔付。

二、中国平安交通意外险

保障项目	保险金额	保障范围
飞机意外身故/残疾	40～800万元	在保险期间内，以乘客身份乘坐民航客机期间因意外伤害事故身故/残疾，我们将按“飞机意外伤害保险金额”给付保险金。
火车意外身故/残疾	5～50万元	在保险期间内，以乘客身份乘坐商业运营的火车、高铁、地铁、轻轨期间因意外伤害事故身故/残疾，我们将按“火车意外伤害保险金额”给付保险金。

续表

保障项目	保险金额	保障范围
轮船意外身故/残疾	5～50万元	在保险期间内，以乘客身份乘坐商业运营的轮船期间因意外伤害事故身故/残疾，我们将按“轮船意外伤害保险金额”给付保险金。
汽车意外身故/残疾	1～20万元	在保险期间内，以乘客身份乘坐商业运营的汽车期间因意外伤害事故身故/残疾，我们将按“汽车意外伤害保险金额”给付保险金。
航班延误（购买飞机意外身故/残疾保障后可选）	400～2000元	在保险期间内，因恶劣天气、自然灾害、机械故障、罢工、劫持或怠工、其他空运、航运工人的临时性抗议活动、恐怖分子行为、航空管制或航空公司超售而导致其延误时间连续达4小时及以上赔偿400元/次（最高赔付额2000元，即最多赔付5次）。

注：未成年人除航空意外以外的身故保险金额最高不超过10万元。

三、中国平安旅游保险

保障项目	保障内容	保险/服务金额（人民币：元）		
		经济型	全面型	豪华型
意外伤害	旅行期间因意外导致身故、残疾或烧烫伤（含非职业高风险运动）	20万	30万	40万
意外或急性病医疗费用	每次事故免赔额800元，辅助设备每次事故限额2500元，牙科门诊每次事故限额4000元（含非职业高风险运动，如滑雪、潜水、登山等）	10万	35万	35万
紧急医疗救援	医疗运送和送返	400万	400万	400万
	身故遗体/骨灰送返	250万	250万	250万
	亲属前往处理后事补偿	6500	6500	6500
	亲属慰问探访补偿（经济舱往返机票上限6500元；住宿费每日不超过1600元且每次事件该项目最高上限为6500元）	1.3万	1.3万	1.3万
旅行延误	每延误5小时赔偿300元	–	600	1200
托运行李延误	每延误8小时赔偿500元	–	1000	2000

续表

保障项目	保障内容	保险/服务金额（人民币：元）		
		经济型	全面型	豪华型
家庭财产保险	旅行期间家庭财产遭受损失或损坏	–	2000	4000
托运行李损失	每次事故免赔额为赔款的 20% 或 200 元，以高者为准（运动器械及其附件的最高赔付额为总保额的 25%）	–	–	2000
随身行李损失	每次事故免赔额为赔款的 20% 或 200 元，以高者为准（运动器械及其附件的最高赔付额为总保额的 25%）	–	–	4000
旅行票证损失	旅行期间因遗失证件所导致的额外交通、酒店、证件补领费用	–	–	4000

3．健康保险产品。

（1）健康保险的概念。健康保险是以被保险人的身体为保险标的，使被保险人在疾病或意外事故所致伤害时发生的费用或损失获得补偿的一种保险。首先，健康保险是人身保险的一大分类，它所提供的保障事故包括意外伤害和疾病两种。其次，健康保险的责任是意外事故或疾病所致的医疗费用或收入损失。再次，健康保险和意外伤害保险同属于短期性保险，基本情况上有共同特征。但是保险责任不同，健康保险和意外伤害保险都将意外伤害作为保险事故，但两者的责任范围不同。意外伤害保险的责任限于被保险人因意外事故所致的死亡或残疾，而健康保险则承担因意外事故所致的医疗费用或收入损失的赔偿责任。最后，健康保险合同大多属于补偿性合同，而意外伤害保险合同大多属于给付性合同。

（2）健康保险产品的种类。健康保险按照保险责任的不同，分为医疗保险、疾病保险、收入保障保险等。另外，构成健康保险所指的疾病必须符合以下三个条件：①必须是由于明显非外来原因所造成的；②必须是非先天性的原因所造成的；③必须是由于非长存的原因所造成的。

第一，医疗保险。医疗保险是指以约定的医疗费用为给付保险金条件的保险，即提供医疗费用保障的保险，它是健康保险的主要内容之一。医疗费用是病人为了治病而发生的各种费用，它不仅包括医生的医疗费和手术费用，还包括住院、护理、医院设备等的费用。医疗保险就是医疗费用保险的简称。

第二，疾病保险。指以疾病为给付保险金条件的保险。通常这种保单的保险金额比较大，给付方式一般是在确诊为特种疾病后，立即一次性支付保险金额。

第三，收入保障保险。指以因意外伤害、疾病导致收入中断或减少为给付保险金条件的保险，具体是指当被保险人由于疾病或意外伤害导致残疾，丧失劳动能力不能工作以致失去收入或减少收入时，由保险人在一定期限内分期给付保险金的一种健康保险。

【产品示例】

一、国寿康宁终身重大疾病保险[1]

产品类型：主险

投保年龄：30 天 ~70 岁

缴费期限：趸交，10 年，20 年

保险期间：终身

等待期：180 天

保障利益：

1. 重大疾病保险金 保额 * 300%
2. 身故保险金 保额 * 300%

产品特色：

①重大疾病保险金，如患合同约定的重大疾病，将获得重疾保险金以支付高额医疗费用。②身故保险，一旦遭遇不幸将获得一笔资金，以维持家人的正常生活水平。③终身保障，交费有期限，保障无限期，一旦拥有，一生呵护。④保单借款，如需流动资金，可凭保单按条款规定获取借款。

投保示例：王先生，30 岁，投保 10 万元康宁终身，选择 20 年交费，年交保费 8700 元，可获得如下利益：

重大疾病保险金：

被保险人于合同生效（或最后复效）之日起 180 日后，初次发生并经专科医生明确诊断患合同所指的重大疾病（无论一种或多种），本公司给付重大疾病保险金 30 万元，合同终止。

身故保险金：

被保险人身故，本公司给付身故保险金 30 万元，合同终止。（利益演示图）

---

[1] 中国人寿保险股份有限公司网站：http：//www. e - chinalife. com/，访问日期：2014 年 1 月 6 日。

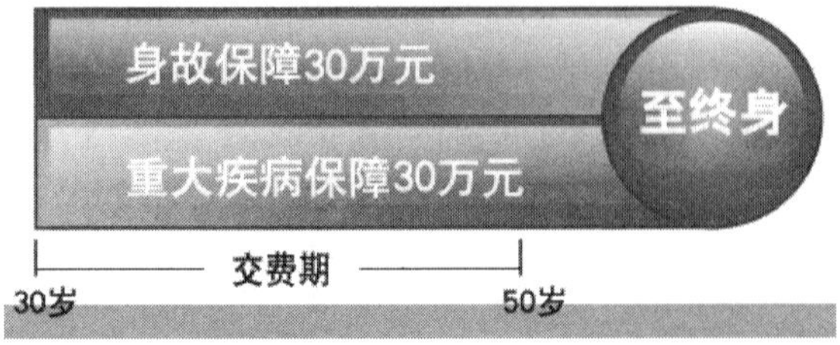

（二）财产保险产品

财产保险是保险人对被保险人的财产及其有关利益在发生保险责任范围内的灾害事故而遭受经济损失时给予补偿的保险。我国《保险法》第95条规定："财产保险业务，包括财产损失保险、责任保险、信用保险、保证保险等保险业务。"这里的财产保险是广义的财产保险，所谓财产损失保险，是指赔偿有形财产的直接损失的保险。

财产保险业务包括财产损失保险、责任保险、信用保险等保险业务。可保财产，包括物质形态和非物质形态的财产及其有关利益。以物质形态的财产及其相关利益作为保险标的的，通常称为财产损失保险。例如，飞机、卫星、电厂、大型工程、汽车、船舶、厂房、设备以及家庭财产保险等。以非物质形态的财产及其相关利益作为保险标的的，通常是指各种责任保险、信用保险等。例如，公众责任、产品责任、雇主责任、职业责任、出口信用保险、投资风险保险等。但是，并非所有的财产及其相关利益都可以作为财产保险的保险标的。只有根据法律规定，符合财产保险合同要求的财产及其相关利益，才能成为财产保险的保险标的。

财产保险产品的种类通常包括：企业财产保险、家庭财产保险、运输工具保险、货物运输保险、工程保险、责任保险、信用保险等。

1. 企业财产保险。企业财产保险是指以投保人存放在固定地点的财产和物资作为保险标的的一种保险，保险标的的存放地点相对固定，处于相对静止状态。企业财产保险是我国财产保险业务中的主要险种之一，其适用范围很广，一切工商、建筑、交通、服务企业、国家机关、社会团体等均可投保企业财产保险，即对一切独立核算的法人单位均适用。

（1）企业财产保险的保险标的。企业财产的保险标的按是否可保的标准分为三类，即可保财产、特保财产和不可保财产。

可保财产。按企业财产项目类别包括房屋、建筑物及附属装修设备，机器及设备，工具、仪器及生产用具，交通运输工具及设备，管理用具及低值易耗品，原材料、半成品、在产品、产成品或库存商品、特种储备商品，建造中的房屋、建筑物和建筑材料，账外或已摊销的财产，代保管财产等。

特约可保财产。特约可保财产是指经保险双方特别约定后，在保险单中载明的保险财产，分为不提高费率的特保财产和需要提高费率的特保财产。不提高费率的特保财产是指市场价格变化较大或无固定价格的财产，如金银、珠宝、玉器、首饰、古玩、古画、邮票、艺术品、稀有金属和其他珍贵财物；堤堰、水闸、铁路、涵洞、桥梁、码头等。需提高费率或需附贴保险特约条款的财产一般包括矿井、矿坑的地下建筑物、设备和矿下物资等。

不可保财产。含下列6种情况的财产均不属企财险的投保范围：不属于一般性的生产资料或物资的财产，如土地、矿藏、矿井、矿坑、森林、水产资源以及未经收割或收割后尚未入库的农作物；风险特殊，应投保专门的现金保险的财产，如货币、票证、有价证券；无法鉴定价值的财产，如文件、账册、图表、技术资料；承保这些财产将与政府相关法律法规相抵触，如违章建筑、危险建筑、非法占用的财产；在运输过程中的物资等；必然会发生危险的财产，如危房；应投保其他险种的财产。

（2）企业财产保险的责任。企业财产保险的保险责任分为基本责任、除外责任和特约责任。

基本责任。指投保人要求保险人承担的赔偿责任。包括自然灾害或意外事故：如火灾、爆炸、雷电、暴风、龙卷风、洪水、地陷、崖崩、突发性滑坡、雪灾、雹灾、冰凌、泥石流以及空中运行物体坠落等；被保险人的供电、供水、供气设备在遭受保险条款中列明的自然灾害或意外事故而造成的损失，以及由于这些设备损坏引起停电、停水、停气，以致直接造成的保险财产的损失，包括机器设备、在产品和贮藏物品的损坏或报废；在发生上述灾害和事故时，为了抢救财产或防止灾害蔓延，采取合理的、必要的措施而造成的保险财产的损失，以及为了减少被保险财产损失，采取施救、保护措施而支出的合理费用。

除外责任。企业财产保险中的除外责任包括：

第一，基本险的除外责任：①被保险人及其代表的故意行为或纵容所致；②由于行政行为或执法行为所致；③战争、敌对行为、军事行为、武装冲突或罢工；④地震、海啸；⑤核反应、核辐射和放射性污染；⑥大气污染、土地污染、水污染及其他非放射性污染；⑦贬值、丧失市场或使用价值、停工、停产引起的各种间接损失；⑧锅炉及压力容器爆炸造成其本身的损失；⑨水箱、水管爆裂造成的损失和费用；⑩任何原因导致供水、供电、供气及其他能源供应中断造成的损失和费用；⑪保险标的在保险合同列明地址内的自燃造成的损失；⑫保险合同中载明的免赔额；⑬其他不属于保险责任范围内的损失和费用。

第二，综合险的除外责任：①被保险财产本身缺陷、保管不善导致的损失，被保险财产的变质、霉烂、受潮、虫咬、自然磨损以及损耗；②广告牌、天线的建筑物的外部附属设施，存放在露天或简易建筑内的保险标的，以及简易建筑本身因雷电、暴风、暴雨造成的损失。

第三，一切险的除外责任：①盗窃、抢劫；②设计错误、原材料缺陷或工艺不善造成的保险标的本身的损失；③非外力造成的机械或电气设备本身的损失；④被保险人或其雇员操作不当、技术缺陷造成被操作机械或电气设备的损失；⑤盘点时发现的短缺。

特约责任。特约责任又称附加责任，是指责任免除中不保的责任或另经双方协商同意后特别注明由保险人负责保险的危险。特约责任一般采用附贴特约条款承保。有的特约责任也以附加险形式承保。主要有矿下财产保险，露堆财产保险，特约盗窃保险，堤堰、水闸、涵洞特约保险等。

（3）企业财产保险的金额。企业财产保险金额是根据被保险财产的性质确定的。

固定资产保险金额的确定方法主要有三种：按账面原值确定保险金额；按账面原值加成数确定保险金额；按重置重建价值确定保险金额。

流动资产保险金额的确定方法有两种：按最近账面余额确定保险金额和按最近1年账面平均余额确定保险金额。

专项资产可以按照最近账面余额确定保险金额，也可以按计划数确定保险金额。

代保管财产由于保管人对其负有经济安全责任的，可以投保。如有代保管账登记的财产，可以根据账面反映的价值确定保险金额；如账上不反映的财产，可由投保人估价投保。

在企业财产保险经营中，保险人必须对同类财产在总的平均费率基础上，按照被保险财产的种类，分别制定级差费率。一般而言，影响企业财产保险级差费率的主要因素有：房屋的建筑结构、占用性质、危险种类、安全设施、防火设备等。企业财产保险的现行费率就是在考虑上述因素的条件下制定的，并分为基本保险费率和附加险费率两部分。基本保险费率又分为工业险、仓储险和普通险三类，每类均按占用性质确定不同的级差费率。附加险费率指企业财产保险的附加险（特约保险）的费率，一般由各地根据调查资料统计的损失率为基础进行厘定。此外，还有企业财产保险的短期费率，适用于保险期不满1年的业务。对统保单位或防灾设施良好的投保人，保险人还可以采用优惠费率。

（4）企业财产保险的时间。企业财产保险的保险期限通常为1年。在保险单到期前，保险人应通知被保险人办理续保手续。一般根据保险登记簿填制“到期通知单”送交被保险人，以便到期办理续保手段，避免保险中断。

2. 家庭财产保险。家庭财产保险是以城乡居民室内的有形财产为保险标的的保险。家庭财产保险为居民或家庭遭受的财产损失提供及时的经济补偿，有利于安定居民生活，保障社会稳定。我国目前开办的家庭财产保险主要有普通家庭财产险和家庭财产两全险。

（1）普通家庭财产险。根据保险责任的不同，普通家庭财产险又分为灾害损失险和盗窃险两种。

灾害损失险。灾害损失险的保险标的包括被保险人的自有财产、由被保险人代管的财产或被保险人与他人共有的财产。通常包括：日用品、床上用品；家具、用具、室内装修物；家用电器，文化、娱乐用品；农村家庭的农具、工具、已收获入库的农副产品等。有些家庭财产的实际价值很难确定，如金银、珠宝、玉器、首饰、古玩、古书、字画等，这些财产必须由专业鉴定人员进行价值鉴定，经投保人与保险人特别约定后，才作为保险标的。

保险人通常对以下家庭财产不予承保：损失发生后无法确定具体价值的财产，如货币、票证、有价证券、邮票、文件、账册、图表、技术资料等；日常生活所需的日用消费品，如食品、粮食、烟酒、药品、化妆品等；法律规定不容许个人收藏、保管或拥有的财产，如枪支、弹药、爆炸物品、毒品等；处于危险状态下的财产；保险人从风险管理的需要出发，声明不予承保的财产。

家庭财产灾害损失险规定的保险责任包括：火灾、爆炸、雷击、冰雹、洪水、海啸、地震、泥石流、暴风雨、空中运行物体坠落等一系列自然灾害和意外事故。对于被保险人为预防灾害事故而事先支出的预防费用，保险人原则上不予赔偿；但对于在灾害事故发生后，为防止灾害损失扩大，积极抢救、施救、保护保险标的而支出的费用，保险人将按约定负责提供补偿。

保险人对于家庭财产保险单项下所承保的财产由于下列原因造成的损失不承担赔偿责任：战争、军事行动或暴力行为；核辐射和污染；电机、电器、电器设备因使用过度、超电压、碰线、弧花、漏电、自身发热等原因造成的本身损毁；被保险人及其家庭成员、服务人员、寄居人员的故意行为，或勾结纵容他人盗窃或被外来人员顺手偷摸，或窗外钩物所致的损失等；其他不属于家庭财产保险单列明的保险责任内的损失和费用。

家庭财产保险的保险金额由投保人依据投保财产的实际价值自行估计而定。若估价过低，会使保障不足；若估价过高，一方面，保费将随之增加，另一方面，实际灾害发生时，保险人将根据补偿原则，以投保财产的实际价值作为赔偿上限，因而被保险人也不可能靠此获利。投保人明智的做法是，对投保财产作出客观合理的估价，使保险金额尽可能接近所投保财产的实际价值。

普通家庭财产险的保险期限为 1 年，即从保单签发日零时算起，到保险期满日24时为止。

盗窃险。盗窃险的保险责任指在正常安全状态下，留有明显现场痕迹的盗窃行为，致使保险财产产生损失。除自行车、助动车以外，盗窃险规定的保险标的的范围与家庭财产、灾害损失险完全一样。对于由被保险人及其家庭成员、家庭服务人员、寄居人员的盗窃或纵容行为造成的损失以及如房门未锁、门窗未关等非正常安全状态下的失窃损失，保险人均不承担赔偿责任。盗窃险保险金额的确定以及保险期限的规定，均与灾害损失险相同。

（2）家庭财产两全险。家庭财产两全险是一种具有经济补偿和到期还本性质的险种。它与普通家庭财产保险不同之处仅在于保险金额的确定方式上。家庭财产两全险采用按份数额确定保险金额的方式：城镇居民每份1000元，农村居民每份2000元，至少投保1份，具体份数多少根据投保财产的实际价值而定。投保人分级保险金额一次性交纳保险储金，保险人将保险储金的利息作为保费。保险期满后，无论保险期内是否发生赔付，保险人都将如数退还全部保险储金。

3. 运输工具保险。运输工具保险承保因遭受自然灾害和意外事故造成的运输工具的损失及第三者损害赔偿责任。常有险种包括：船舶保险、飞机保险、机动车辆保险等。

（1）船舶保险。船舶保险是海上保险的一种，是以各种类型船舶为保险标的，承保其在海上航行或者在港内停泊时，遭到的因自然灾害和意外事故所造成的全部或部分损失及可能引起的责任赔偿。船舶保险采用定期保险单或航程保险单。其特点是保险责任仅以水上为限。这与货物运输保险可将责任扩展至内陆的某一仓库不同。

（2）飞机保险。飞机保险是以飞机及其相关责任、利益为保险标的的一种航空保险，是财产保险的一种。当承保的飞机由于自然灾害或意外事故而受损坏，致使第三者或机上旅客人身伤亡、财产损失时，由保险公司负责赔偿。

飞机保险的险别大体可分为：机身保险、第三者责任保险、旅客责任保险、货物责任保险、战争险、劫持非法拘留险；其他与飞机有关的保险业务，如机场及操纵人员法的责任保险、产品法的责任险、机组人员人身意外保险、丧失使用保险、自动人身意外或承运责任保险等。飞机责任保险属责任保险范畴，但在传统习惯上一般仍旧归入与飞机有关的险别中。

（3）机动车辆保险。机动车辆保险是以机动车辆本身及机动车辆的第三者责任为保险标的的保险，分为机动车辆基本险和附加险。基本险是指机动车辆损失险和第三者责任险，附加险不能独立投保。

第一，机动车辆损失险。机动车辆损失险是机动车辆保险的基本险险别之一。机动车辆损失险以机动车辆本身为保险标的，当保险车辆遭受保险责任范围的自然灾害或意外事故，造成保险车辆本身损失时，保险人依照保险合同的规定给予赔偿。

第二，机动车商业第三者责任保险承保被保险人或其允许的合格驾驶人员在使用被保险车辆过程中，因发生意外事故致使第三者遭受人身伤亡或财产的直接损毁而依法或依据保险合同应承担的经济赔偿责任，超过机动车交通事故责任强制保险各分项赔偿限额以上的部分。

机动车交通事故责任强制保险。机动车交通事故责任强制保险是指由保险公司对被保险机动车发生道路交通事故造成本车人员、被保险人以外的受害人的人身伤亡、财产损失，在责任限额内予以赔偿的强制性责任保险。

《机动车交通事故责任强制保险费率方案》2008 版

机动车交通事故责任强制保险费率方案（以下简称费率方案）适用于经中国保险监督管理委员会批准的机动车交通事故责任强制保险业务。

本费率方案由机动车交通事故责任强制保险基础费率表及说明、机动车交通事故责任强制保险费率浮动办法、保险费的计算办法和解除保险合同保费计算办法等4个部分组成。

一、机动车交通事故责任强制保险基础费率表及说明

《机动车交通事故责任强制保险基础费率表》详见附表。

《机动车交通事故责任强制保险基础费率表》结构、费率水平全国统一（除拖拉机和低速载货汽车）。现将表中需说明事项明确如下：

（一）机动车种类

机动车交通事故责任强制保险按机动车种类、使用性质分为家庭自用汽车、非营业客车、营业客车、非营业货车、营业货车、特种车、摩托车和拖拉机8种类型。

1. 家庭自用汽车：是指家庭或个人所有，且用途为非营业性的客车。

2. 非营业客车：是指党政机关、企事业单位、社会团体、使领馆等机构从事公务或在生产经营活动中不以直接或间接方式收取运费或租金的客车，包括党政机关、企事业单位、社会团体、使领馆等机构为从事公务或在生产经营活动中承租且租赁期限为1年或1年以上的客车。

非营业客车分为：党政机关、事业团体客车，企业客车。

用于驾驶教练、邮政公司用于邮递业务、快递公司用于快递业务的客车、警车、普通囚车、医院的普通救护车、殡葬车按照其行驶证上载明的核定载客数，适用对应的企业非营业客车的费率。

3. 营业客车：是指用于旅客运输或租赁，并以直接或间接方式收取运费或

租金的客车。

营业客车分为：城市公交客车，公路客运客车，出租、租赁客车。

旅游客运车按照其行驶证上载明的核定载客数，适用对应的公路客运车费率。

4. 非营业货车：是指党政机关、企事业单位、社会团体自用或仅用于个人及家庭生活，不以直接或间接方式收取运费或租金的货车（包括客货两用车）。货车是指载货机动车、厢式货车、半挂牵引车、自卸车、电瓶运输车、装有起重机械但以载重为主的起重运输车。

用于驾驶教练、邮政公司用于邮递业务、快递公司用于快递业务的货车按照其行驶证上载明的核定载质量，适用对应的非营业货车的费率。

5. 营业货车：是指用于货物运输或租赁，并以直接或间接方式收取运费或租金的货车（包括客货两用车）。货车是指载货机动车、厢式货车、半挂牵引车、自卸车、电瓶运输车、装有起重机械但以载重为主的起重运输车。

6. 特种车：是指用于各类装载油料、气体、液体等专用罐车；或用于清障、清扫、清洁、起重、装卸（不含自卸车）、升降、搅拌、挖掘、推土、压路等的各种专用机动车，或适用于装有冷冻或加温设备的厢式机动车；或车内装有固定专用仪器设备，从事专业工作的监测、消防、运钞、医疗、电视转播、雷达、X光检查等机动车；或专门用于牵引集装箱箱体（货柜）的集装箱拖头。

特种车按其用途共分成4类，不同类型机动车采用不同收费标准：

特种车一：油罐车、汽罐车、液罐车；

特种车二：专用净水车、特种车一以外的罐式货车，以及用于清障、清扫、清洁、起重、装卸（不合自卸车）、升降、搅拌、挖掘、推土、冷藏、保温等的各种专用机动车；

特种车三：装有固定专用仪器设备从事专业工作的监测、消防、运钞、医疗、电视转播等的各种专用机动车；

特种车四：集装箱拖头。

7. 摩托车：是指以燃料或电瓶为动力的各种两轮、三轮摩托车。

摩托车分成3类：50cc及以下，50cc~250cc（含）、250cc以上及侧三轮。

正三轮摩托车按照排气量分类执行相应的费率。

8. 拖拉机按其使用性质分为兼用型拖拉机和运输型拖拉机。

兼用型拖拉机是指以田间作业为主，通过铰接连接牵引挂车可进行运输作业的拖拉机。兼用型拖拉机分为14.7kw及以下和14.7kw以上两种。

运输型拖拉机是指货箱与底盘一体，不通过牵引挂车可运输作业的拖拉机。运输型拖拉机分为14.7kw及以下和14.7kw以上两种。

低速载货汽车参照运输型拖拉机14.7kw以上的费率执行。

9. 挂车：是指就其设计和技术特征需机动车牵引才能正常使用的一种无动力的道路机动车。

挂车根据实际的使用性质并按照对应吨位货车的30%计算。

装置有油罐、汽罐、液罐的挂车按特种车一的30%计算。

10. 补充说明。

《机动车交通事故责任强制保险基础费率表》中各车型的座位和吨位的分类都按照“含起点不含终点”的原则来解释（表中另有说明的除外）。各车型的座位按行驶证上载明的核定载客数计算；吨位按行驶证上载明的核定载质量计算。

（二）基础保险费的计算

1. 一年期基础保险费的计算。

投保一年期机动车交通事故责任强制保险的，根据《机动车交通事故责任强制保险基础费率表》中相对应的金额确定基础保险费。

2. 短期基础保险费的计算。

投保保险期间不足一年的机动车交通事故责任强制保险的，按短期费率系数计收保险费，不足一个月按一个月计算。具体为：先按《机动车交通事故责任强制保险基础费率表》中相对应的金额确定基础保险费，再根据投保期限选择相对应的短期月费率系数，两者相乘即为短期基础保险费。

短期月费率系数表

保险期间（月）	1	2	3	4	5	6	7	8	9	10	11	12
短期月费率系数（%）	10	20	30	40	50	60	70	80	85	90	95	100

短期基础保险费＝年基础保险费×短期月费率系数

二、机动车交通事故责任强制保险基础费率浮动因素和浮动比率按照《机动车交通事故责任强制保险费率浮动暂行办法》（保监发［2007］52号）执行。

三、保险费的计算办法

交强险最终保险费＝交强险基础保险费×（1＋与道路交通事故相联系的浮动比率）

四、解除保险合同保费计算办法

根据《机动车交通事故责任强制保险条例》规定解除保险合同时，保险人应按如下标准计算退还投保人保险费。

1. 投保人已交纳保险费，但保险责任尚未开始的，全额退还保险费；

2. 投保人已交纳保险费，但保险责任已开始的，退回未到期责任部分保险费：

退还保险费 = 保险费 × （1 − 已了责任天数/保险期间天数）

附表：

机动车交通事故责任强制保险基础费率表
（2008 版）

金额单位：人民币元

车辆大类	序　号	车辆明细分类	保　费
一、家庭自用车	1	家庭自用汽车 6 座以下	950
	2	家庭自用汽车 6 座及以上	1100
二、非营业客车	3	企业非营业汽车 6 座以下	1000
	4	企业非营业汽车 6 ~ 10 座	1130
	5	企业非营业汽车 10 ~ 20 座	1220
	6	企业非营业汽车 20 座以上	1270
	7	机关非营业汽车 6 座以下	950
	8	机关非营业汽车 6 ~ 10 座	1070
	9	机关非营业汽车 10 ~ 20 座	1140
	10	机关非营业汽车 20 座以上	1320
三、营业客车	11	营业出租租赁 6 座以下	1800
	12	营业出租租赁 6 ~ 10 座	2360
	13	营业出租租赁 10 ~ 20 座	2400
	14	营业出租租赁 20 ~ 36 座	2560
	15	营业出租租赁 36 座以上	3530
	16	营业城市公交 6 ~ 10 座	2250
	17	营业城市公交 10 ~ 20 座	2520
	18	营业城市公交 20 ~ 36 座	3020
	19	营业城市公交 36 座以上	3140
	20	营业公路客运 6 ~ 10 座	2350

续表

车辆大类	序　号	车辆明细分类	保　费
	21	营业公路客运 10～20 座	2620
	22	营业公路客运 20～36 座	3420
	23	营业公路客运 36 座以上	4690
四、非营业货车	24	非营业货车 2 吨以下	1200
	25	非营业货车 2～5 吨	1470
	26	非营业货车 5～10 吨	1650
	27	非营业货车 10 吨以上	2220
五、营业货车	28	营业货车 2 吨以下	1850
	29	营业货车 2～5 吨	3070
	30	营业货车 5～10 吨	3450
	31	营业货车 10 吨以上	4480
六、特种车	32	特种车一	3710
	33	特种车二	2430
	34	特种车三	1080
	35	特种车四	3980
七、摩托车	36	摩托车 50cc 及以下	80
	37	摩托车 50cc～250cc（含）	120
	38	摩托车 250cc 以上及侧三轮	400
八、拖拉机	39	兼用型拖拉机 14.7kw 及以下	按保监产险[2007]53 号实行地区差别费率
	40	兼用型拖拉机 14.7kw 以上	
	41	运输型拖拉机 14.7kw 及以下	
	42	运输型拖拉机 14.7kw 以上	

1. 座位和吨位的分类都按照“含起点不含终点”的原则来解释。

2. 特种车一：油罐车、汽罐车、液罐车；特种车二：专用净水车、特种车一以外的罐式货车，以及用于清障、清扫、清洁、起重、装卸、升降、搅拌、挖掘、推土、冷藏、保温等的各种专用机动车；特种车三：装有固定专用仪器设备从事专业工作的监测、消防、运钞、医疗、电视转播等的各种专用机动车；特种车四：集装箱拖头。

3. 挂车根据实际的使用性质并按照对应吨位货车的 30% 计算。

4. 低速载货汽车参照运输型拖拉机 14.7kw 以上的费率执行。

4. 货物运输保险。货物运输保险承保货物在运输中因遭受自然灾害和意外事故所造成的损失，其常用险种有国内水路、陆路货物运输保险，国内航空货物运输保险，海洋运输货物保险及各种附加险和特约保险。

5. 工程保险。工程保险主要承保各项工程由于一切不可预料的事故造成的损失、费用和责任，其常用险种有建筑工程一切险、安装工程一切险、机器损坏保险等。

6. 责任保险。责任保险是以被保险人的民事损害赔偿责任为保险标的的保险。责任保险除可以附加在各种财产保险上承保之外，还可以单独承保，如公众责任保险、产品责任保险、雇主责任保险和职业责任保险。

7. 信用保险。信用是以信用风险为保险标的的保险，实际上是由保险人（保证人）为信用关系中的义务人（被保证人）提供信用担保的一类保险业务。

三、介绍某一类别的保险产品

【实训背景】

中国人寿保险公司祥瑞终身保险[1]

1. 保险责任：在合同有效期内，被保险人身故，保险公司按保险单载明的金额给付保险金，合同终止。

2. 险种特色：低保费、高保障；定期缴费、终身受益；自由选择保险期间。

3. 投保事项：投保年龄：16～65 周岁。保险期间：从承保开始直至身故。缴费期间：5 年、10 年、15 年、20 年。

缴费方式：趸缴、年缴。

4. 年缴费率表（摘要）： （保额：1000 元 单位：元）

投保年龄/周岁	趸缴	5 年期	10 年期	15 年期	20 年期
20	320	74	39	28	22
25	357	82	44	31	25
30	400	92	49	35	28
35	447	103	55	49	32
40	500	115	62	44	36

【实训任务】

假如你是中国人寿保险公司的保险销售人员，请你向前来咨询的客户详细

[1] 中国人寿保险股份有限公司网站：http：//www.e－chinalife.com/，访问日期：2014 年 3 月 1 日。

介绍公司的这款“祥瑞终身保险”产品。

【实训指导】

1. 整体介绍保险产品的名称、类型和主要特点。

2. 重点介绍保险产品中涉及的重要内容，包括本产品的保险责任、保险期限、投保年龄、缴费方式、保险费率等。

3. 认真聆听并解答客户提出的相关问题。

■训练项目二：保险销售法律实务

■教学与训练任务一：保险销售的主要环节

一、准保户的开拓

保险销售过程中最难的就是走出这第一步，解决“不知道要去找谁”的恐惧心理。准保户开拓就是保险销售过程中需要迈出的第一步，识别、接触并选择准保户的过程是保险销售环节中最重要的一个步骤。而且开拓准保户和保险销售是同时进行，且紧密连接的两个动作。一位保险业务员开拓客户数量的多少、质量的高低，直接决定了其工作业绩与事业发展前途。所以，准客户的开拓是保险业务员所必须掌握的业务技能与生存技能。

在保险销售过程中，保户、准保户与顾客是必须明确的三个对象。保户通常也称为客户，是指已经购买了本公司保险产品并享受本公司保险服务的单位与个人，保户既是保险公司经营管理的基础，也是其提供相应服务的对象；准保户，是指具有投保潜力但其保险需求目前尚未得到充分满足的单位与个人，准保户可能有购买保险产品的经验，也可能没有，其尚未满足的保险需求需要保险销售员去进行激发与满足；顾客是指与保险公司、保险销售员等有业务往来或联系的单位与个人，顾客可能是保户、准保户，也可能与保险产品无关，只是与保险公司有关联的个人或单位。

（一）准保户的界定

对保险销售人员来说，应当知道合格的准保户应具备以下四个条件：

1. 有保险需求（needs）。准保户应当对相关的保险产品有购买需求，经过保险销售人员的引导和介绍能对相关保险产品有所认识并产生购买意向。

2. 有一定的经济能力（income）。一个合格的准保户应该具备一定的缴费能力和稳定收入来源，能够负担得起保险产品的保费。

3. 符合投保规定（health）。一个合格的准保户应当符合相关法律法规关于民事权利能力、民事行为能力以及是否对保险标的享有保险利益的规定。

4. 能接近见面的人（approachable）。与准保户的直接沟通交流是十分必要的，因此准保户应当是可以直接面对面沟通交流的人。

（二）开拓准保户的要领

调查并确认准保户的保险需求：

为了确认准保户的保险需求，必须对其进行实况调查。即通过对准保户的风险状况、经济状况的分析，来确定准保户的保险需求，从而设计出适合准保户的保险购买方案。准保户调查与分析的内容主要有：

1. 分析准保户所面临的风险。不同的风险需要不同的保险计划。每个人的工作状况、健康状况不同，每个企业的生产情况不同，决定了其面临的风险也各不相同。保险销售人员要通过调查获得相关信息，分析准保户所面临的风险。

2. 分析准保户的经济状况。一个家庭或一个企业究竟能安排多少资金购买保险，取决于其资金的充裕程度。通过就准保户的财务问题及其财务目标建立的可行性分析，可以帮助准保户了解其财务需求和优先考虑的重点。

3. 确认准保户的保险需求。在对准保户面临的风险和经济状况进行分析后，需要进一步确认其保险需求。就准保户面临的风险而言，可以将其分为必保风险和非必保风险。对于必保风险，应让准保户最好采取购买保险的解决方式，而且有些风险只能通过购买保险才能有效处理。例如，机动车交通事故强制责任保险就是必保风险，因为购买机动车交通事故强制责任保险是强制性的。而对非必保风险，则可以由准保户自由选择决定是否采取购买保险的方式。例如，对于那些虽然会给家庭或企业带来一定损失和负担但尚可承受的财产风险，如果家庭或企业具有购买保险的支付能力的话，就可以投保；如果没有购买保险的支付能力的话，也可以不投保。

二、设计并介绍保险方案

保险方案的设计既要全面，又要突出重点。保险销售人员根据调查得到的信息，可以设计几种保险方案，并说明每一种可供选择方案的成本和可以得到的保障，以适应准保户的保险需求。一般来说，设计保险方案时应遵循的首要原则是“高额损失优先原则”，即某一风险事故发生的频率虽然不高，但造成的损失严重，应优先投保。一个完整的保险方案至少应该包括：保险标的的情况、投保风险责任的范围、保险金额的大小、保险费率的高低、保险期限长短等等。

保险方案说明是指对拟定的保险方案向准保户作出简明、易懂、准确的解释。一般而言，保险方案说明主要是对所推荐的产品作用的介绍，包括以图表形式表示出来的图示以及书面、口头解释，或书面与口头兼而有之的解释。在向准保户表达保险方案时，应尽量使用通俗的语言和图表解释方案，避免使用专业性太强的术语和复杂的计算。对于有关重要的信息则要解释准确，尤其是涉及有关保险责任、责任免除、未来收益等重要的事项，一定要让准保户确切了解方案中的相关内容，以免产生纠纷。

三、疑问解答并促成签约

（一）针对性地解答准保户的疑问并促成签约

准保户对保险方案完全满意以至于毫无异议地购买的情况是极为少见的，有异议是销售过程中正常情况。如果准保户提出反对意见，保险销售人员要分析准保户反对的原因，并有针对性地解答准保户的疑问。保险销售人员在准保户对于投保建议书基本认同的条件下，促成准保户达成购买承诺的过程。

（二）指导准保户填写投保书

投保人购买保险，首先要提出投保申请，即填写投保单。虽然投保单在保险公司同意承保并签章之前并不具有法律效力，投保人不能基于自己填写的内容提出任何主张，但投保单是投保人向保险人要约的证明，也是保险人承诺的对象并确定保险合同内容的依据。投保单是构成完整保险合同的重要组成部分，一旦投保单存在问题就可能导致合同无效，或者是部分内容无效。为了体现客户的真实投保意愿，维护客户的利益，避免理赔纠纷，如实、准确、完整地填写投保单是非常重要的，保险销售人员有责任和义务指导和帮助客户填好投保单。

投保人在填写投保单时候，应当遵守《保险法》所规定的基本原则。如实填写各项内容，确保所填写的资料完整、内容真实。需要特别约定时，要特别说明或注明。填写完毕并仔细核对后，投保人应当在投保单上亲自签名或盖章。切忌投保人代被保险人签名，保险代理从业人员代投保人签字，否则，将使保险合同无效。

四、拒绝处理

（一）什么是拒绝

成功的销售从被拒绝开始。所谓拒绝，或客户购买异议，是指客户在保险销售过程中对相关保险产品、保险销售人员或保险公司所表现出来的否定、怀疑或反对意见。

（二）辨别拒绝

有些拒绝是准保户对业务员的本能、下意识的排斥和应付，一般前两次大半是假拒绝。这时要用直觉判断或用提问题的方法来判断拒绝的真假。很直接的，尤其是关于商品和服务的拒绝，都不算是拒绝，而是准保户想了解更多的资讯。拒绝是人性的本能，是推销过程中常有的事。如何辨别客户拒绝的真伪呢?

首先，仔细聆听。客户提出的各种拒绝，其中有一些是借口。销售人员在销售过程中要用心的仔细聆听，并注意观察对方的口气与表情。肯定、直接的回答，表示拒绝是真正的拒绝；闪烁其词或岔开话题，很可能是假拒绝。

其次，确定该拒绝是真正的、唯一的借口。

再次，重复拒绝的借口。把客户的异议换个角度和方式重新问一遍，这样更加确认客户拒绝的真实性。

最后，回答问题，处理好反对意见。

（三）拒绝的类型

保险客户拒绝的方式与类型多种多样，归纳起来有大致以下几种：

1. 因偏见误解而产生的拒绝。这一类问题往往包含双重的含义。其一，出于对目前保险销售方式的本能的否定态度；其二，出于对陌生事物的疑虑。就第一层含义而言，目前我国实行的直销式销售方式，大众接受需要一个过程。就个人或单位而言，如果不断地收到保险销售员的销售，为了摆脱这种局面，他们就会用一些偏激的反对作为拒绝销售的理由。这类问题大多不具有真实性，它们只是大众面对销售的自然反应，只是对陌生事物或反感事物心存疑虑、不相信的一种表达方式。常见的借口有：

· 保险都是假的，骗钱的；
· 保险公司倒闭了怎么办；
· 我不相信保险业务员；
· 保险不吉利，不保不险，一保就险；
· 保险缴费容易，理赔难；等等。

2. 因不了解而产生的拒绝。这类拒绝既可能是实质性的，也可能是非实质性的。如果认为它是一个真实的拒绝，它就具有字面上所表达的含义，我们可以做出富有说服力的回答。但反过来，我们也可以看出，这些问题所表述的，常常是对保险没兴趣，或对保险销售的委婉拒绝。常见借口：

· 除了保险，谈什么都可以；
· 据说保险要死后才领到钱，没意思；
· 我对保险没兴趣；
· 我已有社保了；
· 我身体健康，不必买保险；等等。

3. 因犹豫或选择而产生的拒绝。这一类反对问题在保险销售中出现较多，如要再等一等，看一看，比较一下。仅凭业务员的解说常常不足以让客户形成明确的观念，从而决定是否购买。因此，他们希望看看身边的人是否购买，购买后效果如何来决定。常见借口：

· 我再考虑下；
· 我和家里人商量后再决定；
· 我再了解下；
· 有点忙，以后再说吧；
· 我还年轻，以后再买；
· 等老刘买了我再买；等等。

4. 因资金问题而产生的拒绝。这类拒绝常常出现于一些投资型保险，提出拒绝的客户多半是有投资经验的人。要处理好这类拒绝问题，需要保险销售人员做出更多的努力，多掌握一些金融、投资、法律、税制等方面的知识，使自己真正成为客户的金融保险顾问。常见的借口有：

· 最近手头紧，没钱；
· 我刚买了国债；
· 我的资金被股票套牢了；
· 通货膨胀太厉害，不划算；
· 我宁可把钱存在银行；
· 房地产投资更稳妥些；等等。

5. 因投保程序和保险产品本身而产生的拒绝。这类问题涉及的面相对较为狭窄，主要是一些实际操作中的技术问题，需要销售人员灵活掌握和处理。常见的借口有：

· 我不需要，买保险没用；
· 买保险要体检，太麻烦了；
· 据说理赔太麻烦；
· 每年都要缴费，太麻烦了；
· 别家公司的产品比你们好；等等。

（四）拒绝处理的方法

1. 处理拒绝的态度。客户拒绝是正常的，有经验的保险销售员是不惧怕客户拒绝的，因为他们了解能提出反对意见的客户实际上表明他们对产品是有真正的兴趣。事实表明，当客户有反对意见时，销售成功率在64%左右，然而当顾客没有反对意见时，销售成功率反而降低10个百分点。

保险销售人员需要具备的素质：沉着、冷静；诚实、恳切；热情、自信；避免争论；灵活处理。要相信，“不”不代表结束，寻找合格的准保户，要学会设身处地地为客户着想，设定符合现实的目标，对自己和产品保持充足的信心。

2. 处理拒绝的原则。首先，要避免争论。产品销售过程本质上是一个人际交往的过程，销售人员应与客户保持良好的、融洽的关系，使客户觉得你是他们的助手和顾问，可以向他们提供许多的帮助与建议，而争论只会让彼此不欢而散，什么协议也无法达成，并且会给客户留下很坏的印象。其次，要避开枝节问题。在销售洽谈过程中，切忌在一些与产品销售问题关联不大的事情上与客户产生矛盾，这样会使销售洽谈远离销售主题，并会引致不快，最终导致销售失败。最后，既要处理拒绝，又要增进感情。在异议处理过程中，不要伤害彼此建立起来的友谊，不要责怪客户不通情理，可以运用一定的销售技巧来转移话题，找到共同点，从而形成一种融洽和睦的销售氛围，间接促成交易。

3. 拒绝处理的几种具体方法。

（1）补偿法（不过……换个角度来看的话……）。是指销售人员利用该产品的其他特点或长处来对客户拒绝的该产品的短处进行补偿或抵消的一种方法。当客户意识到该产品带来的好处大于其不足之处时，就有可能购买该产品。

（2）间接否定法（是的……但是……）。客户拒绝或产生异议既是达成交易的信号，也是达成交易的障碍。所以需要保险销售人员积极地去化解，使客户产生购买该产品的欲望，从而促成交易。

拒绝的理由："你们的车险费率怎么比去年还高?"

处理方法：是的，是上涨了一点，但是根据保监会的文件传达的要求，下个月可能还要调高费率。既然您已经认可保障是必不可少的，早晚都要办的，就不要再等了。

（3）反问法（您觉得是这样吗?）。是指销售人员在难以说服客户的情况下，通过对客户提出反问，使客户自省，进而放弃异议的一种处理方法。

拒绝的理由：买保险太不吉利

处理方法 ：我理解您的想法。那医院里门诊这么多，而且天天都有人在医院去世，您觉得那是吉利吗？是不是因此，生病的人就不去看病，医生也不去治病了呢?

（4）举例说明法（例如……）。是指在销售过程中，销售人员通过列举、举证让客户信服的有关实例来说服客户，从而迫使客户放弃购买异议的一种方法。可以和客户讲故事，发生在别人身上的是故事，使其自然联想万一发生在自己身上该如何呢？使用这个方法时要注意几点：一是要先了解客户的购买需求，举例是否适合，具有代表性；二是举例要具体，并且有可信度，可以考证；三是如果例证涉及自己曾经的老客户要注意保密。

（5）赞同法（我也这么觉得）。是指销售人员在销售过程中使用重复客户异议，用委婉、温和的语调复述一遍，可以使得洽谈氛围变得缓和。进而销售人员再对客户的异议慢慢解释，进而达成交易。

拒绝理由："又涨价了，怎么涨得这么快啊?"

销售人员："是啊，我也有同样的感觉，费率涨得够快的。"

五、设计市民商业保险需求调查表

【实训背景】

改革开放三十多年来，我国的经济发展取得了举世瞩目的成就，为商业保险需求的释放奠定了坚实的经济基础；同时宏观经济政策的稳定连续实施，为保险需求的提升提供了有利的政策环境。保险需求是指在特定时期和一定费率水平上，投保人在保险市场愿意而且能够购买的保险商品的数量。保险需求的产生，源于风险的客观存在和人们对风险所致经济损失承受能力的有限性。保险需求实际上是投保人对保险保障的需求，这可以用投保金额或保费收入加以计量。与一般商品不同，保险需求的表现形式有两个方面：一是体现在物质方面，当发生意外事故和自然灾害时，人们的经济损失能得到合理补偿；二是体现在精神方面，即在投保以后，人们减轻了后顾之忧，可以提高工作效率和生活质量。

【实训任务】

请根据保险需求的理解，设计一份商业保险需求调查问卷，并就该问卷设计的思路向同学进行说明，和同学一起进行讨论，征求他们的意见。

【参考样本】

北京市民商业保险需求调查表

了解和满足客户多样化的需求，通过多元化的综合金融产品，为客户提供差异化、可靠，并能产生附加值的服务，最大限度保证客户的健康和财产安全，是我们一贯的主张。

为庆祝××保险公司再次步入世界500强的行列，××保险公司开展"让爱延续——百亿保障赠送"的活动，面向新老顾客调查保险需求，以更好的贯彻我们的主张。您的参与将对我们为客户提供更高效、更贴心、更及时的优质服务十分重要。

1. 您目前就职的行业是：

A. 医药卫生　B. 科教文化　C. 机关事业　D. 工矿企业　E. 个体私营　F. 其他

2. 2006年6月1日，温家宝总理签署了《国务院关于保险业改革发展若干意见》，俗称"国十条"，您是否清楚，您认为保险是否重要？

A. 清楚、重要　B. 清楚、不重要　C. 不清楚、重要　D. 不清楚、不重要

3. 在此之前您未投保商业保险的原因是什么？

A. 不了解　B. 不相信 C. 经济原因　D. 健康原因

4. 您的家庭每月生活开支是多少（衣食住行）？

A. 1000 元以下　B. 1000～3000 元　C. 3000～5000 元　D. 5000 元以上

5. 您是否担心万一因意外、疾病导致收入中断，会对家庭和生活造成影响？

A. 是　B. 否

6. 如果准备投保商业保险，您将首先为谁投保险？

A. 自己　B. 配偶　C. 子女　D. 父母

7. 如果准备投保，您会首选什么样的保险？

A. 教育养老保险　B. 健康养老保险　C. 储蓄保险　D. 投资理财保险

8. 如果准备投保，您认为每月投入______元对您的生活或生意没有影响？

A. 150 元　B. 300 元　C. 400 元　D. 500 元　E. 1000 元以上

9. 您认为哪种缴费年限更适合您？

A. 10 年　B. 15 年　C. 20 年　D. 30 年　E. 其他

10. 您认为保险公司的哪种服务方式最让您接受？

A. 自己亲自到保险公司办理　B. 代理人上门服务办理

11. 中国已进入老龄化社会，未来养老您最想通过以下哪种方式？

A. 社会保险　B. 个人储蓄　C. 商业保险　D. 子女　E. 其他

衷心感谢您对我们工作的支持，并请您放心，您的资料仅供公司内部调查使用。完成填写问卷，您将有机会获赠一份保额为 30 000 元的交通意外保险。

您的姓名：　　　年龄：　　　性别：

联系方式：　　　地址：

■教学与训练任务二：最大诚信原则的法律适用

一、告知与说明

（一）投保人的如实告知义务

所谓投保人如实告知义务，是指投保人在合同订立阶段及合同履行期内，就重要事实向保险人所作的口头或书面陈述。至于如何评定事实或信息的重要与否，则视其是否影响保险人决定承保以及厘定保险费率而定。

《保险法》第 16 条第 1 款规定：“订立保险合同，保险人就保险标的或者被保险人的有关情况提出询问的，投保人应当如实告知。”这是对缔约时投保人告知义务的规定。投保人故意或因重大过失未在缔约时履行告知义务，足以影响保险人决定是否同意承保或者提高保险费率的，《保险法》第16条第2款规定，保险人有权解除合同。但针对投保人的不同主观状态，该条第4款和第5款对解除保险合同的后果作出了不同的规定：投保人故意不履行如实告知义务的，保险人对于合同解除前发生的保险事故，不承担赔偿或者给付保险金的责任，并不退还保险费。投保人因重大过失未履行如实告知义务，对保险事故的发生有严重影响的，保险人对于合同解除前发生的保险事故，不承担赔偿或者给付保险金的责任，但应当退还保险费。

关于这条法律规定，还应加强理解的是，我国保险法对于告知义务的方式确定为询问告知[1]。根据我国《保险法》第16条第1款的表述，投保人的如实告知义务限于保险人就保险标的或者被保险人的有关情况所提出的询问。确立这一方式有其合理性，因为与投保人比较起来，保险人更加富有保险专业素养，由其来承担询问不当或询问不够的风险较为适当。

（二）保险人的说明义务

保险人的说明义务，是指保险人在订立合同时应向投保人说明格式条款的内容，并以符合法律规定的方式向投保人提示保险合同中免除保险人责任的条款。

现行《保险法》第17条规定："订立保险合同，采用保险人提供的格式条款的，保险人向投保人提供的投保单应当附格式条款，保险人应当向投保人说明合同的内容。对保险合同中免除保险人责任的条款，保险人在订立合同时应当在投保单、保险单或者其他保险凭证上作出足以引起投保人注意的提示，并对该条款的内容以书面或者口头形式向投保人作出明确说明；未作提示或者明确说明的，该条款不产生效力。"

二、保　证

保证是指投保人或被保险人就特定事项向保险人所作的担保，这种担保可能表现为对过去或当前某项事实的确认，也可能表现为承诺在一定期间内采取某种行为或杜绝某种行为。保证要实现的制度功能在于，投保人或被保险人通过对某项事实的确认或对自身行为的约束使保险人所承担的风险控制在一定限度之内，避免出现保险人无法预见或无法承受的风险。

就形式而言，保证可分为明示保证和默示保证。明示保证是指保险合同中以特定条款的形式加以载明的担保事项。默示保证是指虽未载入保险合同，投

---

〔1〕在保险实务中，告知义务的方式有二：一为无限告知义务，即投保人须主动将可能影响保险人决策的事实和信息如数告知，否则承担不利后果；二为询问告知，即投保人对于保险人所提出的询问均如实作答即为尽到告知义务。

保人和被保险人仍应遵循法律和行业惯例加以担保的事项。比如，对于意外伤害保险而言，被保险人驾驶汽车必须有合法的驾驶执照就应属于默示担保的内容。

三、弃权与禁止反言

弃权是指合同当事人放弃其在合同关系中可以享有或主张的某项权利。禁止反言则是指合同当事人不得提出互相矛盾的主张，这里与弃权规则相联系，即指合同当事人一旦放弃其权利，则不得在日后另行主张此项权利。这一规则体现在《保险法》第16条第3款和第6款的规定中，具体内容为：①投保人未如实告知的，保险人的合同解除权自保险人知道有解除事由之日起，超过30日不行使而消灭。自合同成立之日起超过2年的，保险人不得解除合同；发生保险事故的，保险人应当承担赔偿或者给付保险金的责任。②保险人在合同订立时已经知道投保人未如实告知情况的，保险人不得解除合同；发生保险事故的，保险人应当承担赔偿或者给付保险金的责任。[1]

四、分析甲的行为是否违反如实告知义务

【实训背景】

甲以自己为被保险人，以其妻乙为受益人，向某保险公司投保终身寿险，保险金额为20万元。甲在填写投保单时，在“是否具有以往病史”一栏填写了“无”。后甲按照某保险公司的要求前往指定医院进行体检，体检时未发现甲有高血压症状，某保险公司予以承保，保险合同自2010年5月8日0时生效。2013年4月1日，甲突患急性肝炎死亡。保险公司在甲的病例中发现，病史主诉一栏记载“高血压病史4年，未予治疗”。某保险公司认为甲有违反如实告知义务的情况而拒绝赔偿。

【实训任务】

请学生分小组，根据本案的实训背景讨论分析本案中甲是否违反告知义务，乙是否能够获得保险赔偿金？

【实训指导】

《保险法》第16条第1款规定：“订立保险合同，保险人就保险标的或者被保险人的有关情况提出询问，投保人应当如实告知。”“如实告知”是投保人在订立保险合同时应承担的法定义务，是最大诚信原则这一保险法的基本原则在保险合同法律关系中的体现。其要求投保人在订立保险合同时应主动、如实告知保险人与保险标的或被保险人有关的情况，否则，保险人有权撤销保险合同并有可能导致拒赔的法律后果。本案中甲的病历主诉栏中记载的“高血压病史4

---

〔1〕 这里，第1点内容通常被归纳为不可抗辩条款，第2点内容可称为弃权条款。

年，未予治疗”只是甲就诊时对自己身体状况的一种猜测，仅为医生正确诊断提供一种线索，没有医疗部门医生的诊断，不能认定甲患有高血压，且保险公司的检查没有发现甲有高血压，更不能因此认定甲有隐瞒病史的故意，同时保险公司也没有提供甲与其签订保险合同前曾为此病而就诊等证明。只要甲在投保时不是出于主观隐瞒病史，对保险公司的询问进行如实的回答，即视为投保人甲履行了如实告知义务，因此保险公司对此应当进行理赔。

■教学与训练任务三：保险利益原则的法律适用

一、保险利益的含义和构成要件

（一）保险利益的含义

保险利益一词源于英文 insurable interest，为英国海商法学者首创。我国学者译为保险利益，亦称可保利益，是指投保人或者被保险人对保险标的具有的法律上承认的利益。它是保险合同得以成立的前提，是投保人或被保险人可以投保的利益，是保险人可提供保险保障的最大额度。保险活动必须遵循保险利益原则。所谓保险利益原则是指投保人必须以其具有保险利益的标的来投保，否则保险合同无效。

（二）保险利益的构成要件

我国《保险法》第 12 条对保险利益原则有明确规定：人身保险的投保人在保险合同订立时，对被保险人应当具有保险利益。财产保险的被保险人在保险事故发生时，对保险标的应当具有保险利益。可见，保险利益原则主要解决的是投保人的当事人主体资格问题，即如果投保人对保险标的不具有保险利益，将直接导致保险合同无效的法律后果。保险利益原则是确定投保人主体资格及保险合同效力的重要原则，按照保险利益原则的要求，保险利益应当具备三方面的构成要件。

1. 保险利益必须是合法的利益。《保险法》第 12 条第6 款明确规定，“保险利益是指投保人或者被保险人对保险标的具有的法律上承认的利益”。所谓“法律上承认的利益”应当指由国家的法律、法规确认的，受到国家法律、法规保护的相关权益。对于违法取得的利益和违反社会公序良俗而取得的利益，不能成为保险标的，投保人或被保险人对其没有保险利益。例如，走私犯对于走私的货物、盗窃犯对于盗窃物、贪污犯对赃物、贩毒分子对毒品均不具有“法律上承认的利益”，不能受到法律的认可和保护，保险合同不具有法律效力。

2. 保险利益必须是确定的利益。确定的利益是指投保人或被保险人对保险标的所具有的相关利益必须是已经十分明确具体的，或者是可以预期确定的，包括现有利益和期待利益。已经十分明确具体的利益，为现有利益，如投保人所有的一辆机动车辆的价值；尚不确定但却可以预期的利益，为期待利益，如运营的出租车在未发生保险事故时正常经营的情况下可能获得的利益。“现有利益的确定较为简单，期待利益的确定则容易引起争议。但随着保险技术的发展和完善，期待利益也可以比较准确地计算出来，例如目前各国对货物运输保险的保险金额的确定，普遍以货物到岸价格增加10%左右作为预期利益。”[1]

3. 保险利益必须是具有经济价值且可以通过货币来衡量的利益。保险利益必须具有经济价值体现为保险利益必须可以用货币来衡量和计算，否则保险人将无法对被保险人的实际损失情况进行准确的赔偿。例如获奖证书、旅行照片、朋友书信等物品，对于投保人更多的是情感上的利益而非经济利益，即使损毁也无法衡量其对于被保险人的损失究竟有多大，因此难以进行赔付。

二、保险利益原则的法律适用

（一）财产保险中保险利益的法律适用

1. 财产保险中保险利益的确认。财产保险的保险利益，是指投保人对财产保险标的所具有的法律上承认的经济利益，主要包括现实利益和期待利益。现实利益，是指投保人或被保险人对保险标的确实具有的已经存在的利益。常见的现实利益包括：财产所有人对其所有的财产的保险利益，例如汽车的所有人对其投保的汽车具有保险利益；抵押权人、质押权人对抵押或出质的财产具有的保险利益，例如银行对于抵押贷款的房屋具有保险利益；财产的经营管理人对其经营管理的财产具有保险利益，例如公司对公司经营管理的财产具有保险利益；财产的保管人对其保管的财产具有保险利益，例如存储仓库的保管人对仓库内存放的财产具有保险利益。

期待利益，是指投保人或被保险人在订立保险合同时对保险标的尚不具有保险利益，但基于其现实权利将来可以获取的相关利益。期待利益以现实利益为基础，没有现实利益的存在，不可能存在期待利益。例如运营车辆因发生保险事故导致的在运营期间的经济损失。

2. 财产保险中保险利益的时效。我国《保险法》第12条第2款规定：“财产保险的被保险人在保险事故发生时，对保险标的应当具有保险利益。”第48条规定：“保险事故发生时，被保险人对保险标的不具有保险利益的，不得向保险人请求赔偿保险金。”这表明财产保险的保险利益时效要求在保险事故发生时被保险人均应对保险标的具有保险利益，这是由财产保险的补偿性决定的，除

---

[1] 温世扬主编：《保险法》，法律出版社2007年版，第33页。

了考虑保险金额等因素外，保险赔偿最终由保险标的的价值和事故发生时的实际损失决定。例如甲为自己的房屋投保了家庭财产损失险，保险期限为 1 年。后甲将房屋卖给乙，甲并未通知保险公司保险标的所有权发生转移的情况，同时乙也没有为该房屋另行投保任何保险。在保险期限内该房屋因火灾灭失，虽然在保险合同订立时投保人对保险标的具有保险利益，但在损失发生时投保人对保险标的已经丧失了保险利益，因此本案中保险公司有权拒绝赔偿。

（二）人身保险中保险利益的法律适用

1. 人身保险中保险利益的确认。人身保险利益，是指投保人对被保险人的生命或身体健康所具有的法律上承认的利益。我国《保险法》第 31 条规定："投保人对下列人员具有保险利益：（一）本人；（二）配偶、子女、父母；（三）前项以外与投保人有抚养、赡养或者扶养关系的家庭其他成员、近亲属；（四）与投保人有劳动关系的劳动者。除前款规定外，被保险人同意投保人为其订立合同的，视为投保人对被保险人具有保险利益。"同时《保险法》第 33 条规定："投保人不得为无民事行为能力人投保以死亡为给付保险金条件的人身保险，保险人也不得承保。父母为其未成年子女投保的人身保险，不受前款规定限制。但是，因被保险人死亡给付的保险金总和不得超过国务院保险监督管理机构规定的限额。"

2. 人身保险中保险利益的时效。我国《保险法》第 12 条第 1 款规定："人身保险的投保人在保险合同订立时，对被保险人应当具有保险利益。"这就要求人身保险合同在订立时，投保人对保险标的必须具有保险利益，否则保险合同无效；在保险事故发生时，则不问保险利益是否存在，保险公司均应承担赔偿责任。人身保险利益的时效之所以不同于财产保险利益，主要是由人身保险的储蓄性决定的。人身保险的缴费期限一般较长，保单具有一定的储蓄性和现金价值，如果投保人在保险事故发生时，因丧失保险利益而无法获得在保险事故发生时所应获得的保险赔偿，对保单持有人显失公平。因此，人身保险的保险利益在保险事故发生时，并非必要因素。例如，甲与乙是夫妻，生有一个女儿丙。甲为妻子乙投保了意外伤害保险，受益人为甲自己，保险期限为 1 年。后甲与乙离婚，女儿丙归乙抚养。在保险期限内乙因交通事故意外身亡，虽然甲与乙已经离婚，但由于在保险事故发生时不问甲对乙的生命是否具有保险利益，因此甲有权获得保险公司的赔偿。

三、芳芳的外公外婆能否为芳芳投保终身寿险

【实训背景】

4 岁女孩芳芳父母在国外工作，暂时由上海的外公外婆抚养。芳芳的外公外婆对芳芳万分关爱，倾其所有为芳芳进行教育投入，并为降低生活风险，希望

为芳芳投保终身寿险，并相互指定为保险受益人。芳芳的外公以芳芳作为被保险人在向保险公司申请投保终身寿险时，遭到保险公司的拒绝。芳芳的外公外婆十分不解。

【实训任务】

假定你是芳芳外公外婆的投保咨询人员，请你对其投保申请进行分析，向其讲解投保人芳芳的外公对被保险人芳芳是否存在保险利益？是否可以投保以自己为保险受益人的终身寿险？

【实训指导】

终身寿险是指以被保险人死亡作为给付保险金条件的一种人寿保险。根据我国《保险法》第33条的规定，只有父母才对未成年子女具有保险利益，可以为未成年子女投保以死亡为给付条件的保险，除此之外，均不得投保，保险公司也不得承保。因此，本案中芳芳作为未成年人，其外公对芳芳的生命不具有保险利益，无权为其投保以死亡为给付保险金条件的终身寿险。

■训练项目三：订立保险合同法律实务

■教学与训练任务一：订立保险合同应注意的法律问题

一、保险合同的订立

保险合同是指根据双方当事人的约定，投保人向保险人支付保险费，保险人对于合同约定的可能发生的事故因其发生所造成的财产损失承担赔偿保险金责任，或者当被保险人死亡、伤残、疾病或者达到合同约定的年龄、期限等条件时承担给付保险金责任的协议。

（一）保险合同订立的程序

保险合同的订立，是指投保人与保险人在平等自愿的基础上订立保险合同的法律行为。与一般合同的订立一样，保险合同的订立也要经过要约和承诺两个阶段。

要约，是指一方当事人向对方当事人所作的订立合同的意思表示；承诺，是指一方当事人完全同意并接受要约人订立合同要求的意思表示。发出要约的一方当事人为要约人，完全接受要约的当事人为承诺人。在保险合同的订立过程中，通常由投保人作为要约人向保险人发出订立保险合同的意思表示，保险人作出承保的承诺。在保险实践中，投保人提出要约，通常是通过填写保险人事先印制好的投保单，并将填写完毕的投保单送交保险人来完成的。而保险人作出承诺，是通过审核投保人填写的投保单，认为符合承保要求的，予以接受，经保险人签字盖章后，保险合同的订立过程随之完成。

（二）保险合同的订立形式

1. 投保单。投保单是指投保人为订立保险合同，向保险人发出的愿意与其订立保险合同的意思表示的书面文件。投保单一般由保险人按照统一格式事先拟定，其主要包括投保人和被保险人的基本情况、保险标的的名称及存放地点、保险类别、保险价值、保险金额、保险期间和保险责任开始时间及询问告知事项等。投保人应当如实填写投保单并提交保险人，经保险人审核并签字盖章后保险合同即告成立。投保单是保险合同的重要的书面形式和组成部分。

2. 保险单。保险单又称保单，是指保险合同成立后，保险人向投保人签发的关于保险合同成立的正式书面凭证，是保险合同的构成主体。保险单一般由保险人统一制作，主要内容包括投保人、被保险人、受益人的基本情况、保险标的、保险金额、保险价值、保险责任、责任免除、索赔时效、索赔程序、代位权的行使、争议处理等事项。保险单具有类似证券的效用，通常被称为“保险证券”。

3. 暂保单。暂保单又称“临时保险单”，是指保险人为证明已接受投保人的要约，在正式签发保险单之前向投保人签发的临时保险凭证。暂保单的内容相对比较简单，一般仅载明被保险人基本情况、保险标的、险种、保险费、保险期间和保险金额等重要事项。暂保单是一种于保险合同双方都有益的保险凭证，一方面，有利于急需保障的投保人可以获得临时的保险保证；另一方面，有利于保险人获得一定的考虑时间最终决定是否承保。

4. 保险凭证。保险凭证又称“小保单”，是保险人用以证明保险合同成立而向投保人签发的书面凭证，是一种简化了的保险单，只记载重要事项，与保险单具有相同的法律效力，凡是保险凭证上没有载明的内容，均以同一险种的保险单所载内容为准。如果保险凭证上所记载内容，与保险单的内容相冲突，则以保险凭证上的内容为准。我国目前在团体人寿保险中大量使用保险凭证的形式。

5. 批单。批单又称“背书”，是保险人与投保人协商变更保险合同内容，对原保险合同进行修改、补充或增删的书面文件，通常由保险人签章后粘贴在保险合同的附页中，作为保险合同的有效组成部分。以批单形式变更保险合同的内容是较为普遍的做法，有利于提高办事效率、节约保险成本和资源。批单相对于原保险合同的条款具有更高的法律效力，凡经批单更改的内容，均以批单内容为准。

二、保险合同的效力判定

1. 保险合同的成立。我国《保险法》第13条第1款规定：“投保人提出保险要求，经保险人同意承保，保险合同成立。保险人应当及时向投保人签发保险单或者其他保险凭证。”按照这一规定，保险合同成立要件有三：其一，投保人提出保险要求；其二，保险人同意承保；其三，保险人与投保人就合同的条款达成协议。保险合同原则上应当在当事人通过要约和承诺的方式达成意思一致时即告成立。

2. 保险合同的生效。我国《保险法》第13条第3款规定：“依法成立的保险合同，自成立时生效。投保人和保险人可以对合同的效力约定附条件或者附期限。”该规定既体现了保险合同生效的一般性条件，即与普通合同一样保险合同也从成立时起发生法律效力；同时也体现了保险合同生效的特殊条件，即投保人和保险人可以对合同的效力约定条件或期限，只有当约定的条件或期限成就时，保险合同才发生法律效力。

3. 保险合同成立与生效的比较。保险合同中的“保险合同生效”与“保险合同成立”是两个不同的概念。保险合同成立，是指合同当事人就保险合同的主要条款达成一致协议；保险合同生效，指合同条款对当事人双方已发生法律上的效力，要求当事人双方恪守合同，全面履行合同规定的义务。保险合同的成立与生效的关系有两种：一是合同一经成立即生效，双方便开始享有权利，承担义务；二是合同成立后不立即生效，而是等到保险合同生效的附条件成立或附期限到达后才生效。

三、保险合同的主要条款

保险条款是保险合同的重要组成部分，对投保人和保险人的权利义务作出具体规定。保险条款由保险人单方制定，通常保险人根据不同的保险种类事先制定相应的保险条款。其内容是对各险种的主要事项加以规定，包括保险标的、保险金额、保险价值、保险责任、保险期限、除外责任、保险费的交付方式、赔偿处理、违约责任和争议处理等。

根据我国《保险法》的规定，保险合同应具备以下主要条款：

（一）保险人名称和住所

保险人是指经营保险业务，与投保人订立保险合同，收取保险费，组织保险基金，并在保险事故发生或保险期限届满后，对被保险人赔偿损失或给付保险金的人。我国对保险业的经营者作出了严格的限制性规定，明确了除依照保险法设立的保险公司外，任何单位和个人不得经营商业保险业务。保险人的名称是指保险公司的全称，保险人的住所是指保险公司所在的地址，保险人的名称和住所，一般印就于格式保险合同上。

（二）投保人、被保险人及人身保险受益人的名称和住所

投保人、被保险人和受益人可以为自然人、法人或者其他组织，可以为一人或者数人，其名称和住所是订立保险合同时应当明确的，这是实际履行保险合同的需要。投保人、被保险人和受益人的名称或姓名和住所地要使用全称。

（三）保险标的

保险标的是指保险合同所要保障的对象。保险标的决定着保险关系的产生和保险责任的承担。

财产保险合同中的保险标的是指各种财产本身以及有关的利益和责任。如

财产保险合同中的建筑物、机器设备、运输工具、原材料、产成品、农作物、养殖物等。人身保险合同的保险标的是指被保险人的身体或生命。责任保险合同中的保险标的是指民事损害赔偿责任。信用保险合同中的保险标的是指信用行为。在保险合同中，对保险标的状况、所处的位置等应当进行详细的记载。

（四）保险责任和责任免除

保险责任是指在保险合同中一一列举的、在保险标的发生列明的保险事故时，保险人应承担的赔偿或给付保险金责任的合同条款。保险责任的作用在于由保险公司明确其承担责任的范围，一旦发生相应的保险事故，保险公司就应当承担保险责任。

责任免除是指在保险合同中一一列举的、在保险标的发生列明的保险事故时，保险人无须承担保险责任的条款。责任免除的作用在于由保险公司事先明确其不承担责任的范围，一旦出现相应的情况，保险公司具有责任免除的权利。

保险责任和责任免除条款是保险合同中非常重要的内容，其直接决定了在发生保险事故时保险公司是否应当承担赔偿责任，直接关乎保险合同当事人及关系人的切身利益。特别是责任免除条款的内容，将直接影响到投保人、被保险人和受益人的合法权益，因此要求保险人对此项条款必须明确说明，否则该条款无效的不利后果将由保险人承担。

（五）保险期间和保险责任开始的时间

1. 保险期间是指保险人对保险事故承担责任的时间界限。保险人对保险标的的危险承担责任不能是无期限的，保险事故只有发生在保险合同约定的期限内，保险人才承担赔偿责任。如果在保险期间以外的其他时间里发生事故，保险人不承担赔偿责任。应当指出的是，如果保险事故发生在保险期间结束之前，而延续至保险期间结束以后，这时，保险人应当承担赔偿责任；但是，如果事故发生在保险期间开始之前，而延续至保险期间开始后，这时，保险人不承担赔偿责任。

2. 保险期间的开始起算日与保险合同的成立日不是同一个概念。一般情况下，保险期间开始时间要等于或迟于保险合同的成立时间，但不能早于合同成立时间。而保险期间的结束时间，可以早于或等于合同的终止时间，而不能迟于合同的终止时间。

（六）保险价值

保险价值是指财产保险中保险标的的实际价值，当事人可以在财产保险合同中约定财产保险的保险价值，也可以于保险事故发生后根据财产的实际价值确定。但在人身保险合同中不存在保险价值条款，因为人身价值是不可估量的。

（七）保险金额

保险金额是指保险人在保险事故发生时应当承担的损失补偿或给付的最高限额，同时也是计算保险费的标准。保险金额直接关系到双方当事人的责任和义务，必须在合同中明确规定下来。保险金额由投保人和保险人协商确定。在财产保险合同中，保险金额的约定不得超出保险标的的保险价值或者保险标的的实际价值；在人身保险合同中，投保人和被保险人一般依据被保险人或者受益人的实际需要和投保人交付保险费的能力等因素，协商确定保险金额。

（八）保险费及其支付办法

保险费是指投保人为获得保险保障而向保险人支付的代价。投保人按期如数交纳保险费是保险合同中投保人的义务条款。一般而言，保险标的危险程度越高，确定的保险金额越多，保险期限越长，那么交纳的保险费也就越多。保险费与保险金额的比率就是保险费率。保险费率是由国家保险管理机关针对不同的险种、不同的保险标的来制定的。保险费率及保险费金额应该在保险合同中载明。

有的保险合同的保险费不是用保险费率来计算的，而是按照某一固定金额来计收的，如机动车辆第三者责任保险合同的保险费就是按固定金额收取的。

保险费一般在保险合同成立时交付；也可按合同规定办法支付，可以一次或分期交付。保险人通过收取保险费而建立保险基金，若不发生保险事故，保险费归保险人。交纳保费是投保人的主要义务，一般由投保人缴纳，也可由关系人交付。若不按期缴纳，保险人可区分不同情况请求补交保险费或减少保险金额或中止保险合同。但是我国《保险法》第 38 条规定，对于人寿保险合同的保险费，保险人不得通过诉讼方式请求投保人支付。

（九）保险金赔偿或者给付办法

保险金赔偿或者给付办法条款亦称赔付条款，是用以明确保险事故发生后确定和支付赔偿金的办法和程序条款。赔付条款应当规定被保险人在保险事故发生后的及时通知义务、采取一切必要手段避免损害扩大的义务、被保险人请求赔偿的时限以及保险人赔付损失的程序和办法等。保险人在接到被保险人的损失通知或赔偿请求后，应当及时查验损害原因和程度并在规定的时间内确定应否赔偿及赔偿金额。保险财产遭受保险责任范围内损失的，以损失当天的实际价值计算赔偿，但最高赔偿额以保险金额为限。

（十）违约责任和争议处理

违约责任是指保险合同当事人违反保险合同规定的义务而应承担的民事责任。承担违约责任的形式主要有实际履行、支付违约金和赔偿损失等，这是保险合同的必要条款，保险合同中应当对违约责任的承担作出规定。

争议处理条款是指解决保险合同纠纷适用的条款。保险合同的争议处理，主要有以下三种形式：协商、仲裁或者诉讼。当保险合同发生争议时，投保人和保险人应当通过协商解决争议；通过协商不能解决争议或者不愿通过协商解决争议的，可以通过仲裁或者诉讼解决争议，保险合同应当对通过仲裁或诉讼解决争议有所约定。

以上是保险合同的主要条款，除此之外，保险合同的当事人还可以约定其他条款，只要不违背法律、法规即可。主要有：选择条款、法律条款、行业条款、附加条款和保证条款等。

选择条款是指保险人在业务经营过程中根据业务需要而设立的载入保险合同中的条款，如火灾保险单中的抵押利益条款；法律条款特指保单中载明某些法律规定的条款，如代位追偿权条款；行业条款是指对于专门行业，保险人在保险保障等方面作专门规定的条款，也指保险同业间在长期业务实践中所形成的共同约定条款；附加条款是指为适应某种特别情形，需要对原合同进行扩展、修改，但不作大变更，在原合同上附加批准或附贴批单，它又称为追加条款，通常由被保险人要求增加承保危险引起；保证条款是指投保人为享受合同权利，向保险人保证某一事项真实性或担保为一定行为或不为一定行为的条款。保险合同的保证条款必须严格遵守，若有半点不符，无论损失是否由此引起，保险人都可解除合同。

【保险合同示例】

大学生平安保险合同

第一章　保险合同构成

第一条　大学生平安保险合同（以下简称保险合同）由保险单及其所载条款、声明、批单、批注，以及与本合同有关的投保单、被保险人名单、健康告知书及其他约定书共同构成。

第二章　保险对象及投保手续

第二条　凡经全国统一高考录取的本市各类高等院校的在册研究生、本科生、专科生或学制一年以上的脱产委培生、进修生以及民办院校的在册学生，身体健康者均可作为被保险人参加本保险。

第三条　投保人通过就读学校统一向新华人寿保险股份有限公司（以下简称本公司）办理投保手续。

第三章 保险责任

第四条 被保险人在保险有效期内，因疾病身故或因遭受意外伤害在180天内身故，本公司按保险单上载明的身故保险金额给付身故保险金，保险责任终止。

第五条 被保险人在保险有效期内，因遭受意外伤害在180天内造成身体残疾或永久丧失部分身体机能，本公司根据残疾程序，按《新华人寿保险股份有限公司人身意外伤害保险金额给付表》给付部分或全部保险金。如果自遭受意外伤害之日起经过180天治疗仍未结束，则按第180天的情况鉴定残疾程序，按《新华人寿保险股份有限公司人身意外伤害保险金额给付表》，给付部分或全部保险金。

第六条 被保险人在保险有效期内，不论一次或多次因遭受意外伤害造成身体残疾或永久丧失部分身体机能，本公司均按第三条的规定给付保险金，但每年累计给付的保险金达到保险单上载明的保险金额全数时，该年度的保险责任终止。

第四章 除外责任

第七条 由于下列原因造成被保险人的死亡或残疾，本公司不承担给付保险金的责任：

（一）被保险人犯罪、吸毒、殴斗、醉酒、自杀以及故意自伤身体；

（二）被保险人无有效驾驶证驾驶或酒后驾驶机动车；

（三）被保险人身患疾病所支出的费用；

（四）投保人或受益人对被保险人的故意行为；

（五）战争、军事行为及动乱；

（六）核辐射、核污染；

（七）整容、麻醉、服用药物、注射；

（八）投保人、被保险人、受益人的诈骗行为；

（九）其他不属于保险责任范围内的意外伤害。

第五章 保险金额

第八条 保险金额为每人每年人民币1万元。

第六章 保险期限

第九条 保险期限按学生在校学习的学制（包括在校学习、生活、参加社会实践及寒暑假期间）确定，不足一年时按一年计算。保险期限自投保人缴纳保险费，并且本公司签发保险单的次日0时起至被保险人办妥毕（肄、结）业高校手续之日的24时止。

第七章　保险费

第十条　保险费为每人每年30元（费率为3‰）。无论被保险人学制长短，保险费均应在投保时一次缴清。

第八章　保险金的申领和给付

第十一条　被保险人因遭受意外伤害或因病身故，投保人、被保险人或受益人应在保险事故发生之日起5日内（遇节假日顺延）通知本公司，否则由于通知迟缓致使本公司增加的查勘、调查等各项费用，应由被保险人或受益人承担，本公司可在给付的保险金中扣除。

第十二条　向本公司申请领取保险金时，须提交下列证件；

（一）保险单、被保险人名单及被保险人身份证；

（二）投保人所在学校及有关部门出具的事故证明；

（三）被保险人死亡，须提供公安部门或医疗机构出具的死亡证明；

（四）被保险人因遭受意外伤害造成身体残疾或永久丧失部分身体机能，应在治疗结束后，治疗没有结束的可按第180天的治疗情况，由本公司指定的医疗机构出具残疾程度鉴定书，一次性结案；

（五）本公司认为必要的其他文件或证明。

第十三条　被保险人死亡时，保险金由受益人领取。被保险人残疾时，保险金由被保险人领取或委托他人代领。

第十四条　被保险人或者受益人向本公司申请给付保险金的权利，自其知道保险事故发生之日起2年内不行使即自动失效。

第十五条　受益人应通过被保险人的就读学校领取保险金。

第十六条　在保险有效期内变更受益人的，投保人应书面通知本公司。

第九章　告　知

第十七条　订立保险合同时，本公司向投保人说明保险合同的条款内容，并就被保险人的有关情况提出询问，投保人应当如实告知。

第十八条　投保人故意隐瞒事实，不履行如实告知义务，或者因过失未履行如实告知义务，足以影响本公司决定是否同意承保或者提高保险费率的，本公司有权解除保险合同。

第十九条　投保人故意不履行如实告知义务，对保险事故的发生有严重影响的，本公司对于保险合同解除前发生的保险事故，不承担给付保险金的责任，但可以退还保险费。

第二十条 投保人因过失未履行如实告知义务，对保险事故的发生有严重影响的，本公司对于保险合同解除前发生的保险事故，不承担给付保险金的责任，但可以退还保险费。

第十章 争议处理

第二十一条 因保险合同发生争议且经协商无效时，可通过仲裁或向当地人民法院提起诉讼。

第十一章 其 他

第二十二条 被保险人在保险有效期内，在本市范围内转学，本公司仍承担保险责任，直到保险期满。转学时，投保人须书面通知本公司。

第二十三条 被保险人在保险期间转学去外地就学或退学的，经投保人向本公司提出书面申请可办理退保手续，本公司将下一学年以后的保险费退还给投保人。

第二十四条 本合同条款所述“意外伤害”是指外来的、突然的、非本意的使被保险人身体受到剧烈伤害的客观事件。

第二十五条 本保险条款所述“保险事故”是指本保险合同约定的保险责任范围内的事故。

四、保险合同订立过程中承诺行为的认定

【实训背景】

甲服装公司于2010年1月1日向乙保险公司投保企业财产保险，保险期限为1年。保险合同到期后该服装公司要求继续续保，并于2011年1月1日，向保险公司的业务员丁某递交了投保单。丁某接受了该投保单且足额收取了保险费，并说“这样就行了，再给你保1年”。之后，丁某未及时将投保单和保险费交到乙保险公司，乙保险公司没有派人到该服装公司进行现场复核调查，也没有向该服装公司签发保险单。

2011年4月4日，甲服装公司发生火灾，出现人员死伤和财产损失。甲服装公司向乙保险公司索赔，乙保险公司拒赔，理由是并未收到甲服装公司的保险费，也未经核保签发保单。甲服装公司诉至法院，主张保险公司承担赔偿责任。

【实训任务】

结合保险合同订立过程中应注意的法律事项，分析乙保险公司是否应当承担保险责任?

【实训指导】

判断乙保险公司是否应当承担保险责任，应当按照保险合同成立及生效的过程进行审核认定。其中，一个关键的环节在于审核该保险合同是否有承诺行为。

对投保人来讲，保险代理人是在保险人授权范围内作出的意思表示，保险代理人的行为应视为保险人的民事法律行为，法律后果由保险人承担。本案中，丁某作为保险公司的代理人，接受投保人的投保书和保险费的行为，并表示"这样就行了，再给你保1年"的意思表示，是对投保人订立保险合同的要约行为的承诺，表明保险合同已经成立，保险公司应当承担赔偿责任。

可见，保险代理人的行为在法律上等同于保险人的行为，保险人要对保险代理人的代理行为所造成的法律后果承担责任。本案中，保险代理人丁某的行为显然缺乏保险从业人员的基本业务素质，也存在过错，保险人和保险代理人应当从中吸取教训。

■教学与训练任务二：填写投保单

一、识别保险合同的主体

保险合同的主体是指在保险合同关系中享有权利和承担义务的法人、公民或其他组织，其主要包括保险合同的当事人和关系人。保险合同的当事人包括有权利签署保险合同文件的投保人和保险人。保险合同的关系人包括权利受保险合同保障的被保险人和受益人。另外，保险代理人、保险经纪人和保险公估人等保险中介人在保险合同的订立和履行过程中具有积极的辅助作用，是保险合同的辅助人。

（一）保险合同的当事人

保险合同的当事人，是指有权订立并签署保险合同，直接受保险合同约束的人，包括投保人和保险人。

1. 投保人。投保人，又称要保人，是指有权与保险人订立保险合同并签署保险合同文件，负有缴纳保险费义务的保险合同当事人。关于投保人我们可以从以下两个方面进行研究：

（1）关于投保人的一般性要求。与其他类型合同的当事人主体资格要求相同，投保人可以是自然人、法人或其他组织。按照我国《民法通则》的相关规定，作为自然人的投保人，应当具有完全民事行为能力，即必须年满 18 周岁，或者年满 16 周岁但以自己的劳动收入为主要生活来源，且无精神性疾病；作为法人的投保人必须依法成立、有必要的财产或经费、名称、场所和组织机构，并能对外独立承担民事责任。投保人主体资格如果不符合一般性要求，将直接影响保险合同的效力。

（2）关于投保人的特殊性规定。一方面，我国《保险法》第 12 条第 1 款规定："人身保险的投保人在保险合同订立时，对被保险人应当具有保险利益。"依据该条规定，人身保险投保人必须对保险标的具有保险利益，这种利益是指法律上承认的相关利益。如果任何具有民事主体资格的自然人或法人都可以为与自己毫无利益关系的人身订立保险合同，极易引发道德风险，还可能将商业保险演变为赌博行为，因此对投保人资格做了上述法律规制。[1] 另一方面，我国《保险法》第 10 条第 2 款规定："投保人是指与保险人订立保险合同，并按照合同约定负有支付保险费义务的人。"保险费积累而成的保险基金是商业保险行为正常经营的前提和基础，因此缴纳保险费成为投保人必须承担的一项重要义务，没有任何商量的余地。如果投保人虽然已经与保险人订立了保险合同，但迟迟不缴纳保险费，将导致合同不能生效，在此期间发生保险事故，保险人有权拒绝赔偿。

2. 保险人。保险人，又称承保人，是指有权与投保人订立保险合同并签署保险合同文件，在保险事故发生或约定的期限届满时，按照合同约定承担赔偿或给付保险金责任的人。关于保险人我们也可以从以下两个方面进行研究。

（1）保险人主体资格的特殊性。商业保险对于分散社会风险、帮助社会成员减少损失发挥着重要作用，因此被誉为社会的"稳定器"。一旦经营保险业务的保险人出现问题，将直接引起社会的动荡和不安。因此各国保险法均对保险人的资格作出了相应的限制。根据我国《保险法》的相关规定，我国的保险人必须是公司，自然人和其他任何组织无权从事保险业务，同时要求保险公司的组织形式只能是股份有限公司和国有独资公司。保险公司的设立、注册资本等条件也高于普通公司，且必须经保险监督管理部门批准方能设立。可见我国对保险人的资格限制是十分严格的，以降低保险经营的风险，确保保险造福社会的保障功能得以充分发挥。

---

〔1〕 我国《保险法》第 12 条第 2 款规定："财产保险的被保险人在保险事故发生时，对保险标的应当具有保险利益。"可见在订立财产保险合同时，法律上并未要求投保人对保险标的具有保险利益，但在保险事故发生时要求被保险人必须对保险标的具有保险利益。

（2）保险人权利义务的特殊性。在保险合同订立后，保险人既享有一定的权利，又承担相应的法律责任。一方面，保险人享有保险费请求权。对于投保人不履行缴费义务的，发生保险事故时保险人有权拒赔。但需特别指出，我国《保险法》第38条规定："保险人对人寿保险的保险费，不得用诉讼方式要求投保人支付。"但保险人可以解除保险合同。另一方面，在发生了合同约定的保险事故或到了合同约定的期限，保险人应当承担赔偿或给付保险金的法律责任，从而履行保险人的保障义务。

（二）保险合同的关系人

保险合同的关系人，是指其权利义务直接受保险合同保障的、与保险合同具有密切联系的人，包括被保险人和受益人。

1. 被保险人。按照我国《保险法》第12条第5款的规定，被保险人是指其财产或者人身受保险合同保障，享有保险金请求权的人。也就是说，保险合同是围绕着被保险人的权益展开的，被保险人是保险合同保障的对象和核心，只有在被保险人的财产或者人身发生合同约定的保险事故或者被保险人生存期满至合同约定的期限时，保险人才承担赔偿或给付保险金的责任。被保险人的法律特征包括以下两个方面。

（1）被保险人的主体资格。在财产保险合同中，自然人和法人均可以成为被保险人；但在人身保险合同中，由于法人组织不具有生命和健康，故不能成为被保险人。虽然自然人可以成为被保险人，但为了避免道德风险的发生，各国保险法对于以死亡为给付保险金条件的人身保险合同中自然人作为被保险人的情况作了一些特殊性的规定。我国《保险法》第34条第1、2款规定："以死亡为给付保险金条件的合同，未经被保险人同意并认可保险金额的，合同无效。按照以死亡为给付保险金条件的合同所签发的保险单，未经被保险人书面同意，不得转让或者质押。"

（2）被保险人与投保人的关系。被保险人与投保人同是保险合同的主体，但却处于不同地位。投保人是保险合同的当事人，有权订立保险合同并需要向保险人缴纳保险费；被保险人是保险合同的关系人，是受保险合同保障的对象。二者极易混淆，特别是在投保人和被保险人发生重合的情况下。当投保人需要为自己的权益投保保险时，投保人和被保险人就是同一个人，此时被保险人可以视同合同的当事人。

2. 受益人。按照我国《保险法》第18条的规定，受益人是指人身保险合同中由被保险人或者投保人指定的享有保险金请求权的人。可见受益人是人身保险合同中特有的一类当事人，在财产保险合同中，通常由被保险人享有保险金请求权，所以没有受益人一说。受益人的法律特征包括以下三个方面：

（1）受益人的主体资格。由于受益人是权利享有人，只享有权利而无需承担任何义务，所以受益人的主体资格一般没有限制，自然人、法人均可成为受益人。自然人中完全民事行为能力人、限制行为能力人、无民事行为能力人都可以成为受益人，甚至能够独立呼吸的活体胎儿也可以成为受益人。受益人可以为一人或数人，当受益人为两人以上时，应当在保险合同中载明各受益人的受益份额。

（2）受益人的产生程序。只有经过投保人或者被保险人指定，才能产生受益人，并将受益人明确载于保险合同中。考虑到人身保险合同毕竟是保障被保险人的生命和健康的，为避免引发道德风险，投保人指定受益人时必须经过被保险人的同意。

（3）受益人的受益权与被保险人的继承权的关系。在保险实务中，常常会出现一些受益人缺失的复杂情况，导致被保险人的继承人和受益人的继承人发生法律纠纷。因此，我国《保险法》第42条明确规定："被保险人死亡后，有下列情形之一的，保险金作为被保险人的遗产，由保险人依照《中华人民共和国继承法》的规定履行给付保险金的义务：（一）没有指定受益人，或者受益人指定不明无法确定的；（二）受益人先于被保险人死亡，没有其他受益人的；（三）受益人依法丧失受益权或者放弃受益权，没有其他受益人的。受益人与被保险人在同一事件中死亡，且不能确定死亡先后顺序的，推定受益人死亡在先。"

（三）保险合同的辅助人

1. 保险代理人。保险代理人是根据保险人的委托，向保险人收取佣金，并在保险人授权的范围内代为办理保险业务的机构或者个人。可见，保险代理人既包括保险代理机构也包括进行保险代理业务的自然人。保险代理机构包括专门从事保险代理业务的保险专业代理机构和兼营保险代理业务的保险兼业代理机构。保险代理的自然人主要包括具备保险代理从业人员资格的保险销售从业人员。

保险代理人按照保险人的授权，对外以保险人的名义代为办理相应的保险业务，其代理行为的法律后果由保险人承担。保险代理人没有代理权、超越代理权或者代理权终止后以保险人名义订立保险合同，而投保人有理由相信其代理行为的，该代理行为有效，保险人应当承担相应的法律后果。保险人可以依法追究越权的保险代理人的责任。

2. 保险经纪人。保险经纪人是基于投保人的利益，为投保人与保险人订立保险合同提供中介服务，并依法收取佣金的机构。保险经纪人因过错给投保人、被保险人造成损失的，依法承担相应赔偿责任。

与保险代理人不同，保险经纪人的活动是基于投保人的利益而非保险人的利益开展的，保险经纪人本身不是保险合同当事人，而是为投保人与保险人订立合同提供条件的中介服务者，其主要从事的业务范围包括参与投保洽谈、设计风险规划方案、提供保险咨询与服务、担当风险规划与管理顾问、帮助完成保险索赔等，但不得超出法定范围，也不能擅自超越投保人、被保险人的委托范围。

3. 保险公估人。保险公估人也称保险公证人，是指接受保险合同主体的委托，以独立第三方的身份，凭借丰富的专业知识和技术，从事与保险事务相关的信息资料的搜集、调查取证、查勘、检验、鉴定、估价、评定和理算等，出具客观、公正的报告并按约定收取报酬的专业人员或机构。

保险公估人的地位是在各国保险业迅速发展的基础上确立的，是保险业发展的客观要求。保险公估人可以依据自身的专业知识和技能，参与保险的查勘、鉴定、估损和理算。虽然同为保险中介辅助人员，但与保险代理人、保险经纪人不同，保险公估人既可以接受保险人的委托，又可以接受投保人、被保险人和受益人的委托提供中介服务。保险公估人在开展公估业务时站在中立的立场上客观、公正地对委托事项进行评估并作出符合双方利益的评估结论，其中立性是其与保险代理人、保险经纪人的重要区别。

二、识别保险合同的客体

保险利益是保险合同的客体，是保险合同成立的要素之一。

保险标的是投保人申请投保的财产及其有关利益或者人的寿命和身体，是确定保险合同关系和保险责任的依据，是保险利益的载体。

保险利益是指投保人对保险标的所具有的法律上承认的利益。保险利益的主体是投保人。保险利益是保险合同得以成立的前提，保险利益应符合下列条件：①保险利益必须是合法的利益；②保险利益必须是确定的利益；③保险利益必须是经济利益。

三、投保单的填写规则

（一）投保单的含义

投保单是保险合同的重要法律文件之一。投保单（又称“要保单”）是投保人向保险人申请订立保险合同的书面要约。投保单一般由保险人按照事先统一格式印刷，通常为表格形式。投保单所列项目因险种不同而有所区别，投保人应按照表格所列项目逐一填写并回答保险人提出的有关保险标的的情况和事实。投保单一经保险人接受并签章，即成为保险合同的组成部分。

（二）填写投保单的规则

1. 填写投保单的一般规则。

（1）投保单须使用黑色钢笔或黑色签字笔填写。

（2）投保单填写时应字迹清晰、字体工整，内容要求如实填写并填写完整，不可遗漏。

（3）投保单要求保持整洁，不得随意折叠、涂改和使用修改液，否则视为无效，需更换投保单。

（4）投保单填写一律用简体字，不得使用繁体字和变体字。

2. 填写投保单的具体规则。

（1）投保人资料的填写规则：①投保人姓名、出生日期、性别必须与身份证一致，如出现特殊情况而与身份证不符的，须提供身份证复印件；②所提供的证件必须为有效证件，包括身份证、军人证、护照。当证件类型为军人证时，必须按证件所印制的文字及编号填写完整。当证件类型为护照时，须提供护照复印件；③投保人年龄必须以周岁为准，计算公式如下：当起保日期在生日之前时，年龄＝投保年份－出生年份－1；当起保日期在生日之后时，年龄＝投保年份－出生年份。如发生起保日期与生日为同一天，则按后者计算；④地址、邮编、电话：住所和缴费地址必须填写清楚完整。邮编填写必须正确，不得出现类似200000的现象。电话号码应尽可能提供详细，以便公司能准确及时地与客户进行联系；⑤工作单位、职业、兼职、职业代码：职业应填写当前职业，如有兼职需填写，如退休或待业等无业人员也需据实填写。职业代码参照职业代码表查询，填写时须按职业与兼职中较高的一项填写，如无法找到相同职业则按相近职业填写。

（2）被保人资料的填写规则。被保险人资料填写方式同投保人资料，但如被保险人为未成年人时，则对其证件的要求为必须在以下三者中择一：提供未成年人的身份证件号码或户口簿复印件；提供未成年人出生证明（必须带有足印）；在被保险人签名栏中提供未成年人手指印。

（3）受益人资料的填写规则：①除条款有特别说明的以外，满期生存受益人必须为被保险人本人；②身故受益人不得为被保险人本人并需符合投保规则的相关规定；③如指定两个以上身故受益人，其受益份额相加总额应为100%。

（4）投保内容的填写规则：①投保险种及代码：各险种的名称应填写完整，并且与代码相对应，不可混淆；②交费期限及保障期限：应根据不同险种的不同性质对照投保规则填写；③保险金额：应根据被保险人的不同年龄与职业，参照投保规则中的相关险种保额限制；④领取方式及领取年限根据投保的险种填写；⑤保险费合计：是指除追加保险费以外所有险种的保险费合计，注意大小写金额必须一致；⑥续期缴费、保险费逾期未付的选择、保费交付方式、迟交保费处理方式、选择红利领取方式，以上各项只可在相应内容里选择一项打勾；⑦投保日期：应为签单日的前后24小时内，如有特殊要求需往后约定，须在特别约定栏中说明情况。

（5）健康告知的填写规则。如保险条款中涉及对投保人承担保险责任事项时，如豁免产品，投保人栏必须填写，投保人身高体重填写在健康告知说明栏内。如在告知栏中选择“有”时，必须在说明栏中详细说明具体的情况，如：时间、地点（医院及科别）、疾病名称、治疗经过、现况等，如有病史资料复印件可一并附上。

（6）投保人及被保险人声明及授权的填写规则。应由客户在阅读并确认《投保人及被保险人声明与授权》后在客户签名栏中亲笔签署。业务员需在客户签名后于“见证业务员”栏中签名以示证明。如被保险人未成年（未年满18岁）则须由被保险人监护人签名。不识字者应在投保单相应签名处加盖右手拇指印，并在指印旁加画任何符号，如“+”、“0”等。客户签名栏不允许发生由业务员代签或涂改现象，如有发生应要求业务员重新填写投保单。

四、填写人身意外伤害保险投保单

【实训背景】

2012年10月10日，王艳女士（女，1968年5月7日出生，教师），为其丈夫李明先生（男，1966年3月28日出生，公司职员）向A保险公司投保人身意外伤害保险，受益人为其儿子李晓勇（男，1995年6月20日出生）。保险期限为1年，自2012年10月11日0时至2013年10月10日24时，保险费用为500元。已知王艳女士曾于2001年因意外摔伤导致左腿骨折住院治疗一个月，目前已痊愈，无后遗症；其丈夫李明先生自2005年起患上高血压，目前一直坚持服药，血压比较稳定；其儿子李晓勇非常健康，从未得过严重疾病。

【实训任务】

如果你是A保险公司的保险营销员孙宁，请你根据投保单填写的基本要求，在识别投保人、保险人、被保险人、受益人等保险合同主体的基础上，指导投保人认真填写一份意外伤害保险单（对必要的欠缺信息可自行补充）。

【参考样本】

人身意外伤害保险（个人）投保单（通用）

投保单编号（No. ）

投保人资料	姓名：	性别：□男 □女	出生日期： 年 月 日
	有效证件类型：□身份证 □军人证 □护照 □其他（ ）		
	证件号： 职业（工种）：		
	婚姻状况：□已婚 □未婚 □离异 □丧偶 □其他（ ）		
	与被保险人关系：□配偶 □子女 □父母 □本人 □其他（ ）		
	住址： 电话： 邮编：		
	E-MAIL： 手机：		
	有无机动车辆驾驶执照：□有 □无		
	工作单位名称： 电话： 地址： 邮编：		
	通讯收费地址选择：□住址 □工作单位 □其他地址： 邮编：		

被保险人资料	□被保险人为投保人本人。（如选择此项者，下栏中被保险人的个人资料可免于填写）			
	姓名：	性别：□男 □女	出生日期： 年 月 日	
	有效证件类型：□身份证 □军人证 □护照 □其他（ ）			
	证件号：		职业（工种）：	
	婚姻状况：□已婚 □未婚 □离异 □丧偶 □其他（ ）			
	住址： 电话： 邮编：			
	户籍所在地警署： EMAIL： 手机：			
	有无机动车辆驾驶执照：□有 □无			
	工作单位（就读学校）名称： 电话： 地址： 邮编：			
	家庭保单填写	家庭成员姓名	性别	出生日期	与被保险人关系
			□男□女	年 月 日	
			□男□女	年 月 日	
			□男□女	年 月 日	

	姓名	性别	与被保险人关系	证件类型	证件号	受益比例（%）
受益人资料						
	受益分配方式另有指定的请注明：□顺位 □均分 □法定继承 □其他					

注：未填写“受益人资料”栏，默认为“法定继承”。

		险种名称	份 数	保险金额	费率或缴费标准	保费	备注
投保事项	主险						如同一险种存在A、B款，请在“险种名称”中列明。
	附加险						
	主险						
	附加险						
	主险						
	附加险						
	缴费支付方式： □支票 □现金						
	保费合计：人民币（大写） （￥ ）						
	保险期间：自 年 月 日 时起至 年 月 日 时止						

事项告知	
内容（若“是”或“有”，请在说明栏中详细告知）	被保险人
1. 目前是否能正常工作、学习。	□是 □否
2. 是否曾经不能正常工作、学习。	□是 □否
3. 目前是否患病或自觉有不适症状。	□是 □否
4. 目前或过去是否患有下列疾病、症状或体征。 （若患多种病症未在以下列出，请在说明栏中详细告知） （1）癌症，肿瘤，肿块、囊肿或息肉； （2）高血压（收缩压140mmHg或舒张压90mmHg以上）、动脉粥样硬化、血管疾病、心肌梗塞，冠心病、心绞痛、狭心病、肺心病、心肌病变、心内膜炎、风湿性心脏病、主动脉血管瘤、心脏瓣膜疾病〔狭窄、关闭不全、畸形〕、窦性心动过缓或过速、传导阻滞、心律不齐等心血管系统疾病； （3）精神异常、抑郁症、神经官能性疾病、癫痫、脑膜炎、脑炎、脑部疾病、脑中风（脑出血、脑栓塞）、脑瘤、脑动脉血管瘤、脑动、静脉畸形、多发性硬化症、脊髓病变、肌肉萎缩症、重症肌无力、惊厥、脑瘫、进行性肌营养不良、短暂性脑缺血、帕金森氏症、神经炎等神经系统疾病。	□是 □否 □是 □否 □是 □否
5. 身体残疾情况。 （1）有无失明、聋哑、跛行、小儿麻痹后遗症； （2）有无行动障碍或智能障碍； （3）有无脊柱、胸廓、四肢、五官、手指、足趾缺损或畸形； （4）有无言语、咀嚼、视力、听力、嗅觉、四肢及中枢神经系统机能障碍。	□有 □无 □有 □无 □有 □无 □有 □无

续表

6. 女性补充告知。 （1）目前有无怀孕，若有，怀孕______周； （2）有无曾患子宫、卵巢、乳房或其他妇科疾病； （3）目前有无乳房或淋巴结肿大、肿块、疼痛、血性溢乳、阴道不规则流血、白带异常、下腹痛等异常； （4）既往有无不孕、异常妊娠、剖腹生产、异常出血或接受下腹部手术、放射性治疗。		□有 □无 □有 □无 □有 □无 □有 □无
7. 有无使用镇静安眠剂、迷幻剂、违禁药物、吸食有机溶剂、强力胶、毒品、或酒精中毒、药物中毒等。		□有 □无
8. 有无从事潜水、滑水、滑雪、滑冰、驾驶航空机具、热气球、滑翔、跳水、跳伞、悬崖登攀、蹦极跳、武术、空手道、搏击、马术、狩猎、特技表演及车辆竞赛等危险活动的爱好或行为。		□有 □无
9. 最近两年内是否曾被保险公司解除人身意外伤害保险合同或申请人身意外伤害保险而未被承保、延期或附加条件承保。		□是 □否
10. 有无曾申请人身意外伤害保险金的索赔。		
11. 目前有无已生效的人身意外伤害保险合同或正在申请本保险之外的人身意外伤害保险。若有请说明投保险种、保险金额或份数及承保公司。		□有 □无
说明栏	上述告知各项若答复为“是”或“有”时，请注明编号并详细说明。对本投保单及告知内容，本公司承担保密义务。 如有诊察治疗记录，请告知诊治原因、日期、医院名称。 ____年____月____日因________疾病在________医院治疗（或做________手术） ____年____月____日因________疾病在________医院治疗（或做________手术） ____年____月____日因________疾病在________医院治疗（或做________手术） 诊治结果及目前状况：	

投保人声明

投保人及被保险人兹声明所填上述内容属实，对贵公司就个人意外伤害保险条款及内容（包括责任免除部分）的说明已经了解，同意按照该条款和附加内容投保个人意外伤害保险。

1. 保险合同由投保单、保险单、保险条款、批单、双方协议、单方承诺以及其他双方约定构成合同的内容组成。

2. 保险合同约定一次性交付保险费或对保险费交付方式、时间没有约定的，投保人应在保险责任期间的起始日前支付保险费；约定以分期付款方式支付保险费的，投保人应按期支付第一期保险费。否则，保险合同不生效，保险人不承担保险责任。

如果发生未按期足额支付保险费或不按约定日期支付第二期或以后各期保险费的情形，从保险责任期间的起始日起10日后，保险人有权解除保险合同并追收已经承担保险责任期间的保险费和利息，保险合同自解除通知到达投保人时解除；在保险合同解除前发生保险事故的，保险人按投保人已付保险费占应付保险费的比例承担保险责任。

3. 投保人已阅读、知悉保险合同内容，并充分理解了保险人就保险合同的内容对投保人所做的说明以及对保险人责任免除条款、被保险人义务条款所做的明确说明。

4. 投保人对保险人就保险标的或者被保险人的有关情况提出的询问，应当如实告知。对保险人尚未询问到、但足以影响保险人决定是否同意承保或者提高保险费率的事实，投保人也应当如实告知。如果存在投保人不如实告知情形的，保险人有权解除保险合同，对于保险合同解除前发生的保险事故，不承担赔偿或者给付保险金的责任。

5. 需要第三方对保险事故进行评估或鉴定时，均委托保险公估公司对损失进行评估，或委托具有法定资格的机构对事故原因进行鉴定；除被保险人要求与保险人共同确定评估或鉴定机构外，投保人、被保险人均委托保险人确定公估或鉴定机构。

6. 若投保附加意外伤害医疗保险，投保人同意并认可从本保险单及其他途径所获得的医疗费用补偿金额之和以本人实际支出的、符合本保单签发地政府基本医疗保险管理规定的医疗费用金额为限。

7. 保险人的雇员、代理人的任何与书面保险合同所载内容不一致的解释、说明或承诺，均属无效。

投保人签章：

被保险人或法定监护人签章：

法定代表人（负责人）：

年 月 日

（投保人是单位的由单位盖章，并由单位法定代表人或负责人签字，投保人是个人的由本人签字）

投保人地址　　　　联系人及电话

以下内容由保险公司填写

经办人及日期　　　　核保人及日期

■训练项目四：模拟保险产品推介

【考评背景】

2008年11月，吴丽通过某寿险公司销售人员胡荃的劝说和介绍，未征求其男友李鹏的意见即为其投保了该寿险公司3份分红型年金保险，并支付首期保险费26 056元。吴丽称当时保险公司销售人员胡荃称购买该种万能型保险只需缴纳保险费47万元，在被保险人李鹏年满65周岁时可一次性领取红利加年金共计180万元。在填写投保单时吴丽称还未决定是否购买，胡荃称投保单只是一份计划、草稿，从而取得了她的签名。

后吴丽经过了解得知，胡荃所说的高额回报并不存在，从而投诉至保险监管机构。经过调查和核实，某寿险公司销售人员胡荃在向吴丽出具的计划书上留有“保险费47万元，领取180万元”的字样，胡荃已承认上述字样为其本人手写。胡荃将保险中不确定的红利当成确定利益介绍给投保人，构成了误导。保险监管机构据此对胡荃及其上级主管以及该寿险公司依法做出了处理，该寿险公司也将吴丽的保险费全额退还。

【考评任务】

1. 结合本案简要分析胡荃进行保险推介中存在的问题。

2. 请你从市场中选择符合吴丽需求的人寿保险品种，简要说明什么是分红型保险产品。

3. 分小组模拟进行保险产品推介。

【考评标准】

1. 查找保险推介中存在的问题是否准确，是否能够结合本案具体事实进行分析。

2. 对所选择的人寿保险产品是否了解，对产品类型的简要说明是否准确简洁。

3. 保险产品模拟推介是否能够抓住要点，语言表达是否清晰流畅并具有亲和力。

综合训练项目二：保险承保法律实务

■ 学习目标

保险承保是指保险人在投保人提出要保请求之后，经审核认为符合承保条件并同意接受投保人申请，承担保单合同规定的保险责任的行为。承保的基本目的是为保险公司安排一个安全和盈利的业务分布与组合。承保工作中最主要的环节是核保，核保的目的是避免危险的逆选择，实现企业有效益的发展。学生通过本综合训练项目的学习和训练，应当了解承保的基本含义和工作内容，熟悉承保岗位的主要职责，掌握承保管理、承保控制、核保的业务技能，提升学生的保险承保法律服务能力。

■训练项目一：保险承保管理实务

■ 教学与训练任务一：认知保险承保岗位

一、保险承保与承保人的含义

（一）承保的含义

保险承保是保险人对愿意购买保险的单位或个人（即投保人）所提出的投保申请进行审核，作出是否同意接受和如何接受的决定的过程。可以说，保险业务的要约、承诺、核查、订费等签订保险合同的全过程都属于承保业务环节。实际上，进入承保环节，就进入了保险合同双方就保险条款进行实质性谈判的阶段。承保是保险经营的一个重要环节，承保质量的好坏直接关系到保险人经营的财务稳定性和经营效益的高低。

（二）承保人的含义

承保人是公司专业技术系列中的业务技术系列职能，是指通过公司专业技术评审委员会的资格认定、从事业务管理工作的技术人员。承保人经公司总经理聘任后，在总经理授予的权限范围内行使管理职能。承保人以其业务管理的专业技术区别于营销人员，以其业务管理职责区别于行政管理人员。

承保人的主要职责为：严格遵守国家有关法律法规和保监会关于财产保险的相关规定；正确贯彻公司各项业务管理制度；准确执行各项业务操作实务，控制经营风险；恪尽职守，上级承保人有效实施对下级承保人的监督控制。

二、保险承保的工作内容

（一）投保风险查验

1. 接受投保。保险销售人员或客户代表应指导客户填写投保单及风险问询表，并根据业务实际情况收集风险评估所必需的相关资料。

2. 初步查验风险。保险销售人员或客户代表可根据客户提交的书面材料初步查验风险，如根据有关业务规定需要实地查验风险情况的，有关人员查勘后，在投保单上标注“已验险”并签名，将相关投保资料交递出单员。

3. 批改申请。保险责任开始后，如客户提出变更保险事项的申请，保险销售人员或客户代表指导客户填写批改申请，并收回原保险单。承保部门根据实际情况判断，确定是否需要安排重新进行风险查验。

（二）风险评估

1. 信息收集。为准确判断拟承保重大业务或特殊业务的风险情况，承保部门对此类业务拟定风险评估方案，并进行有关风险情况调查和信息收集，写出初步的风险评估报告和承保意见，作为承保决策的依据。

2. 风险评估。根据实际风险情况，承保部门可以与风险管理部门联合组织风险评估小组实地查验风险，编制风险评估报告，必要时，聘请有关专家或中介机构进行风险评估。

（三）承保信息录入

1. 投保单、批改申请录入。承保出单员接到投保单或保险单批改申请及相关资料后，初步审核并将投保情况或保险变更事项录入电脑业务处理系统，或以其他形式编制承保审核材料，在经过复核后提交承保部门核保人员。

2. 保险单补录。根据业务实际情况，确实需要手工出单的业务，或其他无法及时进入业务处理系统的业务，出单人员必须及时补录。直接业务补录不迟于签发保险单后3个工作日；中介业务补录不迟于签发保险单后15个工作日或根据代理协议的约定收回保险单后5个工作日。承保部门在补录之后应安排复核，在补录“定额保险单”业务信息时，必须将该单证的印刷流水号同时进行补录。

（四）核保工作

1. 权限内核保。核保人员接到出单员提交的承保审核材料后，及时按照有关核保规定进行审核，并将审核结果及时反馈给出单员。对续保的业务，必须通过系统查询或手工查询上年度出险及理赔情况，方可决定续保条件。对于预约保险协议或包含授权出单内容的代理协议，承保部门应事先审核；对于超过代理协议和预约保险协议规定权限的业务承保部门应逐笔进行核保。协议承保或代出单的授权不得超出本级核保人的承保权限。核保人员应严格执行授权管理规定，不得超越权限作出核保决策。

2. 自动核保。为提高核保工作效率、降低经营成本，承保部门可以对权限内的下述业务实行电子化自动核保：①定额保险单业务；②完全使用标准条款、保险费等承保条件，核定标准明确、不需进行风险评估的其他业务（如家庭财产保险、小额货物运输保险等）。

3. 核保日报表。核保人员每日下班前编制核保日报表，并及时进行核对，确认无误后由承保部门内勤人员进行数据统计和备份。

（五）超权限业务报批

1. 业务报批。对超出本级承保权限的业务，核保人员收集相关材料并拟定初步意见后报上一级核保人，在接到上级审核意见后，按照上级批复内容通知出单员。报审材料包括承保条件（必须包括净费率、适用条款等）、风险评估情况、初步核保意见以及再保险意见等。

承保部门提前10个工作日以上将需进行分保询价的超权限业务，连同详细的承保条件和充分的风险评估材料报送再保部或主管总经理。

2. 超权限业务批改。经上级核保人审批的超权限业务，如发生下述批改业务，视同超权限业务向作出审批的上级核保人再次报批，在得到批复后按照审批结果批改：①批改保额或责任限额累计增加幅度超过原报审承保条件中相应额度的10%；②批改降低净费率；③变更保险期限、免赔额等其他重要承保条件；④增加扩展责任条款或删除限制责任条款，或批改特别约定影响承保责任范围；⑤安排了临时分保的业务；⑥其他上级核保人要求报批的批改业务。

（六）出单工作

1. 出单。出单人员接到最终核保意见后，依照有关业务规定，按核保结果签发保险单、批单。

2. 发送共同保险材料。对共同保险的保险单，应按共保协议内容签发保险单、批单及相关资料并送达共保公司。

3. 报送再保险材料。①对于按核保意见需要进行合同分保的项目，出单同时须将保险单、批单的详细内容报送再保险部门。②对于通过再保险部门对外询价取得临分支持的业务，应当参照临分询价的条件出单，并尽快将保险单信息、分保清单和分保账单等材料报送再保险部门。如果未能承保也应当及时将未能承保的情况报送给再保险部门。③对于进行了临分业务的保险单，应当及时将分保情况通报承保理赔部门，确保及时办理巨灾通知、大额赔款摊回等再保险手续。承保部门在接到有关分保业务发生巨灾或大额赔款时，及时将有关业务情况书面向再保险部门报告。

（七）单证管理工作

承保单证指投保、承保业务过程中使用的业务单证。承保部门负责管理已使用的承保单证。

1. 承保部门直接办理业务所使用的单证，由部门直接负责管理。对已作废的承保单证，不得随意撕毁和缺页，应在单证各联加盖“作废”章后，将其与有效单证留存联一并按印刷流水号装订归档；因退保或赔偿而终止责任的业务，应收回承保单证正本，如有特殊原因无法收回的，要由相关责任人写出书面说明，附在该保险单业务留存联上，并在单证管理账簿上注明。

承保部门在单证管理工作中应执行公司档案管理等相关规定，为承保单证的存放、保管和利用，配备人员、器材，提供必要的条件，做到安全可靠。已归档的承保单证不得随意销毁，保存期和销毁办法按档案管理的规定执行。

2. 承保部门对下发的业务单证，实行分散保存、统一管理、定期检查。承保部门应指导、监督有关人员按照相关规定进行承保单证管理。承保部门配合财务部门定期对承保单证进行盘点，如不符时要查找原因，并及时予以纠正。

（八）注销保险单、终止合同业务

保险合同生效前，保险人可以依照法律、保险合同的约定或者投保人的申请进行“注销保险单”的处理。保险合同生效后，保险合同可以根据投保人的申请进行“全单退保”处理，保险人也可以依照法律、保险合同的约定进行处理。核保人员应当对合同解除具体原因进行分析，对不合理的退保处理可以提出不同处理意见，并根据保险合同及相关业务规定核定退费。

三、承保人在公司内部的岗位设置

在保险公司内部，承保配置于总公司、分公司级机构及支公司（含办事处）、营业部的业务管理部门。以某保险公司为例，各级机构的承保人岗位设置如下：

（一）总公司

核保核赔岗位：根据国家法律法规、保险条款和公司业务制度的规定进行权限内的日常承保、理赔处理或审核，提供风险管理的专业服务，提交相关业务分析报告，负责制定并实施核保核赔实务；

承保人管理岗位：负责制定承保人管理制度，并按公司有关业务制度进行承保人岗位设置、权限制定、临时授权、日常业务考核等；

代理人管理岗位：根据有关规定，负责制定公司代理人管理制度，并监督、指导相关管理制度的落实，负责所辖代理单位的资格初审和上报，组织代理人资格考试等；

条款费率管理岗位：负责新险的报备，并根据有关规定拟定公司可经营险种的条款、费率等；

新险开发岗位：系统内新险的研制、开发与市场推广；

业务组织与协调岗位：组织协调系统内日常营销活动，研究和推进营销管理及客户服务模式的改革和创新；

大项目管理岗位：重大承保项目和组织协调和技术支持，异地承保项目的开发和管理；

单证和业务用章管理岗位：负责保险业务单证的设计印刷、号码发放及使用登记，保险业务用章的刻制、使用、保管及相关管理制度的制定与监督落实；

合约管理岗位：再保合约的新签、续保；

业务统计岗位：汇总各分支机构业务统计数据，编制各类业务统计报表；

业务分析岗位：对各种业务进行科学分析，提供相应的分析报告；

业务稽核岗位：对业务经营过程进行全方位的审计、稽核；

内勤管理岗位：负责制定内勤管理制度及对业务内勤的管理。

（二）分公司级机构

核保核赔岗位：根据国家法律法规、保险条款和公司业务制度的规定进行权限内的日常承保、理赔处理或审核，提供风险管理的专业服务，提交相关业务分析报告，提出相关核保核赔实务的修订意见；

代理人管理岗位：建立代理人档案库，进行代理业务日常管理，贯彻、落实相关管理制度；

条款费率管理岗位：贯彻、落实相关的管理制度；

新险开发岗位：新险的市场调研、信息收集、可行性研究报告等；

业务组织与协调岗位：协调各相关业务部门关系，推动业务发展；

单证和业务用章管理岗位：建立单证保管实物库，执行相关管理制度；

内勤管理岗位：执行公司相关的管理制度，负责业务内勤的日常管理；

业务内勤岗位：承保业务中投保单复核、业务权限复核，保险单、批改申请、批单、保费收据的打印和初审，财务交接等；理赔业务的抄单、立案、业务权限复核、结案登记、统计、归档等；各类单证的领用、登记、使用、回收、保管等；业务统计；下发文件及各类业务资料的登记、传阅、保管工作。

（三）中心支公司、营业部

核保核赔岗位：根据国家法律法规、保险条款和公司业务制度的规定进行权限内的日常承保、理赔处理或审核，提供风险管理的专业服务，提交相关业务分析报告，提出相关核保核赔实务的修订意见；

代理人管理岗位：建立代理人档案库，进行代理业务日常管理，贯彻、落实相关管理制度；

业务内勤岗位：承保业务中投保单复核、业务权限复核，保险单、批改申请、批单、保费收据的打印和初审，财务交接等；理赔业务的抄单、立案、业务权限复核、结案登记、统计、归档等；各类单证的领用、登记、使用、回收、保管等；业务统计；下发文件及各类业务资料的登记、传阅、保管工作。

公司可根据具体经营情况的变化，经总经理批准，对各级机构的岗位设置进行适当调整。

四、承保岗位业务处理实务

（一）承保人业务权限

根据岗位职责的需要，公司总经理授予承保人一定的业务权限，使承保人可在其业务权限范围内独立地处理业务。业务权限主要包括承保权限、理赔权限和其他业务管理权限。

1. 各级承保权限按险种列明了承保人处理承保业务的最高保险金额、赔偿限额和保险费率浮动上限。

2. 各级理赔权限按险种列明了承保人处理理赔业务的最高赔偿或给付金额。

3. 附加险的选择权限。附加险的承保必须按“附加险选择权限”实行。“附加险选择权限”是指决定承保该附加险，承保人应具备的权限最低等级。

4. 所有拒赔和通融赔付案件必须上报总公司，由业务管理部门的二级承保人审核，并报一级承保人审批，必要时由保险业务管理委员会讨论决定。

5. 总公司业务管理部门和各级机构的代理人管理、单证和业务用章管理、业务统计、业务分析及内勤管理等各项工作由总公司业务管理部门和该机构最高级别的承保人按公司有关规定审核决定。

（二）承保人业务处理

1. 承保人在其所属机构或部门（下称“本单位”）内，可按其业务权限独立处理各项业务。本单位的各项业务由最低等级业务权限的承保人核准。如果超出此级承保人业务权限，则向本单位高一级业务权限的承保人上报。如果超出本单位最高承保人的业务权限，则向上一级机构上报，以此类推。

2. 本单位若有若干同一等级业务权限的承保人，其相互关系为：①分管险种的承保人核准该险种业务；②上报的业务请示必须由行政级别最高的承保人签署意见。

3. 承保人应具有高度的责任感，在业务处理中严格执行公司业务管理和业务操作的有关规定，对保险单、批单中的承保责任、保险标的、保险金额、费率、保险费等内容严格审核，对各类单证、登记簿和保险业务印章严格管理，发现问题，及时纠正。在处理赔案时，要注意现场查勘，注意定责定损的准确性，严禁虚假赔案和人情赔案。

五、填写短期险超权限业务报批表

【实训背景】

2013 年 5 月 3 日，中国人民财产保险公司齐齐哈尔分公司龙江县支公司承保黑龙江省黑土地农产品有限责任公司投保的企业团体旅游意外伤害保险，被保险团体人数为 180 人，保险金额总额为 180 万元，保险期限为 15 天。按照中国人民财产保险公司承保业务的相关规定，县级支公司承保短期险保险金额超过100万元的，应当报上一级公司审批。

【实训任务】

假设你是中国人民财产保险公司的承保人员，请你根据上述背景材料填写《短期险超权限业务报批表》（对必要的欠缺信息可自行补充）。

【参考范本】

短期险超权限业务报批表

<table>
<tr><td>上报公司</td><td colspan="2"></td><td colspan="2">联系人</td><td colspan="2"></td><td colspan="2">电话</td><td></td></tr>
<tr><td rowspan="16">方案基本情况</td><td colspan="6">投保单位：</td><td colspan="3">行业性质：</td></tr>
<tr><td rowspan="5">保险方案
（行数可扩展）</td><td colspan="2">使用条款</td><td>保额</td><td>标准费率</td><td>承保费率</td><td colspan="3">较标准费率
下浮比例</td></tr>
<tr><td colspan="2"></td><td></td><td></td><td></td><td colspan="3"></td></tr>
<tr><td colspan="2"></td><td></td><td></td><td></td><td colspan="3"></td></tr>
<tr><td colspan="2"></td><td></td><td></td><td></td><td colspan="3"></td></tr>
<tr><td colspan="2"></td><td></td><td></td><td></td><td colspan="3"></td></tr>
<tr><td>□新保</td><td colspan="4"></td><td>□续保</td><td colspan="3"></td></tr>
<tr><td>预计总保费</td><td colspan="3"></td><td colspan="2">增（减）保费金额</td><td colspan="3"></td></tr>
<tr><td>企业总人数</td><td colspan="3"></td><td colspan="2">被保险人数</td><td colspan="3"></td></tr>
<tr><td>既往赔付率</td><td colspan="3"></td><td colspan="2">预计赔付率</td><td colspan="3"></td></tr>
<tr><td>同业竞争</td><td colspan="8"></td></tr>
<tr><td rowspan="3">经纪或代理公司介入情况</td><td colspan="2">□有</td><td colspan="4">经纪/代理公司名称</td><td colspan="2"></td></tr>
<tr><td colspan="8">□无</td></tr>
<tr><td colspan="8"></td></tr>
<tr><td>手续费比例</td><td colspan="8"></td></tr>
<tr><td>其他</td><td colspan="8"></td></tr>
<tr><td rowspan="2">超权限事项及简要描述</td><td colspan="9">□投保范围 □保险期间 □保险金额 □保险责任 □除外责任
□追溯生效日 □费率下浮 □契约形式
□其他____________（以上各事项可多选）</td></tr>
<tr><td colspan="9">简要描述</td></tr>
</table>

续表

县级支公司上报意见	经办人：	年	月	日
	审批人（县支公司经理）：	年	月	日
市级分公司审核意见	经办人： 年 月 日			
	审批人（市分公司团体业务部经理）：	年	月	日
	审批人（市分公司分管副总经理）：	年	月	日
省公司审批意见	经办人：	年	月	日
	审批人（省公司团体业务部总经理）：	年	月	日

填表说明：

1. 所涉及的超权限事项，表中无法说明清楚的应以附件形式与报批表一同上报。
2. 请务必保证该表所有要素信息填写的完整性和准确性。
3. 预计赔付率是指：保单有效期内预计赔付总额/预计保费收入。

■教学与训练任务二：承保管理法律实务

保险公司对投保人的投保并非一概加以接收，而是先要进行审核，只有符合条件的风险，保险公司才同意承保，所以承保管理就是保险公司审核风险并作出承保决策的过程。

一、承保管理的概念及意义

（一）承保管理的概念

承保管理是指对签订保险合同的双方当事人的权利与义务进行审核、监督和控制的行为，其作用在于避免风险集中，提高承保业务质量，保证保险人经营稳定。承保管理主要针对投保条件、承保标的、保险金额、保险费率及保险责任等进行审核、监督和控制，以保证业务的承保质量；通过对投保条件和承保标的的审核，确定保险人应承担的责任，为选用条款、确定费率提供依据；

通过对每一危险单位保险金额的审核，确定保险额度的合理性，对明显超过标准的价值和难以确定偿付责任的保险金额应当予以调整，或规定最高赔偿限额；通过对保险责任的审核确定保险人承担的风险责任，明确对灾害事故损失应负的赔偿责任或除外责任，对不可保的责任予以严格控制；根据承保条件和承担的风险责任制定合理的费率，确定被保险人应付的保险费。

承保管理有四个主要目标：其一，建立经营目标，以补充或支持公司的总目标；其二，管理人员应当告诉承保员怎样完成这些特定的目标；其三，管理人员必须定期检查承保员的工作，以便判断他们是否按照公司制定的承保指南的要求去做，是否满足了承保的目标；其四，承保管理者必须不断地修改承保指南，以适应客观情况的变化。

（二）承保管理的意义

承保管理是保险经营中必不可少的环节，加强承保管理的意义主要有以下三个方面：

1. 有利于控制经营风险。保险公司作为经营风险的企业，首先要确保自身经营稳定，无论哪一个保险公司都不能承保所有的风险。因此必须根据自己的承保能力和偿付能力，对投保人的风险状况做出判断，以确定是否承保或承保多少风险。如果承保的风险超出承保能力，保险公司将面临潜在的巨大损失，一旦发生，将濒临破产境地。

2. 有利于提高盈利能力。保险公司为商业经营，必须坚持效益第一原则，必须要通过拓展业务实现效益水平的不断提高。因此，保险公司应根据积累的数据和经验，重点选择那些出险概率小、损失可能小的业务，以提高业务质量，降低赔付率，提高每一笔业务对效益的贡献度。

3. 有利于保证保险费率公正。保险费率是根据不同风险的性质和损失的程度来制定的。承保管理的核心工作就是厘定公正合理的保险费率，以求得承保风险与保险费率之间保持更为合理的关系。也就是说，保险公司通过加强承保管理，应确保那些有较大风险的投保人以高于平均的保险费率购买保险，而那些有较小风险的投保人能够享受低于平均的保险费率。

4. 有利于促进被保险人防灾防损。保险的目的并不限于处理赔案，提供经济补偿，还要立足于加强平安社会建设，发挥辅助社会管理职能，推进积极的灾害预防，提高全社会的防灾防损能力，进而保证人民生活长期稳定和社会生产的持续进行。承保管理的目的就是要识别风险、分析风险，促使被保险人采取更有效的风险管理措施，做好各项预防工作，降低风险发生的概率，减小损失程度。

二、承保管理的工作要求

（一）承保标的的审核

如果保险人对投保者不加区别一律承保或者保险人对风险标的的识别不够客观，必将导致保险人的利益受损，甚至影响到保险企业的稳定经营。因此，保险人必须加强对风险标的的审核，以保证承保的业务质量。一般情况下，每个保险企业都应配备有素质较高的核保专业人员。同时核保部门的工作应与保险营销部门的工作相互协调、共同促进。

（二）道德风险的控制

保险的道德风险是指通过投保获得不正当利益的一种精神或心理状态，即投保人为了谋取保险金赔偿或给付而投保，通过促成或故意制造保险事故而骗取保险金的危险。它以非法占有为目的，违背道德、法律、法规，利用欺诈手段骗取保险金，给保险公司的经营带来了极大的风险。加大验险承保力度，提高承保质量，是控制道德风险的首要环节。在业务承保过程中，必须严格执行验险承保、风险评估和核保制度。对不符合承保条件的坚决不能承保或建议经整改达到标准后再进行承保，确保所承保的每一个标的风险要小，做到所做的每一笔业务要实，所签的每一份保单质量要优，所收取的每一笔保险费含金量要高。

（三）严密制单手续，保证承保质量

制单质量的好坏，事关保险合同能否顺利履行。许多保险合同纠纷，大多是因为制单工作的疏忽和遗漏造成的。为此，要加强制单管理，要求单证齐全、合同要素明确、签章齐全，以保证承保质量。

三、承保管理的工作内容

申请对投保申请的审核主要包括对投保人的资格、保险标的、保险费率等项内容的审核。

（一）审核投保人的资格

根据我国《保险法》的规定，投保人必须具备两个条件：一是具有相应的民事权利能力和民事行为能力；二是投保人对保险标的应具有法律上承认的利益，即保险利益。审核投保人的资格主要是审核后者，即了解投保人对保险标的是否具有保险利益。一般来说，财产保险合同中，投保人对保险标的的保险利益来源于所有权、管理权、使用权、抵押权、保管权等合法权益；人身保险合同中，保险利益的确定采取限制家庭成员关系范围并结合被保险人同意的方式。保险人审核投保人的资格，是为了防止投保人或被保险人故意破坏保险标的，以骗取保险赔款的道德风险。

（二）审核保险标的

即对照投保单或其他资料核查保险标的的使用性质、结构性能、所处环境、防灾设施、安全管理等。例如，承保企业财产险时，要了解厂房结构、占用性质、建造时间、建筑材料、使用年限以及是否属于危险建筑等，并对照事先掌握的信息资料核实，或对保险标的进行现场查验后，保险人方可予以承保。

（三）审核保险费率

一般的财产和人身可能遭遇的风险基本相同，因此可以按照不同标准，对风险进行分类，制定不同的费率等级，在一定范围内使用。例如，承保建筑物的火灾风险，确定费率要考虑的因素有：房屋的建筑类别，是砖结构还是木结构；房屋的占用或使用性质，是商用还是民用；周围房屋的状况；房屋所在区域所能提供的火灾防护设施；与房屋相关的任何安全设施，如是否安装自动洒水灭火装置或警报器等。保险人承保时只需按风险程度将建筑物划分不同的等级，套用不同的费率即可。但是，有些保险业务的风险情况不固定，如海上保险，因航程不同、运输工具不同、风险变化不同，承保的每笔业务都需要保险人根据以往的经验，结合风险的特性，制定单独的费率。因此，承担这类业务时应对每一笔业务的实际情况与它所适用的费率条件进行核查，以保证保险费率的合理性。

四、承保管理案例分析

【实训背景】

2013年5月9日，吕某为自己投保了一份人身意外伤害保险，身故保额100万元。然而5天后，保险公司就接到其家属报案，吕某于5月14日14时意外遭遇车祸，不幸当场死亡。故欲向保险公司申请意外伤害保险身故理赔金。因为案件涉及赔付金额巨大，并且保险事故发生距离购买保险仅为5天，事出蹊跷，因此保险公司的调查员对此迅速展开核实工作。在此交通事故中，肇事司机驾驶机动车超速行驶、未能及时采取避让行人的措施，导致行人吕某当场死亡负主要责任；吕某在非人行横道路段未确认安全横过马路，对于事件发生负次要责任。随后，调查员走访肇事司机。司机谈到发生此次交通事故，驾驶车速过快是部分原因，但已提前注意到一行人要“横过马路”，同时感觉其是故意伺机被撞的，由于事发路段未有监控装置（电子眼），无奈只能赔偿对方。后调查员经多方走访，在掌握相关证据的基础上，会同理赔师分析后，确定吕某在购买保险时已产生了明确的自杀念头，存在着严重的道德风险，决定拒绝赔付身故保险金。

【实训任务】

其实该案件本应可以更早的防范和控制，如果在承保前调查人员能够认真细致的进行风险调查和评估，将有利促进道德风险的控制。假设你是保险公司的调查员，请你介绍一下本案在承保前调查员应当调查的对象和内容。

【实训指导】

1．调查员应前往吕某家里，调查吕某的家庭成员基本情况、经济状况。

2．调查员应当走访吕某的单位、邻居、朋友，调查交通事故发生前吕某的精神状况、情绪是否异常等情况。

■训练项目二：核保法律实务

保险核保是指保险公司在对投保标的的信息全面掌握、核实的基础上，对可保风险进行评判与分类，进而决定是否承保、以什么样的条件承保的过程。核保的主要目标在于辨别保险标的的危险程度，并据此对保险标的进行分类，按不同标准进行承保、制定费率，从而保证承保业务的质量。核保工作的好坏直接关系到保险合同能否顺利履行，关系到保险公司的承保盈亏和财务稳定。因此，严格规范的核保工作是衡量保险公司经营管理水平高低的重要标志。

■教学与训练任务一：财产保险核保实务

财产保险是保险人对被保险人的财产及有关利益，在发生保险责任范围内的灾害事故而遭受经济损失时给予经济补偿的保险，是一种经济补偿制度。

对于财产核保工作，我们重点掌握财产保险业务的分类、财产保险的核保要素、承保条件、暂保单、与批单等五方面内容。

一、财产保险的核保要素

在财产保险核保过程中，需要对投保单位的周围环境、防灾措施、风险管理情况等因素进行重点风险分析和评估，并进行实地查勘。其中，主要的核保要素有：

（一）保险标的物所处的环境

环境对投保标的出险的影响是显而易见的。就建筑结构而言，对所投保的房屋，要检验其所处的环境是工业区、商业区还是居民区；附近有无易燃、易爆的危险源；房屋是否属于高层建筑，周围是否通畅等。

（二）查明保险财产的占用性质

查明保险财产的占用性质，可以了解其可能存在的风险；同时要查明建筑物的主体结构及所使用的材料，以确定其危险等级。

（三）投保标的物的主要风险隐患和关键防护部位及防护措施状况

1. 认真检查投保财产可能发生风险损失的风险因素。例如，投保的财产是否属于易燃、易爆品或易受损物品；对温度和湿度的灵敏度如何；机器设备是否超负荷运转；使用的电压是否稳定；建筑物结构状况等。

2. 对投保财产的关键部位要重点检查。例如，建筑物的承重墙体是否牢固；船舶、车辆的发动机的保养是否良好。

3. 严格检查投保财产的风险防范情况。例如有无防火设施报警系统、排水排风设施；机器有无超载保护、降温保护措施；运输货物的包装是否符合标准；运载方式是否合乎标准等。

（四）有无处于危险状态中的财产

正处于危险状态中的财产意味着该项财产必然或者极有可能遭受危险事故，这样的投保标的发生损失的概率远大于其他投保标的，保险人一般不会给予承保。如果把必然或者极有可能发生的危险给予承保，就会造成不合理的巨额损失的强行分摊，导致保险人的利益损失，也违背了保险的经营原则。

（五）检查各种安全管理制度的制定和实施情况

健全的安全管理制度是预防和降低风险的重要保障，因此，承保人应当了解投保人在危险控制和防范方面所做的积极有效的工作，检查是否有专人负责该制度的执行和管理。如发现问题，应建议投保人及时解决，并复查其整改效果。如果投保人不严格实施安全计划方案，承保人可提高保险费率，增加特别除外责任，甚至拒绝承保。

（六）查验被保险人以往的事故记录

包括被保险人发生事故的次数、时间、原因、损害后果及赔偿情况。一般从被保险人过去 3～5 年间的事故记录中可以看出被保险人对保险财产的管理情况，通过分析以往损失原因找出风险所在，督促被保险人改善管理，采取有效措施，避免损失。

（七）调查被保险人的道德情况

特别是对经营状况较差的企业，弄清是否存在道德风险。一般可以通过政府有关部门或金融单位了解客户的资信情况，必要时可以建立客户资信档案，以备承保时使用。

（八）划分危险单位

危险单位划分是指组成保险财产的各个单元（如建筑物）之间遭受灾害事故时所波及的范围。若两个单元是可以分隔的，发生灾害时不至于相互波及，可视作两个危险单位，否则作为一个危险单位。

（九）分析最大可能损失

确定危险单位之后，就要估计最大可能损失，这是指对保险单项下承保的财产在发生灾害事故时可能的最大风险评估之后，根据这种风险可能对保险标的的波及面和保险标的物本身的抗火、抗灾能力，尽可能合理地估计出整个保险标的最大损失率，以损失率乘以保险财产的保额，便是最大可能损失数字。

二、划分风险单位

风险单位是指一次风险事故可能造成保险标的损失的范围。一般来说，风险单位有四项构成条件：一是面临损失的价值；二是引发损失的风险事故；三是财务损失的影响程度；四是遭受损失的法律权益主体。在保险经营中，合理划分风险单位，不仅是必要的，而且对于保险公司评估风险、作出承保决策具有重要的意义。在保险实践中，风险单位的划分一般有三种形式。

1. 按地段划分风险单位。由于保险标的之间在地理位置上相毗连，具有不可分割性，当风险事故发生时，承受损失的机会是相同的，那么这一整片地段就被算成一个风险单位。

2. 按标的划分风险单位。与其他标的无相毗连关系，风险集中于一体的保险标的，如一架飞机。

3. 按投保单位划分风险单位。为了简化手续，对于一个投保单位，不需区分险别，只要投保单位将其全部财产足额投保，该单位就为一个风险单位。

三、填写财产保险风险问询表

【实训背景】

某学校位于北京市朝阳区，有教学楼 3 座，每座均是钢筋混凝土结构，高 15 米，5 层，已经投入使用 30 年，有桌子 1300 个，凳子 2600 个，多媒体教学设备 123 套，校服 1400 件，还有存下的新办公楼建筑材料各项价值约 153 万元的石灰、水泥、木材与砖。以前曾发生过火灾 1 次，失盗 3 次。

【实训任务】

该学校希望向某保险公司投保企业财产保险综合险，如果你是保险公司的工作人员，请在风险检查的基础上，根据实际情况填写《财产保险风险问询表》。

【参考样本】

财产保险风险情况问询表

本风险情况问询表为 ________ 号投保单的组成部分。投保人应如实、详细填写。

投保人：

1. 建筑物状况

名称	结构	高度（米）	层数	占用性质	防火措施	灭火设施及器材

说明：

（1）建筑物的结构指钢筋混凝土（A）、砖木（B）、简易建筑（C）

（2）建筑物的占用性质指写字楼（A）、商场（B）、宾馆酒楼（C）、娱乐场所（D）、仓库（E）、生产车间（F）、其他（注明）

（3）防火措施指禁止吸烟和使用明火（A）、禁止乱拉乱接电线（B）、使用防爆型照明灯具和电器设备（C）、装有导除静电装置（D）、装有防雷电装置（E）、其他（注明）

（4）灭火设施及器材指室内消火栓（A）、室外消火栓（B）、火灾自动报警系统（C）、火灾自动灭火系统（D）、手提灭火器（E）、消防水源（F）

2. 仓储物品

（1）主要物品名称　家用电器　服装　百货

燃烧性□　易燃易爆□　可燃□　难燃或不燃□

（2）易燃易爆物品是否存放在独立的危险品仓库内

是□　　否 □

3. 生产状况

（1）原材料、半成品、成品的名称

（2）生产工艺采取的是

常温□　常压 □　高温□　高压□

（3）生产过程为自动化□ 手工操作□

（4）生产过程中有无使用易燃或易爆材料　　有□名称　无□

（5）生产过程中有无可燃性气体或粉尘产生　　有□名称　无□

（6）主要危险隐患有几处？坐落地点：

4. 以往损失情况

（1）以往有无发生损失　　有□ 无□

（2）暴雨或洪水灾害　次，最近一次发生于　年　月　日，造成财产损失金额　　元。

(3) 火灾或爆炸事故　次，最近一次发生于　　年　月　日，造成财产损失金额　元。事故原因：

5. 防洪设施及措施

防洪墙 □防洪闸门 □沙袋 □ 抽水机 □

排、蓄水沟、塘　有□　无□

仓储物品加垫板□　汛期建立24小时值班制度 □

6. 防盗状况

(1) 防盗设施及措施

围墙防护设施 □　防盗警报装置 □　专职保安员或门卫 □

夜间、工休日和节假日均有人值班 □　出入大门登记制度 □

(2) 高价物品的保管方法

专管　有□　无　□

兼管　有□　无　□

7. 安全生产组织及管理

(1) 有无组建消防队　专业 □　义务 □　无 □

消防队的人数20人　主要装备、设备 消防泵5台

(2) 有无建立安全生产责任制或防火安全责任制

有　□无　□

(3) 有无安全生产或防火安全管理组织

有□　名称　无□

(4) 有无制定安全操作规程　有 □无　□

(5) 有无取得由消防部门颁发的消防合格证书

有　□　无　□

投保人（签章）

年　月　日

■教学与训练任务二：人身保险核保实务

人身保险的经营原理在于依据以往被保险人死亡、残废等的经验数据编制保险费率表。当有新人申请加入被保险人的行列时，他们将来的死亡或残废可能性应当接近保险公司预先假定的经验率。所以在保险实务中，保险人需要确定是否接受一份人身保险的投保申请，并且在接受投保人申请的同时，确定一

个合理的费率基础，这个过程就被称为“核保”。核保工作是指对投保申请进行评估，决定是否接受这一风险，并在接受风险的情况下，决定保险费率的过程。核保的关键是衡量申请人的预期损失是等于、大于还是小于保险人在标准费率表中的预计损失。一般而言，保险人的平均预期损失有一个上下浮动的范围，对在此范围内的被保险人，费率采用标准费率表，超出范围的或提高费率标准，或拒绝接受投保。

一、人身保险风险因素的信息来源

（一）投保单

投保单是核保的第一手资料，也是最原始的危险选择纪录。投保单是保险合同的重要组成部分之一，其实只是投保人向保险公司提出需要提供风险保障的申请书，是投保人及被保险人的投保意愿的书面报告。其内容涉及投保人和被保险人的基本情况。投保单是一个非常重要的资料来源。从投保单的各项填写内容可以了解投保人和被保险人的一般情况，投保人、被保险人、受益人之间的关系等等。核保就是要从这些信息当中来判定被保险人的危险等级，以及适用何种险种保险费率。并且投保单还是保险契约的一部分，是整个核保过程中重要的法律依据。

（二）调查问卷

调查问卷主要是获得补充告知和具体的健康状况。尽管投保单上的内容涉及很广，但涉及具体的情况还不是很详细，所以必须借助调查问卷来对情况进行更深入的了解，否则将无法进行正确的危险评估。这种形式尤其适用于那些保险金额不高，保险费也不多，而体检费用却又较大的情况。调查问卷一般含有疾病起病时间、病情发展情况、治疗情况、目前的情况等一些项目，甚至还有些是专门为某类病例所设计的。通过这一调查问卷形式更能提高危险判断的准确率。

（三）体检报告

体检报告在信息收集当中也是非常重要的。体检报告较其他形式具有更高的科学性、客观性、准确性和直接性。其主要适用于那些保险金额巨大的保单。在这种情况下，被保险人一般被要求到指定的医院、医疗机构或人寿保险公司的专门体检机构进行相关的项目严格体检，以获得足够的健康资料。因为这种保额巨大的保单，如果不进行严格的体检，一旦发生风险，将使公司面临巨额赔付，甚至影响到公司的运营和其他保户的利益。另外体检还得非常注意被体检人与被保险人是否相符，谨防冒名顶替。最后体检医师必须做出体检结论及健康状况的评价。

（四）以往病历

疾病由于某些特性，即便是在一定时期内被治愈仍有可能复发，或给人留下后遗症等，因此增加了危险因素。但如果能彻底治愈而又不会复发或无后遗症的疾病则对寿险评估无任何影响。对于前者由于在当期已可能无法觉察，这就得靠查阅以往病历来进行了解，确定其风险程度。查阅被保险人的以往病历一般必须征得本人的同意。通过查阅病历，有可能了解投保客户更多的客观情况，可以帮助核保人员提高对被保险人的健康状况和危险程度评估的准确度，尤其是那些投保人无法详尽告知的情况，更加适用这种方式。

（五）客户调查

客户调查是又一获取核保资料的重要途径，同时也是核保的一个重要步骤。他是通过对被保险人的直接与间接的调查来获取相关资料的。由于存在逆选择的问题，所以在承保前后对被保险人深入细致的调查仍是十分重要的。客户调查有利于保险公司控制风险，稳健经营，同时有助于提高服务质量，维护广大保户利益，提高保险公司信誉，还有助于查缺补漏，及时补救，杜绝逆选择。客户调查一般分为直接调查和间接调查。直接调查就是面对面地对客户进行查问。间接调查则是从被保险人除自身之外的周边的人进行查问。查问内容主要是被保险人的健康状况、经济状况等是否符合投保要求。但客户调查不论是直接调查还是间接调查，由于诸多原因多少存在一些主观的东西，所以这一点在实践当中是必须注意的。如果在客户调查中发现问题，必须再作认真的核查，并视具体情况做出相应反应。

（六）财务报告

这主要是针对高额保件而进行的。对高额的规定各国视具体情况而有所不同。国内 10 ~ 20 万元以上为高额，50 万元以上为巨额，最高限额为 200 万元。由于高额保单的存在势必增加潜在的公司经营风险，所以一般公司都对之采取审慎的态度。一旦有高额保单，公司必须对被保险人做出其财务报告，以切实了解其投保目的，有无续保能力，保费是否与其收入相称，等等。财务报告主要包括被保险人的职业、投保人和被保险人的收入主要来源、资产状况、以往保险状况，等等。

二、人身保险的核保要素

（一）个人保险核保要素

年龄（对人寿保险至关重要）、性别（主要是女子妊娠、分娩等特有危险，这种特定危险死亡率的高低是与体质、环境、年龄及过去分娩次数密切联系的；此外，女性的寿命一般会长于男性，在寿险当中也具有核保意义）、健康状况（包括被保险人目前存在于身体器官上的残疾或病症，既往疾病或外伤，家族病史等；有时还要考察被保险人个人健康记录、嗜好、环境、信誉以及个性、婚姻状况、宗教信仰、驾驶记录等相关因素）、职业（考察是否会由于特定职业而引发事故危险、健康危险、环境危险等，从而决定是否需要加收附加保险费）、经济状况（指投保人的经济收入与交费标准是否适应，受益人是否存在特殊经济需要，是否存在道德与心理危险）、可保利益（投保人以第三人生命为保险标的要求具备投保利益，这是保险契约生效的前提）等等。

（二）团体保险的核保要素

投保团体（要求是依法成立的法人组织，不是为参加保险而组成的组织）、投保人数（团体投保人数及比例是否合理，是否存在逆选择）、保险金额（对每位团体成员的投保金额是否合理，是否影响团体危险的评估）、职业危险因素（这是团体核保的主要内容，包括职业类别、被保险人工作性质与工作环境等多个方面）。

三、人身保险核保内容

所谓寿险的风险因素，其实就是指有可能对死亡率造成影响的因素。由于寿险是以死亡率为基础的，所以诸多能影响死亡率的因素在核保中就不能不予以考虑。只有在确定各种因素后，并综合权衡才能最终决定承保条件。这些因素包括政治的、社会的、经济的、环境的、医学的、自然的、个人的等等。具体说来有以下生理与非生理两大类因素。

（一）生理因素

1. 年龄。年龄是影响死亡率的首要因素，也是最重要的因素，因此，对年龄段的设定，是人寿保险是否承保及适用何种费率的重要参考。一般情况下，5岁之前和50岁以后的死亡率相对要高。在这一年龄段之间的死亡率则相对要低些。但即便是处于这一年龄段之间，年龄的不同，其死亡率仍有很大的差异。在医学上，年龄对于判断疾病的发生率、病种及愈后都有一定的价值。这是因为不同的年龄段，其一些常见病的发生率是截然不同的。一般来说，年幼者以急性病的患病率为高，治疗效果好。而人到中年以后则是以慢性病的患病率为高，而且治疗效果不是太理想。所以，不同年龄段，险种、保额等相应地都是有所不同的。

2. 性别。性别是仅次于年龄需要考虑的因素。一般情况下，女性的平均预期寿命除在妊娠期间外总是要高于男性。而且，男性社会交往频繁，从事的危险性行业较女性要多，也更具冒险性，以及不良嗜好也多，因此，男性的意外发生率较女性要高得多。所以，在相同条件下，很多国家都采取女性低于同龄男性一定费率来计算保费。此外，不同的性别，对于寿险的需求也是不一样的。一般而言，女性在寿险方面的需求相对要小些。这主要是因为，男性通常是家庭收入的主要来源，一旦男性出现不测，将会给整个家庭带来很大的影响，因此男性通常更需要保险的保障。但随着各国的形势发展，在需求这一问题上，也逐渐有些变化。

3. 健康。寿险的费率是根据人群死亡率而制定的，而一个人的健康状况对死亡率的影响是至关重要的。在这一因素当中，首先得注意既往病史。过去曾患过某种疾病或有外伤都会成为既往病史。疾病的出现使得死亡率可能增加。但一般而言，急性类的疾病在治愈以后对人的寿命基本上没什么影响。而某些慢性类疾病，由于不容易治愈，所以对死亡率的影响相对也就大些。所以，在核保时，这一点是不能不考虑的。其次是现有病症。现有病症指的是被保险人在参加保险时仍有的未被治愈的病症。在这一环节上，也是得依不同性质的病症作出不同的承保决定。最后是体格是否适度、血压值、心跳频率等是否正常。因为这些因素的正常与否预示着种种疾病的有无或将来疾病发生的可能性等等。此外，今天的健康已不仅仅局限于身体无病的物理状态，同时还包括健康的行为、良好的心理状态，健全的性格等等，因为不健康的行为，不好的心理状态，扭曲的性格，同样会导致疾病，乃至死亡。所以，后者在寿险的发展过程中也越来越受到重视。

4. 家族病史。这里的家族史除了包括家族病史所涉及的家族遗传和某些疾病遗传倾向外，还包括家族平均寿命、家族背景、家族习俗的因素。由于人的生理病理的生命现象通常受到基因的影响，尤其是家族遗传基因的影响。尽管基因对寿命长短的控制并未完全被解释清楚，但基因在其中的作用则是显而易见的，所以上一辈的平均寿命也自然会影响到下一代的寿命预期。但这并不表明就可以完全忽视其诸如社会、自然等因素对疾病的影响。另外家族的一些传统习俗，总是会导致一些特定的疾病患病率增加或减少。这样的话，在核保时，就必须区别对待，对于其中的增加或减少的疾病患病率必须综合考虑，才能做出适当的承保。

（二）非生理因素

1. 职业。职业不同，其所具有的危险程度就不同，对死亡率的影响也不同。职业按其危险度可分为事故危险职业、健康危险职业、工作环境危险职业。在寿险核保时，这也是一个非常重要的因素。在了解被保险人职业时，必须清楚其所从事职业的具体工作岗位、工种及工作性质，以确定其所属哪一类职业，然后再确定是否承保或费率。多数的寿险公司都定有危险职业的最高保险金额及附加危险保险费明细表，以作为核保的依据。当职业有所变换时，应予以重新划分职业的性质与类别，并审定新的保险费率。特别注意的是，某些曾长期从事危险职业的人尽管变换职业但仍需慎重考虑。

2. 个人嗜好。在这里，嗜好主要是指一些不良的生活习惯，如吸烟、酗酒、吸毒等。以上习惯都严重危害人的身心健康，甚至增加突发死亡的可能。现代生活条件，嗜好的存在与否对死亡率的影响越来越大，这已成为核保时不能不关注的因素。

3. 环境。环境包括自然环境和社会环境。自然环境主要是工作环境、生活环境等。社会环境则包括人际关系、周边社会状况等。环境对人的影响已是众所周知，好的环境对人的生存与发展无疑起着良好的促进作用，对降低死亡率的作用也是明显的。而恶劣的环境势必对人的身心健康造成不利影响，从而增加死亡率。所以环境也就不可避免地成为寿险核保必须考虑的因素之一。

4. 经济状况。这一方面要从投保人来看，看他是否有足够的收入来承担保费，另一方面要从受益人来看是否其现有收入与将来可能的收益相差过于悬殊。这一因素的考虑，也是基于避免出现道德风险。核保人员在接到保单的时候，应根据所投险种和保险金额确定是否与其年龄、职业、婚姻等尤其是经济收入相符。一般参加保险的人员，对于所要投保的险种和保险金额都有明确的认识，如果险种与保险金额出现明显的不相符，那么此时的重新审核是十分必要的。

5. 投保动机。顾名思义就是投保者参加保险的目的。投保动机可以从投保人、被保险人、受益人之间的保险利益关系中有所发现。它主要考虑是否存在道德风险问题，这主要可以结合被保险人的年龄、职业、健康状况、经济状况、嗜好、以往纪录、有否隐瞒重要信息以及投保险种交费方式等方面予以考察。

6. 保费缴纳方式。一般而言，保费的缴纳方式是采取自愿的方式，它一般不影响保险合同的实质内容。但在实务中，缴纳方式仍是作为是否存在道德风险的判断依据之一。如果投保人申请选择趸交的时候，道德风险相对要小些，以年交方式次之，若投保人坚持以月交方式投保高额保险，特别是在有保险费豁免和意外事故加倍给付的险种中，则核保人得进一步多加调查，以弄清真实原因，再作决断。必要时甚至可以考虑拒绝该种投保。

7. 投保人（被保险人）基本情况。目前拥有的其他人身伤害保险保单，审查其他保单与计划投保的保单的总保险金额与投保人的收入、经济背景等是否相匹配，以防范过量投保的道德风险。

8. 投保人、被保险人与受益人之间的关系。一般情况下，投保人对被保险人须有保险利益。投保人可以为其本人、配偶、子女、父母，或是与投保人有扶养、抚养、赡养关系的其他近亲属投保本保险；投保人可为被保险人的所在单位，也可为与被保险人有经济利益关系的其他人。受益人指的是身故受益人。保险人不应接受身故受益人之外的其他给付的受益人，以避免道德风险。

9. 过去保险给付记录。查勘过去 3 ~ 5 年的保险给付记录，了解被保险人发生保险事故的次数、保险金给付的额度；对未购买任何保险的投保团体或被保险人，也要了解其过去的事故发生次数、事故原因、损失金额。目的主要是判断被保险人的风险状况，并可据此决定是否承保以及确定保险费率及免赔额。

四、人身保险核保程序

核保工作一般是由保险代理人、保险公司的核保人或其他相关服务机构来完成的，是一个复杂的过程，一般可以分为四个阶段：

（一）接受投保单

由外勤人员通过访问、调查等形式对保户做初步选择，剔除一些因体质缺陷不适于承保的情况，是为危险的第一次选择。在这一阶段，外勤人员必须以高度的责任心，良好的职业道德，通过直接或间接的方法尽可能地收集投保人有关信息资料，必须认真仔细填写相关表格和报告书，并以自己的专业知识以及营销的经验对投保者进行筛选。只有这样，才能为最终做出准确的核保结论奠定良好的基础，以避免出现道德风险。

（二）体格检查

普通寿险和保险金额较高的健康保险，都要求投保人通过指定医疗机构或专门人员的健康状况检查，是为危险的第二次选择。在这一阶段，体检医师一是要听取被保险人的告知，即投保者对自己的年龄、职业、生活状况、病史、现有疾病等的介绍。在听取告知的同时，还要适当地进行询问，以加深对信息的了解程度。二是要进行身体检查。就是对被保险人身体状况进行物理检查。在检查当中，必须确定被检查者是否为被保险人本人；必须客观地填写体检结果，不能敷衍了事；此外还要注意保守被保险人的秘密等。三是要完成体检报告，提出核保建议。

（三）核保调查

对保户所提供的情况，如既往病史、职业环境、经济状况等，进行核实调查，这是第三次危险选择，可以由保险人自己进行也可委托专门机构和人员进行。

在核保调查中，首先要检查保单填写情况，看是否翔实、准确、完整，以及是否签名。其次要了解投保者的基本情况。其中包括被保险人的年龄、性别、职业等。最后要收集投保者有关保险资料。

（四）核保规定

保险人根据投保单、体检报告、被保险人声明报告等各种文件，对被保险人的体质、环境、职业、心理及道德上的各种危险因素做出综合评定，决定是否承保，以及承保所适用的费率。此阶段通常由保险公司的业务负责人完成。

在这一阶段，一般有快速核保和电脑核保的差别。前者指的是保险公司设有专门从事快速核保的人员，在投保单符合一定的标准情况下，就能批准这一投保单。一般而言，快速核保的标准主要有以下七项：①保单填写内容大体可靠；②年龄段适合；③保额在规定范围内；④体形在正常范围内；⑤被保险人无明显健康问题；⑥被保险人职业较好；⑦以往保险纪录良好。

快速核保的优点在于能降低核保成本，并有助于促进客户服务。电脑核保则是指计算机系统来进行核保。它只要将相关信息输入保险公司既有的网络系统，并最终到达总部，由总部计算机系统依据设好的电脑程序做出判断。它的优点在于减少人工、速度快、错误少等。

五、填写生存调查表

【实训背景】

张同林希望向中国太平洋人寿保险公司投保一份终身寿险，保险公司的核保人员受公司指派对张同林的基本情况进行了调查：张同林，50 岁，妻子已去世，有 3 个子女，大女儿与张同林关系紧张，很少往来；二儿子在国外读书，张同林与三儿子共同居住在北京市丰台区某住宅小区内，张同林本人无业，无固定收入，常酗酒，患有高血压 10 年，且去年因打架被行政拘留 5 天。

【实训任务】

请以张同林的基本情况为准，完成下表，没有体现的信息，请模拟填写。

生存调查表

核保流水号：　营业区：　业务员姓名编号：

<table>
<tr><td colspan="5">调查对象：　险种及累计保额：　寿险　意外险　健康险</td></tr>
<tr><td rowspan="5">生活环境</td><td colspan="2">居住地：城区　乡镇　农村</td><td colspan="2">住宅位于：住宅小区　工厂　商业区　其他：</td></tr>
<tr><td colspan="4">居住年限：三年以上　未满三年（原因：　）</td></tr>
<tr><td>住宅状况：</td><td>自有　租用</td><td>独院　店铺
楼房　平房</td><td>新房　旧房　危房</td></tr>
<tr><td colspan="4">屋内陈设：豪华　普通　简陋　整洁　凌乱</td></tr>
<tr><td colspan="4">邻居评价：佳　欠佳（说明：　）</td></tr>
<tr><td>家庭状况</td><td colspan="4">家庭主要成员（本人、配偶、父母、子女、兄妹、其他亲属）有无身体残障、缺陷、疾病、不良嗜好、犯罪等不良记录、失业或待业、不相往来等情况：
无　有（说明：　）
婚姻状况：和睦　一般　分居　离异　独身　丧偶</td></tr>
</table>

续表

<table>
<tr><td colspan="2">调查对象： 险种及累计保额： 寿险 意外险 健康险</td></tr>
<tr><td>工作状况</td><td>工作环境：优 劣（空气污浊 灰尘/粉尘 高热 曝晒 噪音 其他________）
具体从事工作描述：
职业危险性：无 有（从事/接触：高空作业 高压电 易燃易爆品 意外伤 其他： ）
机车驾驶：无 有：非职业 职业（出租 货运 客运 其他________）
出差状况：无 有：偶尔 经常
出差国家：国内（. 省/市） 国外（ 国家）
出差地区：城区 农村 高原 野外 边疆 贫困地区 少数民族地区</td></tr>
<tr><td>身体健康状况</td><td>一般状况：强健 普通 虚弱（似有衰弱感 精神萎靡 消瘦无力 其他________）
面色：红润 普通 不良（原因________________________）
缺陷残障特征： 无 有：部位及程度描述：
通常就诊原因：
通常就诊医院____________病历所在医院____________
医药费：自负 公费医疗 社会医疗保障公司报销</td></tr>
<tr><td rowspan="6">生活习惯及嗜好</td><td>抽烟习惯：无有：偶尔 经常（每日________支，已吸________年）
饮酒习惯：无有：偶尔 经常（种类：白酒 啤酒 色酒）
饮酒原因：喜好（每日饮 次，每次饮两/瓶）
应酬（每月饮 次，每次饮 两/瓶；有无醉酒：有无）</td></tr>
<tr><td>有无曾经或正在使用毒品及可成瘾药物？无 有：________
使用方式：静脉注射 口服 使用原因：成瘾 医用：
曾经吸毒时间： 停止吸毒时间： 戒毒次数：</td></tr>
<tr><td>体育及危险运动： 无 有 性质：娱乐业余 职业
项目：拳击/散打/武术 滑冰/雪 登山 远足 赛车 蹦极 潜水 球类
其他：________
会员资格：</td></tr>
<tr><td>文娱活动：无 有（棋牌、麻将、游戏机、上网、卡拉OK、其他： ）性质：娱乐 赌博</td></tr>
<tr><td>交往人员：亲属 同学 同事 朋友 合伙人 债务人 其他：
交往原因：
是否了解交往人员的背景：否 是
交往成年人中有无犯罪/违法、无业/失业、高中以下文化、道德水平低下者？
无（说明： ）</td></tr>
</table>

续表

<table>
<tr><td colspan="5">调查对象：　　　险种及累计保额：　　寿险　　意外险　　健康险</td></tr>
<tr><td rowspan="4">财务状况</td><td>投保人</td><td>经济状况：佳　欠佳
稳定收入：约　　元/月
额外收入：约　　元/月
资产（动产及不动产）：约　　万元
有无负债：无　有（约______元）
负债原因：</td><td>被保险人</td><td>经济状况：佳　欠佳
稳定收入：约　　元/月
额外收入：约　　元/月
资产（动产及不动产）：约　　万元
有无负债：无　有（约______元）
负债原因：</td></tr>
<tr><td colspan="4">家庭总收入　万元/年　收入来源：工资　投资　投机　经营　祖传</td></tr>
<tr><td colspan="4">所处职位：　　　拥有公司股份：
公司性质：独资　合伙　股份　国企　合资　外资
公司经营项目：
公司最近三年利润：</td></tr>
<tr></tr>
<tr><td colspan="5">购买保险的主要目的：防止意外　疾病/医疗保障　养老　投资分红　其他：
描述决定购买保险的经过：</td></tr>
<tr><td colspan="5">核保员提问栏（请生调人员在综合意见栏补充回答）：

核保员：__________　________年____月____日</td></tr>
<tr><td colspan="5">生调人员综合意见：

生调人员：________　________年____月____日</td></tr>
</table>

续表

<table>
<tr><td colspan="3">调查对象：　　　　　险种及累计保额：　　寿险　　意外险　　健康险</td></tr>
<tr><td>调查经过</td><td colspan="2">会晤人：投保人　被保险人　其他：　会晤地点：宅　工作单位　其他：
被调查人证件：身份证　驾照　工作证　户口簿　其他：
调查取证：房产证 存单 股权证 债券　税单　工资单　车辆行驶证 公司年报等
（复印件附后）</td></tr>
<tr><td colspan="2">生调人员签章：__________
______年____月____日</td><td>主管签章：______
______年____月____日</td></tr>
</table>

注：此生调表自发出日起，15 天之内完成调查。

■训练项目三　制作风险评估报告

【考评背景】[1]

1. 企业名称：湖南电力有限公司A电厂（2×30万千瓦燃煤电厂）。

2. 企业所在地情况：该电厂位于Z市境内的B镇南部，厂区北面与京广铁路支线Z铁路的B车站连为一体，南面紧靠L水，东面至东江公路大桥为何家村、肖家村等农业居民区及旱土、菜地，西面与构件厂、冶炼厂隔铁路相邻。距C市约30公里，连接Z市和C市的有CZG高等级公路，交通非常方便，并且被湖南和C市体改委确定为经济开发区。

3. 企业简介：湖南电力有限公司A电厂系原湖南B电厂经过四期扩建而成，有2×30万千瓦的机组，并配套建设成与华南电网相连的220KV开关站。2000年10月第一台机组发电，2003年1月整个扩建工程完工并交付使用，2003年10月开始商业运营。

该企业属政府出资的国家级大中型企业，在保险市场上购买企业财产综合保险并附加机器设备损坏险。对不可投保的不可抗力风险，如政策变化或政府行为因素造成的风险，由政府承担，非政策变化或政府行为造成的不可保险的不可抗力风险由该企业和政府共同承担。

4. 资产情况：固定资产原值30亿元，其中机器设备13亿元，建筑物5亿元，土地12亿元，交通工具50万元；

主要机器设备：

发电机：7亿元；

汽轮机和相关设备：3亿元；

锅炉和辅助设备：1亿元；

电气设备：1亿元；

电厂辅助系统：5000万元；

控制设备：5000万元；

---

〔1〕 豆丁网：http：//www.docin.com/p-462838730.html，访问日期：2014年6月1日。

总值：13 亿元。

5. 厂区及附近的自然条件情况：

（1）地形地貌。厂区位于L水北岸宽阔平坦的堆积平地，厂区共占地约四十八万平方米，其中东部为生活区，占地约十二万平方米；中部、西部为生产区，占地约三十六万平方米。场地经多次建设期平整，地势平坦，由生活区至厂区呈西高东低之势，标高在133.0～136.3米之间（1956年黄海高程，下同），除了铁路作业站标高高出厂房约一米外，其他场地内的高程一般在133.50～135.50米之间。

（2）区域地质及场地稳定条件概况。厂区位于大岭东西向复杂构造带的北缘，在大地构造上为华南褶皱带的X东燕山喜山块断带中，属于X东南新华夏构造系，是骑田岭—C县—D县新华夏构造带的组成部分。主要的构造线走向为北东向，构造类型表现为区域性褶皱或断裂的组合。区域内主要断裂为三都断裂，该断裂控制了白垩系红层盆地的东部边界，延伸达七十公里左右，主干断裂分布在厂区西北方向1公里以外。第四系以来，特别是晚更新世以来没有发现该断裂有明显的活动迹象，属非全新活动断裂，对厂区的构造稳定条件无影响。

根据《中国地震烈度区划图》（1990）的划分，本区地震基本烈度为小于VI度区。由于本区新构造运动的特点和基岩岩溶发育程度、溶蚀差异性及L水侧向摆动等综合因素的影响，造成场地地貌单元较多，超高河漫滩相沉积物加积于I级阶地沉积物之上，形成上迭阶地；地层层次较多，岩土性质变化较大。在溶蚀凹地卵石层下多分布有圆砾层和含卵石中砾等软弱下卧层，并且在地基变形计算深度内基岩面起伏较大，形成不均匀地基，难以满足基础对地基变形的要求。因此，为避免产生地基不均匀沉降及其对基础桡曲和内力的影响，主厂房、锅炉、汽机、烟囱及翻车机室基础采用桩基础，桩端嵌入中等风化灰岩中一定深度。桩长一般为13～20米，溶蚀凹槽地段近四十五米。其他建（构）筑物，在I级阶地后缘地上采用可塑粉质粘土和硬塑粉质粘土作地基主要持力层，同一建（构）筑物在跨越软硬不均地基时考虑不均匀沉降。在超高河漫滩地段，轻型建（构）筑物采用可塑粉质粘土作地基主要持力层，荷载较重的建（构）筑物，采用预制桩，桩端持力层为卵石层。

通过以上分析，我们认为场地为中等复杂场地。

（3）水源。厂区内地下水埋深为1.1～30米，主要受大气降水的补给，另外水库和L水也有一定的调节和补给作用。

L水河从厂址南面1公里外流过，河床窄深而稳定，水量丰富。A电厂用水量为*立方/小时，主要为循环冷却水和工业、生活用水，采用直流供水方式。

取排水河段属L水中游，取水口以上流域面积为4997平方公里，厂区百年一遇洪水位为131.11米，千年一遇洪水位为133.31米，97%枯水位为123.96米。

（4）气候。厂区地处低纬度，属亚热带季风气候区域，具有气温高，降水多，日照长，雨热同季，干湿季节分明的气候特征。冬季降水稀少，气候干暖；夏季高温多雨，天气炎热。

气象条件主要采用当地气象站累年气象统计成果。经统计，当地气象站累年平均最高气温22.9℃，平均最低气温14.0℃，多年平均雷暴日数58d/a，最大积雪深度16cm；最大冻土深度5cm，全年主导风向为N风，夏季（6~8月）主导风向为SSW、SW风，冬季（12月~次年2月）主导风向为N、NNW风。

根据C市气象台1971~1994年历年自记10分钟平均最大风速资料，求得该站离地10m高、30年一遇的10分钟平均最大风速为19.1m/s。为安全起见，本阶段厂址基本风压采用0.35kN/M2。离地10米高、30年一遇的10分钟平均最大风速采用23.7m/s。

（5）以往自然灾害情况。该厂前身湖南B电厂建厂四十多年来，从未发生暴风、暴雨、洪水、泥石流、冰雹、霜冻、干旱、地崩、地陷、地震等自然灾害。

（6）周围环境。厂址周围无文物古迹、风景名胜及动、植物保护区，厂区南面离L水河的最近点约1.3公里，在西面、北面有铁路，不远处零星分布着几个村庄和低矮的山丘，东面连接着平坦的农田。

【考评任务】

上述企业向中国财产保险公司投保了企业财产保险综合险，假设你是保险公司的核保人员李雷，请你完成以下核查任务并撰写一份风险评估报告（对必要的欠缺信息可自行补充）。

1. 按消防部门的规定标准检查投保财产在设计、建筑装修用料方面是否符合防火要求，是否配备足够的消防器材及其保养措施，是否订立安全防范制度，是否配备专兼职消防施救人员。

2. 核查投保财产是否存在爆炸隐患，相关的预防设备是否已由安全部门检验合格。

3. 是否属自然灾害多发区，预防自然灾害设备是否符合标准或要求。

4. 供电、供水、供气系统是否处于正常运行状态，通过检查以往的生产记录，了解是否经常出现上述的“三停”事故，并分析其原因及造成的损失情况。

5. 核查被保险人以往的损失情况，包括出险时间、次数、损失金额及处理结果，是否已恢复正常的生产经营活动。

6. 划分危险单位。划分危险单位是指将发生灾害事故时相互波及不到的财产分为若干的单元体，以分析最大可能损失。要根据投保财产建筑等级、地势高低、间隔距离及其建筑物之间的防火隔离设备等划分危险单位。

7. 分析最大可能损失。根据分析存在的最大风险及划分的危险单位，尽可能合理的分析出全部投保财产的最大损失率，以损失率乘以投保金额，估算出最大可能损失。

8. 了解被保险人的道德风险情况。例如财务真实性、资信等情况。

9. 向被保险人提出合理化的防灾建议。

【考评标准】

风险评估报告是保险人对拟承保风险的全面评价，是决定是否承保、以何种保险方案承保的基础，也是超权限报批和对外分保时最重要的风险描述。

1. 风险评估报告结构完整。风险评估报告应当包括企业基本情况概述、企业风险识别描述、企业风险评估结论、企业防灾防损建议、企业承保建议五个部分。

2. 划分风险单位并确定最大可能的损失。撰写风险评估报告时，应特别注意在定性的基础上对风险进行量化分析，从而为拟定承保条件打下基础。风险单位的划分和最大可能损失的确定是对风险进行量化分析的重要体现。

3. 内容全面、语言表述清楚准确。撰写风险评估报告时，应尽可能全面细致的对企业面临的风险进行阐述，语言表述清楚、规范，风险评估结论明确。

综合训练项目三：保险理赔法律实务

■ 学习目标

保险理赔是保险法律实践中的核心内容和重要环节。保险理赔法律实务的操作技能，是保险法务工作者作为保险公司的理赔专员进行保险承保时应当掌握的基本技能，其基本属于非诉讼法律实务范畴，一般的保险法务人员即可从事，能够较好地实现与高职学生未来工作岗位需求的对接。本部分技能训练包括保险理赔岗位认知、财产保险理赔法律实务、人身保险理赔法律实务。本综合训练项目以保险理赔法律实务的基础知识为铺垫，旨在训练学生认知保险理赔的法律基础、法律依据和保险理赔岗位的主要职责，熟悉财产及人身保险理赔的一般流程，掌握填写保险理赔法律文书和处理保险理赔法律纠纷的基本技能。为提高学生对保险理赔法律规范和理论的掌握和理解，训练学生的动手能力，本项目的学习严格根据保险理赔的相关规定，结合保险法，紧紧贴近保险理赔实务，将保险法、保险理赔规则和保险理赔实践结合在一起进行训练，以提高学生保险理赔的实际应用能力。

■训练项目一：保险理赔岗位认知

教学与训练任务一：认识保险理赔

保险理赔是指保险公司收到被保险人出险通知后，依据法律法规和保险合同，对有关事故损失事实调查核实，核定保险责任并赔偿保险金的行为。理赔是保险的赔偿处理，是保险业务中一个重要的环节。从法律角度看，无论保险人是否支付赔款，保险理赔都是履行保险合同的法律行为。从经营角度看，保险理赔充分体现了保险的经济补偿职能作用，是保险经营的重要内容。理赔是保险公司信誉的体现，同时也是客户购买保险的最终利益体现。掌握理赔的具体操作流程对履行保险合同义务和保障客户权益具有重要意义。

一、保险理赔的法理基础

（一）近因原则

1. 近因原则的含义。近因原则是指保险人按照约定的保险责任范围承担责任时，其所承保危险的发生与保险标的的损害之间必须存在因果关系。在近因原则中造成保险标的损害的主要的、起决定性作用的原因，即属近因。只有近因属于保险责任，保险人才承担保险责任。

近因原则所判断的关系是风险事故与保险标的损失之间的因果关系。确定近因的基本方法有两种：一种是从最初事件出发，按逻辑推理直到最终损失发生，最初事件就是最后一个事件的近因；另一种是从损失开始，沿系列自后往前推，追溯到最初事件，如没有发生中断，最初事件就是近因。

2. 近因原则的法律适用。近因原则在保险实务中存在着多因连续发生、多因并存发生、多因间断发生三种不同的情况：

（1）多因连续发生。在一系列前后相继的原因中，前一原因直接地和自然地导致后一原因的发生，且这一原因链条未曾被其他原因打断，则最初发生的原因就是造成保险事故的近因。若该近因是被保风险，保险人负全部保险责任；

若该近因是除外风险或未保风险，保险人不负保险责任。在著名的艾思宁顿诉意外保险公司案中，被保险人打猎时不慎摔成重伤，因伤重无法行走，只能卧在湿地上等待救援，终因夜间天冷感冒引发肺炎死亡。本案中虽然与死亡最接近的原因是肺炎，且肺炎是意外险保单中的除外责任，但法院认为肺炎是发生在意外伤害之后，且是意外伤害的必然结果，因此被保险人死亡的近因是意外伤害，保险公司应给付赔偿金。相反，前因不属于承保风险的，即使后因属于承保风险，保险公司亦不承担赔偿责任。例如某年寒冬时节某运输公司将500箱柑橘经铁路从四川成都运往辽宁沈阳，该运输公司为此投保了铁路货物运输综合险，其中货物冻损属于承保风险，货物遭盗窃属于除外风险。该批货物在运输途中，有歹徒翻上列车用刀划开车厢保温的棉被，盗走200箱柑橘，剩余300箱柑橘在到达目的地时全部冻损。本案中列车遭遇盗窃、车厢保温棉被被刀划破发生在货物冻损之前，该原因应为保险事故发生的近因，且该原因属于除外风险，因此保险公司对于冻损的300箱柑橘有权拒绝赔偿。

（2）多因并存发生。一般情况下，当并存的多个原因都是承保危险时，保险人必须负赔偿责任；而当并存的多个原因都不是承保危险时，保险人无需负责赔偿。然而，在并存的原因中既有承保危险又有非承保危险时，情况就相对复杂了。

如果多个近因导致保险事故损失的发生，其中某项原因属于保险责任，而保险合同中也未明文排除其他原因，则保险公司应当对损害结果进行赔偿。“例如某轮船在河中与一沉船相撞，撞出一个洞，经临时补漏后经海路被拖往修理港。途中，水从漏洞涌入，最终弃船。该案中碰撞和海上危险（指海水涌入）都是造成船舶损失的近因，其中，碰撞是承保危险，而海上危险并未在保单中明文排除，保险人应当予以赔偿。”[1]

如果多个近因导致保险事故损失的发生，其中某项原因属于除外责任，则保险公司有权拒绝赔偿。例如，被保险人负责为一套设备安装管道，火灾发生前的晚上，被保险人需要开动设备预热，以便第二天测试，但没有留下人员看管设备和管道。因此，也没有人发现安装上的部分管道存在不适用的问题。结果，夜里这部分管道熔化并造成起火燃烧。被保险人投保的是责任保险。管道本身的质量问题是除外责任，夜晚没有适当的人员巡查属于承保责任。[2] 本案中管道的质量缺陷和无人巡查两个原因共同作用导致了火灾的发生。其中管道本身的质量问题是除外责任，则保险人不负赔偿责任。

---

〔1〕 陈卫东：“论近因原则”，载《世界海运》2000年第1期。
〔2〕 陈欣：《保险法》，北京大学出版社2000年版，第145页。

上述除外责任优于承保责任、承保责任优于未提及责任的适用原则，在判断多因并存时的责任归属时不能一概而论，而应根据个案的具体情况，考虑各项原因对于损害结果的作用程度，基于公平正义原则综合判定。

（3）多因间断发生。如果先后发生的具有因果关系的危险原因被新的因素打断，且该新的因素对损害结果独立地起到决定性的作用，那么该新介入的因素即为近因。新的因素是承保危险时，保险人负责赔偿；新的因素不是承保危险时，保险人不负赔偿责任。例如，投保人只是投保了火灾险而没有投保盗窃险，当发生了火灾时，有的财产被抢救出来放在露天处又被盗走。本案中，保险标的被放在露天的环境中被盗走，不是火灾导致的必然结果。如果投保人能够对抢救出来后的财产进行安全监管，就不会发生财产被盗的情况。盗窃是导致财产损失的新介入的起决定性作用的因素，且该因素不属于承保风险，因此，保险人不承担赔偿责任。

（二）损失补偿原则

1. 损失补偿原则的含义。损失补偿原则是指保险合同生效后，如果发生保险合同责任范围内的损失，被保险人有权按照合同的约定，获得全面、充分的赔偿；保险赔偿是弥补被保险人由于保险标的遭受损失而失去的经济利益，被保险人不能因保险赔偿而获得额外的利益。损失补偿原则包括两层含义：首先，补偿必须充分，保险人赔偿的数额不能低于保险标的实际损失；其次，保险人对被保险人的补偿数额必须以实际损失为限。

保险人因保险事故所受到的损失，应按合同约定的条件获得赔偿。赔偿的数额不得超过损害的数额，即赔偿是使被保险人的利益恢复到保险事故发生前的状态，所以赔偿应当以保险利益的存在为前提，赔偿金额是实际损失、保险金额和保险价值三者中最小的一个数额。凡是不符合最小数额原则的，即可构成道德风险。其中实际损失是指保险标的因保险事故而减少的价值或者利益；保险金额是指投保人投保保险标的的财产价值，也就是保险合同中约定由保险人赔偿的最大赔偿额的财产价值；保险价值是指投保人拥有的对保险标的合法处分权或者合法占有权的财产价值及其体现的市场价值。

2. 损失补偿原则的范围。

（1）损失补偿以被保险人的实际损失为限。以被保险人的实际损失为限进行保险补偿，是损失补偿原则的质的规定，也是损失补偿原则的前提和基础。保险标的遭受损失后，在赔偿处理时应当遵循全部损失时全部赔偿、部分损失时部分赔偿的原则。由于保险标的的价值可能会随着市场行情发生波动，在实际理赔时保险人应当以保险标的发生损失时的实际价值或市场价值为依据来确定实际损失的额度。例如某公司为一批新进的生产设备投保了企业财产险，保险金额为200万元，后因火灾导致设备全损，该批设备在火灾发生时的市场价格是150万元，则保险人应当按照实际损失150万元赔偿被保险人。

（2）损失补偿以投保人投保的保险金额为限。保险金额是保险事故发生后保险人承担赔偿或给付保险金责任的最高限额，即保险人最多只能赔付与保险金额相当的保险赔偿金，同时保险人也是按照保险金额来收取保险费的，体现了权利义务相对等的原则。因此损失赔偿的最高限额应以保险金额为限。赔偿金额只应低于或等于保险金额而不应高于保险金额。例如，一幢别墅保险金额为200万元，在保险期限内发生火灾全损，事故发生时房地产市场的价格发生了大幅度攀升，该幢别墅的市场价格为300万元，此时保险人应当按照保险金额200万元赔偿被保险人。

（3）损失补偿以投保人具有的保险利益为限。保险人的赔偿以投保人所具有的保险利益为前提条件和最高限额，即赔偿额以其对受损标的的保险利益为最高限额。例如王某独立经营一条运输船，投保时该船的保险价值和保险金额为1000万元，保险期限1年。投保3个月后，王某将船只的40%转让给李某；投保8个月后船全损。此时王某对保险船只仅具有60%的保险利益，因此保险人应当赔付王某600万元的赔偿额。

3. 保险代位原则。

（1）保险代位原则的含义。依据保险法理，保险的功能是集合、移转与分散风险，但这并不意味着保险人既有能力也有意愿去承保被保险人的全部风险。保险人识别与移转风险的能力亦是有限的，从而衍生了保险代位原则。保险代位指的是保险人取代投保人对第三者的求偿权（又称“追偿权”）或对保险标的的所有权。保险代位原则是指保险人依照法律或保险合同的约定，对被保险人所遭受的损失进行赔偿后，依法取得向对财产损失负有责任的第三者进行求偿（或追偿）的权利或取得对保险标的的所有权。这里的“代位”有些不容易理解，其实际是指保险人代替投保人对造成保险事故发生的第三方行使相关的财产权益，这一原则的制度设计有利于防止被保险人违背损失补偿原则的基本要求，因同一损失获取超过实际损失的额外利益，同时使造成保险事故的责任方不因保险赔偿而免除赔偿责任，逃避惩罚，从而维护了法律的严肃性和社会的良好风尚。

（2）保险代位原则的内容。保险代位原则的内容包括代位求偿权和物上代位权两个方面。

代位求偿权指在财产保险中，保险标的由于第三人的原因导致保险责任范围内的损失，保险人向被保险人支付保险赔款后，在赔偿金额范围内取得代替被保险人向负有责任的第三人进行追偿的权利或取得被保险人对保险标的的所有权。代位求偿权的行使并非任意进行，而是应当符合三个前提条件：其一，由于保险合同之外的第三方的原因导致保险事故的发生并造成了被保险人的损失，此时被保险人既可以依据侵权法律关系要求侵权第三方进行赔偿，也可以依据保险法律关系要求保险人进行赔偿；其二，被保险人愿意向第三者进行索赔，如果被保险人不希望向第三者进行索赔，则也意味着其放弃了向保险人索赔的权利；其三，保险人必须在向被保险人进行赔偿后才能取得代替被保险人向第三方追偿的权利。代位求偿权的行使对象受到一定的限制。通常意义上代位求偿权可以适用于保险合同以外的任何第三方，但我国《保险法》第 62 条规定："除被保险人的家庭成员或者其组成人员故意造成本法第 60 条第 1 款规定的保险事故外，保险人不得对被保险人的家庭成员或者其组成人员行使代位请求赔偿的权利。"可见，家庭成员或其组成人员被排除在代位求偿权行使的对象之外。同时，在司法实务中，在投保人与被保险人非为同一主体的情形下，投保人为被保险人投保确会基于一定的原因，投保人与被保险人确会具有一定的利益关系，但这不能否定由于投保人的原因致保险标的损害、引发保险事故的情形，保险人可以向其行使代位求偿权。否则，会导致作为致害人的第三者可以据此免除赔偿责任，有违保险代位求偿权制度制裁责任者的立法目的。

物上代位权是指保险标的因遭受保险事故发生全损时，保险人在全额支付保险赔偿金之后，依法拥有对该保险标的物的所有权，即代位取得受损保险标的物上的一切权利。我国《保险法》第 59 条规定："保险事故发生后，保险人已支付了全部保险金额，并且保险金额等于保险价值的，受损保险标的的全部权利归于保险人；保险金额低于保险价值的，保险人按照保险金额与保险价值的比例取得受损保险标的的部分权利。"

（3）保险代位原则的例外情况。保险代位原则存在着定值保险的例外、重置价值保险的例外和人身保险的例外。

第一，定值保险的例外。财产保险可分为定值保险与不定值保险。所谓定值保险，是指保险合同双方在订立保险合同时约定保险标的的价值，在保险事故发生后造成保险标的损失时以双方约定的保险标的的价值作为赔偿依据的保险。绝大部分财产保险为不定值保险，不定值保险完全适用损失填补原则，而定值保险是个个别情况，当保险事故发生时，保险人以事先确定的保险价值作为赔偿基础，而不问出险时保险标的的实际价值和被保险人的实际损失。即不论保险标的在保险事故发生时的实际价值如何，均按合同约定的保险价值进行赔偿。这样就有可能违背损失赔偿原则的"填平"要求，成为损失补偿原则的例外情况。

第二，重置价值保险的例外。所谓重置价值保险是指在保险事故发生后，保险人理赔时不考虑保险标的的折旧情况，而是以被保险人重置保险标的所需费用确定保险赔偿数额的保险。如果按照重置保险标的所需费用来赔偿被保险人，可能会产生被保险人获得了高于实际损失的额外利益，从而违背了损失补偿原则的要义，成为损失补偿原则的例外。

第三，人身保险的例外。代位求偿仅适用于财产保险，而不适用于人身保险。因为人的生命与身体健康是无价的，无法用价格来衡量，不存在额外获益问题。人身保险的被保险人死亡，受益人既可以依据保险法律关系获得保险赔偿金，同时可以依据侵权或合同法律关系获得侵权责任人和合同对方当事人的赔偿金。

二、保险理赔的法律依据

保险理赔的法律依据主要体现在《保险法》的第二章中，其中第 21 ~ 26 条分别对保险公司核定保险责任、支付或预付赔款、发出拒赔通知书以及保险赔偿诉讼请求等方面作出了包括时限在内的具体规定。

《保险法》第 21 条是关于保险事故发生后及时通知的义务及其后果的规定。投保人、被保险人或者受益人知道保险事故发生后，应当及时通知保险人。故意或者因重大过失未及时通知，致使保险事故的性质、原因、损失程度等难以确定的，保险人对无法确定的部分，不承担赔偿或者给付保险金的责任，但保险人通过其他途径已经及时知道或者应当及时知道保险事故发生的除外。

《保险法》第 22 条是关于保险事故发生后提供材料的协助义务的规定。保险事故发生后，按照保险合同请求保险人赔偿或者给付保险金时，投保人、被保险人或者受益人应当向保险人提供其所能提供的与确认保险事故的性质、原因、损失程度等有关的证明和资料。保险人按照合同的约定，认为有关的证明和资料不完整的，应当及时一次性通知投保人、被保险人或者受益人补充提供。

《保险法》第 23 条是关于保险人承担保险责任理赔的规定。保险人收到被保险人或者受益人的赔偿或者给付保险金的请求后，应当及时作出核定；情形复杂的，应当在 30 日内作出核定，但合同另有约定的除外。保险人应当将核定结果通知被保险人或者受益人；对属于保险责任的，在与被保险人或者受益人达成赔偿或者给付保险金的协议后 10 日内，履行赔偿或者给付保险金义务。保险合同对赔偿或者给付保险金的期限有约定的，保险人应当按照约定履行赔偿或者给付保险金义务。保险人未及时履行前款规定义务的，除支付保险金外，应当赔偿被保险人或者受益人因此受到的损失。任何单位和个人不得非法干预保险人履行赔偿或者给付保险金的义务，也不得限制被保险人或者受益人取得保险金的权利。

《保险法》第 24 条是关于拒赔的时限及理由说明的规定。保险人依照《保险法》第23条的规定作出核定后，对不属于保险责任的，应当自作出核定之日起3日内向被保险人或者受益人发出拒绝赔偿或者拒绝给付保险金通知书，并说明理由。

《保险法》第25条是关于先行赔付的规定。保险人自收到赔偿或者给付保险金的请求和有关证明、资料之日起60日内，对其赔偿或者给付保险金的数额不能确定的，应当根据已有证明和资料可以确定的数额先予支付；保险人最终确定赔偿或者给付保险金的数额后，应当支付相应的差额。

《保险法》第26条是关于索赔时效的规定。人寿保险以外的其他保险的被保险人或者受益人，向保险人请求赔偿或者给付保险金的诉讼时效期间为2年，自其知道或者应当知道保险事故发生之日起计算。人寿保险的被保险人或者受益人向保险人请求给付保险金的诉讼时效期间为5年，自其知道或者应当知道保险事故发生之日起计算。

三、保险理赔的一般程序

保险理赔是在保险事故发生后，保险人根据被保险人或者受益人提出的索赔请求，依照保险合同的约定，对保险标的遭受损失或者损害的情况进行调查核实，并予以赔付的行为。保险理赔是保险人履行保险保障义务的过程，理赔适当，可以及时恢复被保险人的生产、安定其生活，同时又可以防止骗赔和超额索赔行为，有利于促进社会生产的顺利进行和社会生活的安定。为了保证理赔迅速、准确、合理，保险法对理赔程序作出规定，保险理赔通常应当按以下程序进行：

序号	理赔程序	主要内容
1	立案查验	保险人在接到出险通知后，应立即派人进行现场查验，了解损失情况，查对保险单，登记立案。
2	审核证明和资料	保险人对投保人、被保险人或者受益人提供的证明和资料，应进行审核，以确定保险合同是否有效，保险期限是否届满，索赔人是否有权主张赔付，事故发生的地点是否在承保范围内等。
3	核定保险责任	为确定保险人是否应承担赔付责任和赔付范围，保险人收到被保险人或者受益人的赔偿或者给付保险金请求后，应当及时作出核定。

续表

序号	理赔程序	主要内容
4	达成赔付协议	保险人与被保险人或者受益人对保险责任范围内的损失或损害，应进行协商并达成赔偿或给付保险金的协议。
5	支付保险金	保险人在核定保险责任后，对属于保险责任的，有两种支付保险金的方式：一种是按照保险人与被保险人或者受益人达成的赔付协议支付保险金。采用这种方式的，保险人须在与被保险人或者受益人达成有关赔偿或者给付保险金额的协议后10日以内，支付保险金。另一种是按照保险合同的约定支付保险金。采用这种方式的，通常是保险合同对保险金额及赔偿或者给付期限已作约定，因此，应当按照合同约定支付保险金。

在任何一个具体的保险合同中，保险人赔偿损失或者给付保险金的责任都是有一定界限的，构成保险责任需具备以下条件：一是受损标的必须是保险合同中载明的保险标的。二是保险标的的损失或损害必须是由保险事故发生而造成的，不属于保险事故造成的损失，保险人不承担赔偿或者给付保险金的责任。三是对于损失的赔偿或保险金的给付，应以合同规定的保险金额为限。四是保险事故的发生，应当在保险合同规定的地点和保险期限以内。如保险标的存放地点变动而未通知保险人，则保险人对保险标的的损失不负任何赔偿责任。

保险人按照法定程序履行赔偿或者给付保险金的义务后，保险理赔就告结束。如果保险人不及时履行法定的赔偿或者给付保险金的义务，就应当承担违约责任。保险人不及时履行法定的赔付义务的情况主要有三种：一是保险人在与被保险人或者受益人达成赔偿或者给付保险金额协议后10日内，没有向被保险人或者受益人支付保险金；二是保险人超过保险合同约定的赔偿或者给付保险金的期限，仍未履行义务；三是保险人未按照与被保险人或受益人达成的有关赔偿或者给付保险金额，履行赔付义务。保险人有上述三种情况之一的，除支付保险金外，还应当赔偿被保险人或者受益人因此所受到的损失。

保险人收到索赔请求后，经过对索赔单据的审核和对事故现场的实际勘查，确认不应承担保险责任，应当向被保险人或者受益人发出拒绝赔偿或者给付保险金通知书。

四、区分近因原则的“多因间断”、“多因连续”与“多因并存”

【实训背景】[1]

案例一： 张女士2000年9月向保险公司投保了5年期“简易人身保险”。2001年8月张女士去市场购物，因下雨路滑摔倒了，伤势严重，被立即送往医院，医生诊断为脑溢血，因治疗无效，于当天晚上死亡。事后，保险公司以张女士患有高血压，高血压导致脑溢血，“简易人身保险”属于意外伤害保险，疾病属于除外责任为由拒绝赔付。

案例二： 项某以其本人为被保险人向某保险公司投保人身意外伤害保险综合险。后在保险期限内项某左脚意外碰伤，出现左下肢大面积肿胀，经诊断为糖尿病二期、左足外伤及急性坏疽，致使左大腿中下1/3截肢。保险公司以项某患糖尿病导致截肢为由拒绝赔付。

案例三： 某单位为全体员工投保了团体人身意外伤害保险，其中一名员工李某有结核病史，且动过手术，体内存留有结核杆菌，某日不慎跌倒致使上臂肌肉破裂，后伤口感染，导致右肩关节结核扩散至颅内及肾，医治无效死亡。保险公司以李某因结核病菌感染死亡为由拒绝赔付。

【实训任务】

请提出上述三个案例的处理意见，并根据近因原则区分“多因间断”、“多因连续”和“多因并存”的不同处理结果。

【实训指导】

案例一和案例二从案情上看十分相似，结果却完全不同。案例一中，张女士因摔跤导致突发脑溢血死亡，摔跤、脑溢血与死亡之间形成一个前后相继的因果链条，而新介入的因素高血压和死亡结果之间并不存在直接的因果关系，张女士患有高血压并不必然导致脑溢血的发生，摔跤才是导致高女士突发脑溢血的近因，因此，保险公司应当赔付。而案例二中意外碰伤与截肢之间介入了糖尿病这一新的因素，且糖尿病是导致项某血管病变、左下肢大面积肿胀最终不得不截肢的决定因素，因此糖尿病是本案的近因，保险公司不负赔偿责任。因此区别“多因间断”与“多因连续”关键在于判断在前后相继发生的事故原因中，如果有新的因素介入，该因素是否打断了原有因素组成的因果关系链条，并对损害结果独立地起决定性作用。如果是，那么该新介入的原因即为近因；否则该新介入的原因并不构成近因。

案例三与案例二又存在着明显区别。案例三中新介入因素结核杆菌在被保险人摔伤前已经存在，它并没有阻断摔伤这一前因停止对伤口感染、被保险人

---

〔1〕 周玉华编著：《最新保险法经典疑难案例判解》，法律出版社2008年版，第29页。

最终死亡产生影响，也没有与死亡结果之间建立起独立的因果关系，被保险人是在两种原因共同、持续作用下死亡的，单纯体内留存结核杆菌或摔伤都不会导致被保险人死亡，因此两种原因属于并存的近因。而案例二中尽管糖尿病也是在被保险人碰伤前就已存在，但他阻断了碰伤与截肢之间的因果关系而直接对截肢发生决定性作用，是导致损失的近因。因此区分“多因间断”与“多因并存”关键是要综合考虑各种原因与损害结果之间是否独立存在因果关系。如果各种原因都对损害结果发生作用，单纯任何一种原因的存在不会直接导致损害结果的发生，则各种原因构成并存关系。

五、代位求偿权的行使对象

【实训背景】

张甲与张乙系父子关系，某日张甲夫妻外出，张乙召集同班同学7人到自己家里聚会，众人吃饭喝酒唱歌，直到深夜。之后同学都要回家，张乙锁门下楼送客。大约半小时后，有人发现张家起火，随即报警，张乙等人亦冲上楼去试图救火，但因为火势迅猛，等消防人员控制住火情时，张家衣物、家具、电器等财物大都被烧毁。第二天，张甲夫妻闻讯赶回家。张甲想起2012年7月其所在单位统一给职工家庭投保了家庭财产保险，立即通知保险公司前来勘验理赔。事后经消防部门认定，火灾系烟蒂引燃沙发所致。经调查，保险公司最后认定起火是因为张乙的烟蒂过多所致。

【实训任务】

请提出上述案例的处理意见，并指出保险公司对张乙能否行使代位求偿权。

【实训指导】

本案的关键是代位求偿权的行使对象问题。我国《保险法》第62条规定，除被保险人的家庭成员或者其组成人员故意造成保险责任事故外，保险人不得对被保险人的家庭成员或其组成人员行使代位请求赔偿的权利。本案中，由于最后认定起火原因是张乙的过失所致，而张甲与张乙系父子关系，因此保险公司应当向张甲理赔，且无权向张乙行使代位求偿权。

教学与训练任务二：认识保险理赔关键岗位

保险理赔员是对保险事故进行调查或现场勘验、定损、核价核损、理算核赔的人员。保险理赔的具体工作通常由不同的岗位分工合作完成，主要包括保险查勘岗、核损岗、医疗审核岗、核赔岗等，熟悉保险理赔的这些关键工作岗位对做好理赔工作具有重要意义。

一、保险理赔关键岗位职责

（一）查勘岗位主要职责

1. 现场查勘。现场照片应清楚反映事故全貌和损失情况，应采取技术手段防止或识别数码相片的修改。

2. 填写理赔案件查勘报告。理赔案件查勘报告应真实客观反映查勘情况，查勘报告重要项目应填写完整规范。重要项目至少应包括：出险保险标的信息、被保险人信息、事故成因、经过和性质、查勘时间、地点、内容、人员伤亡情况、保险标的损失程度、查勘人员签名等。查勘信息应及时录入理赔系统。

3. 查勘人员应详细记录客户信息，了解事故情况，进行调查取证。

4. 查勘人员应向客户递交书面“索赔须知”，并进行必要讲解，提示客户及时提出索赔申请。“索赔须知”至少应包括：索赔程序指引、索赔需提供的资料、理赔时效承诺、理赔投诉电话、理赔人员信息、理赔信息客户自主查询方式方法以及其他注意事项等。

5. 查勘人员应在查勘环节收集真实完整的客户信息，并在后续环节中不断完善补充。

（二）核损岗位职责

1. 认真核对查勘、定损人员提交的事故现场查勘情况，与客户填报的事故经过是否一致，确定事故真伪及是否属于保险责任。

2. 核损人员应对定损人员提交的保险标的损失项目、重置或修复方式、估损金额，根据报核价环节提供的价格信息进行远程在线审核或现场审核，并提出审核意见。

3. 核损人员对拟提供给客户的“索赔须知”内容进行审核，确保所提供的索赔材料内容全面准确。

（三）医疗审核岗位职责

医疗审核岗位主要负责人伤跟踪和医疗审核，主要职责包括：

1. 参与人伤损失的事故查勘、损伤调查、处理跟踪、协助和解、参与诉讼、资料收集、单证审核和费用核定等工作，为被保险人或受害人提供人伤处理全程咨询服务。

2. 在人伤跟踪过程中，应及时就诊疗方案、用药标准、后续治疗费用、残疾器具使用等问题向医疗单位、被保险人或受害人进行了解，并及时修正未决赔案估损金额。

3. 根据相关法律法规和保险合同，按照以人为本和有利及时救治原则，进行人伤费用审核和支付。

4. 对需进行伤残鉴定的人伤案件，应优先推荐和引导伤者到当地公信力较高的伤残鉴定机构进行评定，确保评残公正、客观。审核人员应跟踪评残过程及鉴定结果，发现疑义的应及时向鉴定机构反馈或要求复评，将“低残高评”、“疑义伤残”等记录在案，向有关主管部门反馈。

5. 参与被保险人与事故受害人之间的损害赔偿和解工作，促成双方达成满意的和解结果。

（四）核赔岗位职责

1. 核赔人员应当按照相关法律法规关于理赔时效的规定进行核赔。

2. 核赔人员自收到索赔请求和有关证明、资料之日起至规定的时间内，对其赔偿数额不能确定的，应根据已有证明和资料可以确定的数额先予支付。最终确定赔偿数额后，支付相应差额。

3. 对疑难案件进行会商，在充分尊重事实，准确适用法律，综合评定各方利益，并与客户有效沟通后，做出最终结论，并将结果及时反馈。

（五）保险公司理赔人员禁止的行为

保险公司理赔人员禁止的行为主要包括：理赔人员“吃、拿、卡、要”、故意刁难客户，或利用权力谋取个人私利；利用赔案强制被保险人提前续保；冒用被保险人名义缮制虚假赔案；无正当理由注销赔案；错赔、惜赔、拖赔、滥赔；理赔人员与客户内外勾结采取人为扩大损失等非法手段骗取赔款，损害公司利益的行为；其他侵犯客户合法权益的失信或违法违规行为。

二、向客户介绍保险索赔程序

【实训背景】

2013 年 11 月 10 日，王某为自己所有的机动车辆向 A 保险公司投保了机动车辆损失险和第三者责任险，保险期限为 1 年。2013 年 12 月 25 日，王某驾驶的保险车辆在京石高速公路上行驶时，因超速行驶与前车相撞，造成保险车辆前部严重变形，被撞车辆上 1 人腰部受伤，王某立即向 A 保险公司报案，A 保险公司理赔人员赶到事故现场，向客户递交书面“索赔须知”。按照保险业监督管理部门要求，“索赔须知”至少应包括：索赔程序指引、索赔需提供的资料、理赔时效承诺、理赔投诉电话、理赔人员信息、理赔信息客户自主查询方式方法以及其他注意事项等。

【实训任务】

2 名同学一组，模拟现场。假设你是 A 保险公司的查勘人员，请根据公司印制的材料，向客户讲解索赔须知。

【参考样本】

机动车辆保险索赔告知书

(被保险人名称/姓名)：

由于您投保的机动车辆发生事故，为方便您进行保险索赔，请仔细阅读以下注意事项。理赔过程中如遇困难，请随时拨打我公司全国统一保险服务专线电话955XX，我们将竭诚为您提供优质、高效的保险服务。谢谢您的合作！

一、机动车辆保险索赔所需证明资料明细如下：

1. □保险车辆《机动车行驶证》复印件 □肇事驾驶人员的《机动车驾驶证》复印件

2. 事故处理部门出具的：□ 交通事故认定书 □ 调解书 □ 简易事故处理书 □ 其他事故证明（ ）

3. 法院、仲裁机构出具的：□ 裁定书 □ 裁决书 □ 调解书 □ 判决书 □ 仲裁书

4. 涉及车辆损失的，需提供：□《机动车辆保险损失确认书》

5. 涉及财产损失的，需提供：□ 财产损失证明 □ 财产损失清单 □购置、修复受损财产的有关费用单据

6. 涉及人身受伤、残疾、死亡的，还需提供：

□ 医院诊断证明 □ 住院病历 □ 医疗费发票 □ 住院费用明细清单 □ 出院小结

□ 伤残人员误工证明及收入情况证明（收入超过纳税金额的应提交纳税证明）

□ 护理证明 □ 护理人员收入情况证明（收入超过纳税金额的应提交纳税证明）

□ 残者须提供伤残鉴定书 □ 亡者须提供死亡证明或死亡鉴定书

□ 被扶养人证明材料 □ 户籍派出所出具的受害者家庭情况证明 □ 户口簿复印件

□交通费报销凭证 □住宿费报销凭证 □ 参加事故处理人员工资证明

□残疾辅助器配置证明 □残疾辅助器配置费用发票

□道路交通事故经济赔偿凭证（须由事故处理部门签章确认）□被保险人向第三者支付经济赔偿的凭据

7. 作为全车损失处理的案件，还需提供：

□ 机动车行驶证原件 □ 购车发票原件 □ 机动车登记证原件 □ 车辆注销证明

8. 属车辆盗抢案件的，需提供：

□ 机动车行驶证（原件）□ 出险地县级以上公安刑侦部门出具的盗抢案件立案证明

□ 车辆档案封存证明 □ 养路费报停手续证明 □ 机动车登记证书（原件）

□ 机动车来历凭证 □全套车钥匙 □车辆购置税完税证明（车辆购置附加费缴费证明）或免税证明

9. 如属火灾或自燃损失案件，还需提供：

□ 消防部门火灾原因证明或火灾原因鉴定结论

10. 被保险人或授权人领取赔款时，须提供以下材料和证件，经保险公司验证后留存复印件：

续表

<table>
<tr><td colspan="3">□领取赔款授权书 □被保险人身份证明 □领取赔款人员身份证明
11. 需要提供的其他索赔证明和单据：(1)　　(2)　　(3)　(4)
二、为保障您的切身利益，根据国家保险监管部门的规定，保险赔款将采取银行转账方式进行支付，请您提供：
户名：　开户行（支行）：　账户号码：
三、根据新保险法规定，第三者受害人有权直接向保险公司提出索赔，请您确认对第三者受害人的赔偿方式：
□ 被保险人向第三者受害人支付赔偿后，再向保险公司索赔
□ 被保险人另行书面请求保险人向第三者受害人进行赔偿
注意：被保险人未书面请求保险人向第三者赔偿保险金，且无故不履行赔偿义务超过15日的，第三者有权就其应获赔偿部分直接向保险人请求赔偿保险金。
四、您是否接受公司赔款支付和客户关怀的短信提醒服务：□ 是 □ 否</td></tr>
<tr><td colspan="2">被保险人：
领到《索赔告知书》日期：年 月 日
确认签字：</td><td>保险公司：
交付《索赔告知书》日期：年 月 日
经办人签字：</td></tr>
<tr><td>重要提示</td><td colspan="2">1. 被保险人提交索赔资料时，须一并提交本表原件。
2. 被保险车辆出险后，被保险人可选择保险人在国内的任意一家车险全国通赔网点，就近接受查勘定损服务，并就近递交索赔资料、领取保险赔款，保险人不另外收取费用。被保险人可以通过登录公司网站，查询各车险全国通赔网点的信息，查询赔案的处理进展情况，并对保险人的理赔服务进行监督。</td></tr>
</table>

机动车保险索赔须知

尊敬的保险消费者：

为维护您的合法权益，敬请您在机动车保险理赔时，注意以下事项：

一、事先告知。您在办理机动车保险理赔业务时，保险公司应在接触您的第一时间，给您提供本提示，并指导您办理后续理赔事宜，告知您具体理赔流程和索赔所需证明材料。

二、事故处理。保险事故发生后，您应当尽力采取必要措施防止或者减少损失，积极协助保险公司进行现场查勘和事故调查，如实告知保险公司询问事项。您可以自主选择修理厂家，双方对定损存在分歧的案件，经双方当事人协商可以委托具有资质的第三方进行损失评估，合同中特别约定的除外。

三、申请赔偿。您应按保险公司告知事项，向其提供与确认保险事故性质、原因、损失程度等有关的证明和资料。保险公司认为上述材料不完整的，应及时一次性通知您补充提供。您提供有关材料后，应向保险公司索要《补充材料通知书》或《索赔材料接收回执》。理赔时，您应重点关注保险条款中“赔偿处理”部分对理赔所需材料，以及如何核定损失、确定赔付比例等方面规定。

未经保险公司同意，您不得放弃对有关责任方请求赔偿的权利。同时，发生与保险赔偿有关的仲裁或者诉讼时，您应及时书面通知保险公司。

四、进度查询。理赔过程中，您有任何疑问可以通过登录保险公司网站、拨打客户服务电话以及前往保险公司柜台查询的方式进行承保理赔信息查询，了解理赔案件处理流程、各环节完成情况及预计完成时间、各项损失核定情况等内容。

五、时限规定。《保险法》第23～26条分别对保险公司核定保险责任、支付或预付赔款、发出拒赔通知书以及保险赔偿诉讼请求等方面作出了时限规定。另外，保险条款中通常在“保险人义务”部分对保险公司理赔各环节作出了时限规定。

当双方对理赔事宜协商不能达成一致时，经双方同意可以选择人民调解委员会或选择仲裁进行处理，也可以选择诉讼的方式进行处理。

本提示旨在提醒您在理赔过程中应知晓和关注的一些情形，具体权益和责任应以保险条款为准。

训练项目二：财产保险理赔法律实务

教学与训练任务一：财产保险理赔流程

财产保险理赔的程序主要包括接受损失通知、审核保险责任、进行损失调查、赔偿保险金、损余处理及代位求偿等步骤。

一、接受损失通知

这是指保险事故发生后，被保险人或受益人应将事故发生时间、地点、原因及其他情况，以最快的方式通知保险人，并提出索赔请求环节。发出损失通知同样是非寿险被保险人必须履行的义务。

（一）损失通知的时间要求

根据险种不同，发出损失通知书有时会有时间要求，例如，被保险人在保险财产遭受保险责任范围内的盗窃损失后，应当在 24 小时内通知保险人，否则保险人有权不予赔偿。此外，有的险种没有明确的时限规定，只要求被保险人在其可能做到的情况下，尽快将事故损失通知保险人，如果被保险人在法律规定或合同约定的索赔时效内未通知保险人，可视为其放弃索赔权利。《保险法》第 26 条规定，人寿保险以外的其他保险的被保险人或者受益人，向保险人请求赔偿或者给付保险金的诉讼时效期间为 2 年，自其知道或者应当知道保险事故发生之日起计算。

（二）损失的通知方式

被保险人发出损失通知的方式可以是口头的，也可以是函电等其他形式，但随后应及时补发正式书面通知，并提供各种必需的索赔单证，如保险单、账册、发票、出险证明书、损失鉴定书、损失清单、检验报告等。如果损失涉及第三者责任，被保险人还需出具权益转让书给保险人，由保险人代为行使第三者责任方追偿权益。

（三）保险人受理

接受损失通知书意味着保险人受理案件，保险人应立即将保险单与索赔内容详细核对，并及时向主管部门报告。安排现场查勘等事项，然后将受理案件登记编号，正式立案。

二、审核保险责任

保险人受到损失通知书后，应立即审核该索赔案件是否属于保险责任，审核的内容包括：

（一）保险单的风险效力

被保险人应当在发生风险事故后的一定时间内及时通知保险人。例如，我国《财产保险基本险条款》规定：“被保险人应当履行如实告知义务，否则，保险人有权拒绝赔偿，或从解约通知书送达15日后终止保险合同。”同时，被保险人提出的损失索赔，不一定都是由保险风险所引起的。因此，保险人在收到损失通知书后，应查明损失是否由保险风险所引起。

（二）损失的财产是否为保险财产

保险合同所承保的财产并非被保险人的一切财产，即使是综合险种，也会有某些财产列为不予承保之列。例如，我国《财产保险综合险条款》规定，土地、矿藏、水产资源、货币、有价证券等就不属于保险标的范围之内；金银、珠宝、堤堰、铁路等要通过特别的约定，并在保险单上载明，否则也不属于保险标的范围。可见，保险人对于被保险人的索赔财产，必须依据保险单仔细审核。

（三）损失是否发生在保险单所载明的地点

保险人承包的损失通常有地点的限制。例如，我国的《家庭财产保险条款》规定，只对在保单载明地点以内保险财产所遭受的损失，保险人才予以赔偿。

（四）损失是否发生在保险单的有效期内

保险单上载明了保险有效的起讫时间，损失必须在保险有效期内发生，保险人才能予以赔偿。例如，我国海洋运输货物保险的保险期限通常是以仓至仓条款来限制的，即保险人承担责任的起讫地点，是从保险单载明的起运地发货人的仓库运输时开始，直到保险单载明的目的地收货人仓库为止，并以货物卸离海轮后满60天为最后期限。又如责任保险中常规定期内发生式或期内索赔式的承保方式。期内发生式是指只要保险事故发生在保险期内，而不论索赔何时提出，保险人均负责赔偿；期内索赔式是指不管保险事故发生在何时，只要被保险人在保险期内提出索赔，保险人即负责赔偿。

（五）请求赔偿的人是否有权提出索赔

要求赔偿的人一般都应是保险单载明的被保险人。因此，保险人在赔偿时，要查明被保险人的身份，以决定其有无领取保险金的资格。例如，在财产保险合同下，要查明被保险人在损失发生时对于保险标的是否具有保险利益；对保险标的无保险利益的人，其索赔无效。

（六）索赔是否有欺诈

保险索赔的欺诈行为往往较难察觉，保险人在理赔时应注意的问题有：索赔单证的真实与否；投保人是否有重复保险的行为；受益人是否故意谋害被保险人；投保日期是否先于保险事故发生的日期等。

三、进行损失调查

保险人审核保险责任后，应派人到出险现场实际勘查事故情况，以便分析损失原因，确定损失程度。

（一）分析损失原因

在保险事故中，形成损失的原因通常是错综复杂的。例如，船舶发生损失的原因有船舶本身不具备适航能力、船舶机件的自然磨损、自然灾害或意外事故的影响等。只有对损失的原因进行具体分析，才能确定其是否属于保险人承保的责任范围。可见，分析损失原因的目的在于保障被保险人的利益，明确保险人的赔偿范围。

（二）确定损失程度

保险人要根据被保险人提出的损失清单逐项加以查证，合理确定损失程度。例如，对于货物短少的情况，要根据原始单据、到货数量确定短少的数额；对于不能确定货物损失数量的，或受损货物仍有部分完好或经加工后仍有价值的，要估算出一个合理的贬值率来确定损失程度。

（三）认定求偿权利

保险合同中规定的被保险人的义务是保险人承担赔偿责任的前提条件。如果被保险人违背了这些事项，保险人可以以此为由不予赔偿。例如，当保险标的的危险增加时，被保险人是否履行了通知义务；保险事故发生后，被保险人是否采取了必要的、合理的抢救措施，以防止损失扩大等。这些问题直接影响到被保险人索赔的权利。

四、赔偿保险金及损余处理

保险人对被保险人请求赔偿保险金的要求应按照保险合同的规定办理，如保险合同没有约定，就应按照有关法律的规定办理。若损失属于保险责任范围内，经调查属实并估算赔偿金额后，保险人应立即履行赔偿给付的责任。保险人可根据保险单类别、损失程度、标的价值、保险利益、保险金额、补偿原则等理算赔偿金额。财产保险合同赔偿的方式通常是货币补偿。不过，在财产保险中，保险人也可与被保险人约定其他方式，如恢复原状、修理、重置或以相同实物进行更换等方式。

一般来说，在财产保险中，受损的财产会有一定的残值。如果保险人按全部损失赔偿，其残值应归保险人所有，或是从赔偿金额中扣除残值部分；如果按部分损失赔偿，保险人可将损余财产折价给被保险人以充抵赔偿金额。

五、指导客户填写出险通知书

【实训背景】

2013年5月20日，北京天恒通讯器材有限责任公司作为投保人和被保险人向中国太平洋财产保险公司投保了企业财产综合险，保险单号为TPY008976332，保险标的为在公司注册地址范围内的全部厂房和机器设备，保险金额为360万元人民币，保险期限自2013年5月21日0时至2014年5月20日24时，公司注册地址为北京市丰台区丰台北大街26号。2014年1月5日晚22时，因公司值班经理杜某吸烟时不慎将烟蒂掉落地板而导致火灾，将公司全部厂房和机器设备烧毁，北京天恒通讯器材有限责任公司在事故发生后立即向中国太平洋财产保险公司报案。

【实训任务】

假如你是中国太平洋财产保险公司的理赔专员，请你指导被保险人填写出险通知书。

【参考样本】

出险通知书

<table>
<tr><td>被保险人</td><td colspan="3"></td></tr>
<tr><td>保险单号</td><td></td><td>保险标的</td><td></td></tr>
<tr><td>保险金额</td><td></td><td>保险期限</td><td></td></tr>
<tr><td>出险地点</td><td></td><td>出险日期</td><td></td></tr>
<tr><td colspan="4">出险情况、主要原因及施救经过：</td></tr>
</table>

续表

损失估计：			
赔款接受人： 开户名称： 开户银行： 银行账号： 联系人及电话：		被保险人： 签章 年 月 日	

本通知书由被保险人于出险后立即填写一份经签章后送保险公司

教学与训练任务二：机动车辆保险理赔法律实务

机动车辆保险理赔是保险理赔案件中数量最多的一类案件，本教学任务主要训练学生熟悉车险理赔的流程、单证管理等理赔技能。

一、机动车辆保险的种类识别

主险：一般分为：车辆损失险、第三者责任险、车上人员责任险、盗抢险和机动车交通事故责任强制保险（简称“交强险”）。其中车辆损失险按其使用性质不同又分为：家庭自用汽车损失保险、非营业用汽车损失保险和营业用汽车损失保险。交强险与第三者责任险可配合使用，目前实行的机动车第三者责任保险由投保人自愿选择购买。

附加险：常用的附加险有：玻璃单独破碎险、车身划痕损失险、不计免赔率特约保险、自燃损失险、火灾爆炸自燃损失险等。（详见下表）

主险	1. 机动车第三者责任保险 2. 家庭自用汽车损失保险 3. 非营业用汽车损失保险 4. 营业用汽车损失保险 5. 车上人员责任保险	6. 机动车盗抢保险 7. 特种车保险 8. 摩托车、拖拉机保险 9. 机动车提车保险

续表

附加险	1. 玻璃单独破碎险 2. 车身划痕损失险 3. 可选免赔额特约条款 4. 不计免赔率特约条款 5. 火灾、爆炸、自燃损失险 6. 自燃损失险 7. 新增加设备损失保险 8. 发动机特别损失险	9. 随车行李物品损失险 10. 新车特约条款 A 11. 车上货物责任险 12. 教练车特约条款 13. 附加油污污染责任保险 14. 多次出险增加免赔率特约条款 15. 附加机动车出境保险 16. 法律费用特约条款

（一）家庭自用车产品体系

主险	车损险	三者险	车上人员	盗抢险	车损险＋三者险
附加险	1. 玻璃单独破碎险 2. 自燃损失险 3. 车身划痕损失险 4. 不计免赔率特约条款 5. 可选免赔额特约条款 6. 新增加设备损失保险 7. 发动机特别损失险 8. 随车行李物品损失险 9. 新车特约条款 A 10. 多次出险增加免赔率特约条款	1. 不计免赔率特约条款 2. 法律费用特约条款	1. 不计免赔率特约条款 2. 法律费用特约条款	1. 不计免赔率特约条款	1. 附加油污污染责任保险 2. 附加机动车出境保险

（二）非营业用车产品体系

主险	车损险	三者险	车上人员	盗抢险	车损险+三者险
附加险	1. 玻璃单独破碎险 2. 教练车特约条款 3. 车身划痕损失险 4. 不计免赔率特约条款 5. 可选免赔额特约条款 6. 新增加设备损失保险 7、发动机特别损失险 8. 随车行李物品损失险 9. 新车特约条款 A	1. 不计免赔率特约条款 2. 法律费用特约条款 3. 教练车特约条款 4. 车上货物责任险	1. 不计免赔率特约条款 2. 法律费用特约条款 3. 教练车特约条款	1. 不计免赔率特约条款	1. 附加油污污染责任保险 2. 附加机动车出境保险

（三）营业用车产品体系

主险	车损险	三者险	车上人员	盗抢险	车损险+三者险
附加险	1. 玻璃单独破碎险 2. 教练车特约条款 3. 新增加设备损失保险 4. 不计免赔率特约条款 5. 可选免赔额特约条款 6. 火灾、爆炸、自燃损失险	1. 不计免赔率特约条款 2. 法律费用特约条款 3. 教练车特约条款 4. 车上货物责任险	1. 不计免赔率特约条款 2. 法律费用特约条款 3. 教练车特约条款	1. 不计免赔率特约条款	1. 附加油污污染责任保险 2. 附加机动车出境保险

（四）特种车产品体系

主险	车损险	三者险	车上人员	盗抢险	车损险＋三者险
附加险	1. 玻璃单独破碎险 2. 新增加设备损失保险 3. 不计免赔率特约条款	1. 不计免赔率特约条款 2. 法律费用特约条款 3. 车上货物责任险	1. 不计免赔率特约条款 2. 法律费用特约条款	1. 不计免赔率特约条款	1. 附加油污污染责任保险 2. 附加机动车出境保险

（五）摩托车拖拉机产品体系

主险	车损险	三者险	车上人员	盗抢险
附加险	不计免赔率特约条款	不计免赔率特约条款	不计免赔率特约条款	不计免赔率特约条款

（六）机动车提车保险产品体系

主险	车损险	三者险	车上人员
附加险	不计免赔率特约条款	不计免赔率特约条款	不计免赔率特约条款

（七）可投保不计免赔率特约险的附加险

可投保不计免赔率特约险的附加险					
附加险	车身划痕损失险	新增加设备损失保险	车上货物责任险	发动机特别损失险	附加油污污染责任保险

二、出险机动车辆构造识别

汽车构造			
汽车外观零部件			
序号	车前部	序号	车中部及后部
1	前大灯（左、右）	19	后挡风玻璃
2	前转向灯（左、右）	20	后备箱盖，又名后箱盖
3	前雾灯（左、右）	21	后保险杠及饰条
4	前中网，又名：前鬼脸	22	后灯（左、右）
5	前机盖，又名：引擎盖	23	后门（左、右）
6	前中网标	24	后门玻璃
7	前机盖标	25	后门放撞条
8	前挡风玻璃	26	翼子板，又名：叶子板
9	雨刷器	27	后轮轮胎及轮毂
10	前叶子板（左、右）	28	后车身玻璃（左、右）
11	前轮轮胎及轮毂	29	中立柱
12	前门（左、右）	30	倒车雷达
13	前门玻璃	31	后装饰灯
14	前后视镜（左、右）	32	后雨刷器
15	邮箱盖	33	轮眉灯饰
16	前叶子板防撞条	34	门拉手：4 个
17	前叶子板灯（左、右）	35	车身
18	天窗	36	
汽车内部零件			
1	发动机	8	减震器
2	水箱	9	方向盘
3	油箱	10	仪表盘
4	变速箱	11	工具箱

续表

5	蓄电池	12	油门踏板
6	点火开关	13	刹车踏板
7	手制动	14	离合器踏板

三、机动车辆损失保险的赔偿处理

（一）机动车辆损失保险的责任范围

1. 机动车辆损失保险合同的保险责任。

（1）碰撞。碰撞是机动车辆保险中最主要、最基本的一类风险，是指保险车辆与外界静止的或运动中的物体的意外撞击。例如，保险车辆撞击静止的护栏、围墙或者与运动中的火车、其他机动车辆相撞均属于碰撞责任。只要不是驾驶人员的故意行为导致的碰撞责任，均应当由保险人承担。

（2）倾覆。倾覆是指保险车辆由于自然灾害或意外事故，造成本身车身倾斜翻倒，车体与地面发生实质性接触，无法正常行驶，必须对其采取施救措施的状态。倾覆与通俗意义上的翻车相近，但其要求车身必须实际触地导致无法行驶，不经施救不能恢复原状，比翻车要求更为严格。

（3）其他意外事故。除碰撞、倾覆以外，保险车辆在行驶过程中发生的意外事故，保险人也应当承担保险责任，主要包括：火灾、爆炸、外界物体倒塌、空中运行物体坠落、行驶中平行坠落等意外事故。

（4）自然灾害。自然灾害主要包括雷击、暴风、龙卷风、暴雨、洪水、海啸、地陷、冰陷、崖崩、雪崩、泥石流、滑坡等自然现象造成保险车辆损失的情况。

（5）施救、保护费用。保险车辆在行驶过程中发生保险事故，被保险人为了防止或减少车辆损失的扩大，对保险车辆采取施救、保护措施所支出的合理费用，保险人在保险金额范围内承担赔偿责任。

2. 车辆损失险的除外责任。

（1）因风险事故造成的保险车辆的损失，保险人不承担保险责任，主要包括：地震；战争、军事冲突、恐怖活动、暴乱；扣押、收缴、没收、政府征用等；竞赛、测试、在营业性维修、养护场所修理、养护期间；利用被保险机动车从事违法活动；驾驶人饮酒、吸食或注射毒品、被药物麻醉后使用被保险机动车；事故发生后，被保险人或其允许的驾驶人在未依法采取措施的情况下驾驶被保险机动车或者遗弃被保险机动车逃离事故现场，或故意破坏、伪造现场、毁灭证据，经公安部门侦破后，对肇事损失和逃逸损失，保险人概不负责；非被保险人允许的驾驶人使用被保险机动车。

另外，驾驶人存在以下情形的，保险人也不承担保险责任：没有驾驶证或驾驶证有效期已届满，驾驶的车辆与驾驶证准驾车型不相符合，实习期驾驶公共汽车、营运客车或载有爆炸物品、易燃易爆化学物品、剧毒或放射性危险物品的被保险机动车，实习期内驾驶的被保险车辆牵引挂车，驾驶员持未按规定审验的驾驶证，以及在暂扣、扣留、吊销、注销驾驶证期间驾驶被保险机动车，使用各种专用机械车、特种车的人员无国家有关部门核发的有效操作证，驾驶营业性客车的驾驶人无国家有关部门核发的有效资格证，依照法律规定和公安交通管理部门规定的其他属于无有效驾驶证的情况。

（2）保险人不负责赔偿的保险车辆损失和费用。对保险车辆发生的实际损失，有些保险人不承担保险责任，主要分为三类：第一类是被保险车辆自身原因导致的损失，包括自然磨损、朽蚀、腐蚀、故障；人工直接供油、高温烘烤造成的损失；遭受保险责任范围内的损失后，未经必要修理继续使用被保险机动车，致使损失扩大的部分；被保险人或驾驶人的故意行为造成的损失。第二类是应当通过投保附加险种而获得保障的损失，包括玻璃单独破碎，车轮单独损坏；无明显碰撞痕迹的车身划痕；发动机进水后导致的发动机损坏；被盗窃、抢劫、抢夺，以及因被盗窃、抢劫、抢夺使车受到损坏或车上零部件、附属设备丢失；标准配置以外新增设备的损失；应当由机动车交通事故责任强制保险赔偿的损失。第三类是因客观环境造成的损失，包括因污染（含放射性污染）造成的损失；市场价格变动造成的贬值；修理后价值降低引起的损失等。

（二）机动车辆损失保险的保险金额和保险价值

1. 机动车辆损失保险的保险金额。机动车辆损失保险合同的保险金额是投保人与保险人在订立车辆损失保险合同时约定的发生保险事故时保险人赔付的最高限额，可由投保人和保险人在订立保险合同时协商确定，一旦发生保险事故，保险人根据保险合同确定的保险金额承担相应的赔偿责任。机动车辆损失险保险金额的确定主要有以下三种方式：

（1）根据投保时保险车辆的新车购置价确定。所谓保险车辆新车购置价，是指投保人与保险人签订保险合同时，在合同签订地购置与保险车辆相同类型的新车所需支付的市场价格。此种保险金额的确定方式适用于尚未实际使用的机动车辆。新车购置价的确定有三个重要的条件：一是时间条件，必须是在投保时；二是地点条件，必须是根据合同签订地的市场价格确定；三是车型条件，必须是同类型的新车。保险金额确定后，应当在保险合同中载明，如果保险合同签订地无同类型新车的，则保险金额可由投保人与保险人协商确定，并在保险合同中载明。

（2）根据投保时保险车辆的实际价值确定。所谓保险车辆的实际价值，是指同类型新车购置价减去折旧金额后的价格。此种保险金额的确定方式适用于已经实际使用的机动车辆。例如，保险车辆在投保时的同类型新车市场价值为20万元，月折旧率为0.6%，该保险车辆已使用20个月，则该保险车辆的实际价值为17.6万元（20万元扣减折旧金额2.4万元）。保险金额确定后，应当在保险合同中载明，双方也可以在新车购置价内协商确定保险金额，并在保险合同中载明。

（3）按投保时保险车辆的新车购置价协商确定。对于投保车辆标准配置以外的新增设备，应在保险合同中列明设备名称与价格清单，可以按设备的实际价值相应增加保险金额。新增设备随保险车辆一并折旧。

2. 机动车辆损失保险合同的保险价值。机动车辆损失保险合同的保险价值的确定根据车辆受损程度而有所不同。当保险车辆发生全部损失，即保险车辆完全损毁或者因受损过于严重丧失维修价值时，应当按照保险事故发生时保险车辆的实际价值确定保险价值。保险车辆的实际价值，既可以按照保险事故发生时同类车型的市场价格扣除折旧金额后确定，也可以按照保险事故发生时在市场上购置同类车型的相似使用年限和状况的其他车辆的价格确定。当保险车辆发生部分损失时，即保险车辆只是部分受损，还有修复的价值时，应当按照投保时保险车辆的新车购置价确定保险价值。

（三）机动车辆损失险的保险费率和保险期限

1. 机动车辆损失险的保险费率。由于机动车辆数量巨大，且大多时候处于移动状态，面临的风险具有广泛性和复杂性的特点，因此保险人在厘定机动车辆损失险的保险费率时，既要考虑保险车辆本身的种类（普通汽车还是专用车辆）、型号（进口车辆还是国产车辆）、使用性质（自用还是营业用）、新车购置的市场价格（较高还是偏低）、车辆性能、车辆新旧情况、车辆的可修复性、经常性的行驶区域和停放地点等因素，同时也要考虑被保险人的性别、年龄、健康状况、婚姻状况、个人嗜好、从事的工作、驾驶时间、是否有违章肇事记录、是否有索赔记录等因素，从而综合考虑上述风险因素和风险发生的概率，厘定出科学合理的保险费率。同时保险人为了敦促投保人在投保机动车辆损失保险后，仍然能够积极履行保险车辆的管理义务，通常制定免赔额或免赔率，如果发生保险责任范围内的事故，保险人通常按照保险合同中约定的责任比例承担免赔部分，免赔部分由投保人自行承担。

2. 机动车辆损失险的保险期限。与企业财产保险合同相同，机动车辆损失险的保险合同保险期限较短，一般为1年。在保险期限届满前，投保人应当及时携带相关材料前往保险公司办理续保手续，否则保险合同到期后发生的保险事故，保险人不承担赔偿责任。例如，丁某为其所有的汽车向保险公司投保了1份机动车辆损失险，保险金额15万元，保险期限自2011年9月1日0时至2012年8月31日24时。2012年8月1日，保险公司通知丁某合同有效期将至，请丁某尽快携带相关手续到保险公司续保，丁某以业务繁忙为由，直到2012年9月1日上午才前往保险公司办理了续保手续，新的保险合同的期限自2012年9月2日0时至2013年9月1日24时。丁某办理完续保手续从保险公司开车回家的路上发生交通事故，造成本车损失2万元，由于此时原保险合同已到期失效，新的保险合同尚未开始生效，刚好处于新旧保险合同的"空档期"，发生保险事故的，保险人不承担赔偿责任。

（四）机动车辆损失保险的赔偿处理

1. 机动车辆损失保险合同的赔偿处理。机动车辆损失险的保险车辆发生保险事故后，被保险人提出索赔时，经保险人现场查勘或事后了解情况，并由被保险人提供保险合同、公安交通管理部门出具的交通事故责任认定书、交通事故调解书或者人民法院作出的判决书、裁定书、调解书以及相关的损失和费用清单及票据，经保险人审核确认后，保险人应在受理赔偿后10日内一次赔偿结案。

（1）保险车辆全部损失的赔偿处理。保险车辆因保险事故全部损失时，保险人在确定赔偿数额时，通常考虑保险车辆的保险金额与发生保险事故时的实际价值的关系。如果保险金额大于发生保险事故时的实际价值，应当按照发生保险事故时保险车辆的实际价值，并依据保险车辆承担的事故责任比例扣减免赔额后确定赔偿数额；如果保险金额等于或小于发生保险事故时的实际价值，应当按照保险金额，并依据保险车辆承担的事故责任比例扣减免赔额后确定赔偿数额。

（2）保险车辆部分损失的赔偿处理。保险车辆因保险事故部分损失时，保险人在确定赔偿数额时，通常考虑保险车辆的保险金额与投保时新车购置价的关系。如果保险金额与新车购置价一致，无论在发生保险事故时新车购置价已经大于或者小于保险金额，均应当按照实际修复费用，并依据保险车辆承担的事故责任比例扣减免赔额后确定赔偿数额；如果保险金额小于投保时的新车购置价，应当按照保险金额与投保时的新车购置价的比例，并依据保险车辆承担的事故责任比例扣减免赔额后确定赔偿数额。

2. 机动车辆损失保险的施救费用的赔偿处理。保险车辆发生保险事故时，被保险人应当采取积极的施救、保护措施，例如，尽力扑灭保险车辆内突然发生的火灾，努力控制损失的范围等。对于被保险人采取上述措施所支付的必要、合理的施救、保护费用，保险人应当在保险金额范围内另行承担，但最高不超过保险金额的数额。如果保险车辆的损失采用的是比例赔偿方式，则该项施救费用也应当按照相同的比例赔偿。但这里应当特别注意的是，被保险人必须是在确保自己人身安全的情况下采取施救和保护措施，如果抢救保险车辆将会危及被保险人自身的生命安全，则应当放弃施救。

3. 机动车辆损失保险的残值处理。保险车辆遭遇损失后的剩余部分称为残值，保险车辆的残值可由投保人和保险人通过协商处理，既可以作价归被保险人，保险人在保险赔偿金中扣除相应的残值部分，也可以作价归保险人，保险人就残值部分增加保险赔偿金额。

4. 机动车辆损失保险的代位求偿权。在机动车辆交通事故中，保险车辆因第三方的责任造成本车损失的情况非常普遍，此时被保险人既可以基于保险合同法律关系要求保险人进行赔偿，也可以基于侵权责任关系要求肇事第三方进行赔偿。如果保险人现行赔付被保险人后，可以代替被保险人在赔偿金额范围内代位行使被保险人对第三者请求赔偿的权利。例如，孔某为其所有车辆投保了机动车辆损失保险，保险金额为 10 万元，在保险期限内，保险车辆被蒋某驾驶的机动车辆追尾，公安交通管理部门出具的事故责任认定书明确蒋某负全责，孔某要求自己投保的保险人承担赔偿责任，该保险人在赔付孔某 1.8 万元修车费用后，有权代替孔某向肇事第三方蒋某追偿，蒋某应当将 1.8 万元修车费用交付给孔某投保的保险人。

5. 机动车辆损失保险合同当事人的义务。投保人应当履行的义务有缴纳保险费和如实告知义务。机动车辆损失保险合同只有在投保人缴纳保险费后，发生保险事故时保险人才承担保险责任；同时如果故意隐瞒重要事实，例如，投保的机动车辆是营运性质的，投保人却在投保单车辆性质一栏中选择“自用”，足以影响保险人决定是否承保及保险费的计算标准，如果保险车辆发生保险事故，保险人有权拒绝赔偿。被保险人应履行保险车辆危险增加的通知和积极的施救义务。如果保险车辆的风险明显提高，足以影响保险人是否继续承保或提高保费的决定，被保险人应当及时通知保险人，否则因保险车辆风险增加导致的损失，保险人有权拒绝赔偿；同时一旦发生保险事故，被保险人应当积极采取施救措施，保护保险车辆。承担保险赔偿责任是保险人最基本的义务，当保险车辆因保险事故发生全部损失或部分损失时，保险人应当积极履行保险赔偿责任；同时保险人在订立保险合同时应当向投保人和被保险人明确说明免责条款，例如，明确说明因地震、战争、恐怖袭击等行为导致的保险车辆的损失，保险人不负责赔偿。如果保险人怠于履行明确说明义务，则该免责条款对于投保人、被保险人不具有约束力，因免责条款中规定的情况导致保险车辆损失的，保险人仍应承担赔偿责任。

四、机动车第三者责任保险的赔偿处理

（一）机动车第三者责任保险的保险责任

机动车辆第三者责任险的保险责任是被保险人或其允许的合格驾驶员在使用保险车辆过程中，因发生意外事故致使第三者遭受人身伤亡或财产损失，依法应由被保险人承担的损害赔偿责任，保险人依照保险合同的约定，对于超出机动车交通事故强制责任保险各分项责任限额以外的部分负责赔偿。[1]

在此需要特别强调两个方面：一方面是这里的“第三者”是相对于投保人、被保险人和发生保险事故时的车上人员而言以外的，因保险车辆发生意外事故而遭受损失的被侵权人；另一方面是保险人在机动车交通事故责任强制保险赔偿范围之外承担补充赔偿责任，以防止被保险人额外受益情况的发生。关于机动车交通事故责任强制保险的内容，将在下文中详细论述。

（二）机动车第三者责任保险的除外责任

1. 因保险车辆造成的特定对象的伤亡，保险人不承担赔偿责任，主要包括：

（1）被保险人及其家庭成员的人身伤亡、所有或代管的财产的损失。保险实务中时常发生保险车辆不慎造成被保险人及其家庭成员死亡、伤残，或者被保险人及其家庭成员所有或代管的财产毁损的情况。例如，王某为自己所有的长途货运汽车车辆投保了第三者责任险，一日王某驾驶保险车辆行驶在一条坡路上，此时坐在副驾驶位置上的王某的妻子李某想要去路边的卫生间，当李某从卫生间出来时不幸被正在坡路上溜车的保险车辆撞伤，由于李某是被保险人王某的妻子，因此保险人拒绝赔偿。这里要特别指出一下，实践中对于家庭成员的范围界定存在着较大的争议，保险人对于家庭成员范围的界定比较宽泛，除父母、配偶、子女外，凡是有血亲或姻亲关系的，如兄弟姐妹之间、岳父母与女婿之间都视为具有家庭成员关系。笔者以为，对于家庭成员的认定应当有一个明确的标准，即有血亲或姻亲关系且必须是共同生活的或者经济上具有依附关系的群体才能构成家庭成员，对于家庭成员的解释过于宽泛将不利于对被保险人和受益人合法权益的维护。

（2）被保险机动车本车驾驶人及其家庭成员的人身伤亡、所有或代管的财产的损失。保险实务中时常发生保险车辆不慎造成本车驾驶人及其家庭成员死亡、伤残，或者本车驾驶人及其家庭成员所有或代管的财产毁损的情况。例如，孙某为自己所有的汽车投保了第三者责任险，后孙某将保险车辆借给朋友赵某，赵某驾驶保险车辆参加为庆祝其岳母生日而举行的家庭聚会，聚会结束时赵某在倒车过程中不慎将岳母撞伤，由于赵某的岳母长期和赵某生活在一起，属于

---

[1] 方乐华：《保险与保险法》，北京大学出版社2009年版，第54页。

赵某的家庭成员，因此保险人有权拒绝赔偿。

（3）被保险机动车本车上其他人员的人身伤亡或财产损失。由于机动车第三者责任险主要承保保险车辆对于第三方造成的财产损失和人身伤亡，因此将保险责任事故发生时保险车辆上的人员及财产损失排除在保险责任范围之外，如果保险车辆上的人员或者财产需要得到保险保障，投保人需投保车上人员责任险和车上货物责任险。保险实务中发生过比较特殊的情况，引起了较大的争议。例如，林某为其所有的长途货车投保了第三者责任险和车上人员责任险，其中第三者责任险的保险金额为50万元，车上人员责任险每个座位的保险金额为5万元。后该保险车辆在行驶过程中经过一个深坑，车辆猛烈颠簸，将坐在副驾驶位置的押车员张某从前挡风玻璃处甩出车外，然后又从张某左臂上压过，造成张某严重受伤。本案中，保险人和被保险人就张某属于车上人员还是第三者发生了分歧。保险人认为，张某是保险车辆的押车员，发生保险事故前，其坐在副驾驶的位置上，属于车上人员，因此保险人有权拒赔；被保险人认为，张某虽然是保险车辆的押车员且在车辆行驶过程中坐在副驾驶的位置上，但在发生保险事故的瞬间张某是在车下遭受的保险车辆的碾压，因此应当属于第三者，保险人应当赔偿。本案中判定车上人员和第三者的标准应当看发生保险事故时受害人是在车上还是车下，如果在车上就是车上人员，保险人对于车上人员的损失有权拒绝赔偿；如果在车下就是第三者，保险人对于因保险车辆造成的第三者的损害应当承担赔偿责任。

2. 因特定的原因导致的保险车辆应当对第三者承担的赔偿责任，保险人有权拒绝赔偿，包括：地震、战争、军事冲突、恐怖活动、暴乱、扣押、收缴、没收、政府征用；竞赛、测试、教练；在营业性维修、养护场所修理、养护期间；利用被保险机动车从事违法活动；驾驶人饮酒、吸食或注射毒品、被药物麻醉后使用被保险机动车；保险车辆肇事后逃逸；非被保险人允许的驾驶人员使用保险车辆；保险车辆不具备有效行驶证件；保险车辆拖带未投保第三者责任保险的车辆（含挂车）或被未投保第三者责任保险的其他车辆拖带。

另外，驾驶人存在以下情形的，保险人也不承担保险责任：没有驾驶证或驾驶的车辆与驾驶证准驾车型不相符合，公安交通管理部门规定的其他属于无有效驾驶证的情况下驾车，使用各种专用机械车、特种车的人员无国家有关部门核发的有效操作证，驾驶营业性客车的驾驶人无国家有关部门核发的有效资格证等。

3. 对于因保险车辆造成的特定损失和费用，保险人不承担保险责任，包括：被保险机动车发生意外事故，致使第三者停业、停驶、停电、停水、停气、停产、通信或者网络中断、数据丢失、电压变化等造成的损失以及其他各种间接损失；精神损害赔偿；因污染（含放射性污染）造成的损失；第三者财产因市场价格变动造成的贬值、修理后因价值降低引起的损失；被保险机动车被盗窃、抢劫、抢夺期间造成第三者人身伤亡或财产损失；被保险人或驾驶人的故意行为造成的损失；仲裁或者诉讼费用以及其他相关费用；应当由交强险赔偿的费用和损失；保险人依据保险合同约定的免赔率（额）部分等。

（三）机动车第三者责任保险的赔偿限额

所谓赔偿限额，是指保险人承担保险责任险事故赔偿的最高限额，也是保险人计算保险费的依据。机动车第三者责任保险合同的赔偿限额通常按每次事故确定，根据车辆的类型和性质分为不同的限额档次，由投保人自主选择。如果保险车辆由主车和挂车共同组成，则主车与挂车应视为一个整体。发生保险事故时，如果主车和挂车向同一保险人投保机动车第三者责任保险，则由保险人在保险合同列明的赔偿限额内承担保险责任；如果主车和挂车分别向不同的保险人投保，则由主车保险人和挂车保险人按照保险合同上列明的责任限额的比例，在各自的责任限额内承担赔偿责任，但赔偿金额总和以主车的责任限额为限。

（四）机动车第三者责任保险的赔偿处理

机动车第三者责任保险的保险车辆发生保险事故后，被保险人提出索赔时，经保险人现场查勘或事后了解情况，并由被保险人提供保险合同、公安交通管理部门出具的交通事故责任认定书、交通事故调解书或者人民法院作出的判决书、裁定书、调解书以及相关的损失和费用清单及票据，经保险人审核确认后，保险人应在受理赔偿后 10 日内一次赔偿结案。保险人已经赔偿结案后，如果受害第三者因伤情或其他客观情况变化导致损失增加的，保险人不再负责赔偿。

保险车辆因保险事故造成第三者损失时，保险人根据保险合同中载明的赔偿限额并依据保险车辆承担的事故责任比例扣减免赔额后确定赔偿数额。同时，如果被保险人在未征得保险人同意的情况下先行对受害第三者进行了赔付，保险人有权重新核定或者拒绝赔偿。机动车第三者责任保险合同在赔偿处理时采用连续责任原则，保险车辆因一次保险事故造成第三者财产损失或者人身伤亡的，保险人在责任限额内赔偿后，保险合同继续有效，保险车辆下次发生保险事故时，保险人仍应当在责任限额内承担赔偿责任，直至保险合同终止。同时还应特别注意的是，机动车第三者责任保险实行补充赔偿制，即保险车辆发生保险事故后首先应当由保险人在机动车交通事故责任强制保险责任限额范围内支付保险赔偿金，不足部分由机动车第三者责任保险补充赔偿。

五、机动车交通事故责任强制保险的赔偿处理

（一）机动车交通事故责任强制保险的保险责任

机动车交通事故责任强制保险的保险责任是在中华人民共和国境内（不含港、澳、台地区），被保险人在使用被保险机动车过程中发生交通事故，致使第三者遭受人身伤亡或财产直接损毁，依法应由被保险人承担的损害赔偿责任，保险人按照交强险合同的约定对每次事故负责赔偿。

（二）机动车交通事故责任强制保险的除外责任

机动车交通事故责任强制保险的除外责任包括：因受害人故意造成的交通事故的损失；被保险人所有的财产及被保险人机动车上的财产所受的损失；被保险机动车发生交通事故，致使受害人停业、停驶、停电、停水、停气、停产、通信或网络中断、数据丢失、电压变化等造成的损失，以及受害人财产因市场价格变动造成的贬值、修理后因价值降低造成的损失等其他间接损失；因交通事故产生的仲裁或诉讼费用以及其他相关费用。

（三）机动车交通事故责任强制保险的赔偿限额

机动车交通事故责任强制保险合同的赔偿限额，是指保险车辆发生保险事故并造成第三者的人身伤亡或者财产损失时，保险人按照《机动车交通事故责任强制保险条例》的有关规定进行赔偿的最高金额。与机动车第三者责任保险合同的赔偿限额不同的是，机动车交通事故责任强制保险合同的赔偿限额不能由投保人在不同赔偿限额档次中自主选择，而是由保险监督管理部门在全国范围内统一制定。责任限额分为死亡伤残赔偿限额、医疗费用赔偿限额、财产损失赔偿限额以及被保险人在道路交通事故中无责任的赔偿限额。目前实行的是由中国保险监督管理委员调整的于 2008 年 2 月 1 日开始实施的赔偿限额方案。被保险机动车在道路交通事故中有责任的赔偿限额为：死亡伤残赔偿限额 110 000元人民币；医疗费用赔偿限额 10 000 元人民币；财产损失赔偿限额 2000 元人民币。被保险机动车在道路交通事故中无责任的赔偿限额为：死亡伤残赔偿限额 11 000 元人民币；医疗费用赔偿限额 1000 元人民币；财产损失赔偿限额 100 元人民币。上述赔偿限额包含的赔偿费用有丧葬费、死亡和残疾补偿金、被扶养人生活费、护理费、住宿费、误工费、交通费、残疾辅助器具费、医疗费、住院费、住院伙食补助费以及必要的营养费等。

（四）机动车交通事故责任强制保险合同的保险期限

根据《机动车交通事故责任强制保险条例》第 20 条的规定，机动车交通事故责任强制保险的保险期间一般为 1 年，但有境外机动车临时入境、机动车临时上道路行驶、机动车距规定的报废期限不足 1 年及保监会规定的其他情形的，投保人可以根据自身的实际情况投保短期机动车交通事故责任强制保险。

（五）机动车交通事故责任强制保险合同的赔偿处理

1. 赔偿金额的确定。机动车交通事故责任强制保险的保险车辆发生保险事故后，被保险人提出索赔时，经保险人现场查勘或事后了解情况，并由被保险人提供保险合同、公安交通管理部门出具的交通事故责任认定书、交通事故调解书或者人民法院作出的判决书、裁定书、调解书以及相关的损失和费用清单及票据，经保险人审核确认后，保险人应在受理赔偿后 10 日内一次赔偿结案。保险人已经赔偿结案后，如果受害第三者因伤情或其他客观情况变化导致损失增加的，保险人不再负责赔偿。

保险车辆因保险事故造成第三者损失时，保险车辆有责任的，保险人在有责任的赔偿限额内支付赔偿金额；保险车辆无责任的，保险人则应在无责任的赔偿限额内支付赔偿金额，不能混淆支付。如果被保险人在未征得保险人同意的情况下先行对受害第三者进行了赔付，保险人有权重新核定。机动车交通事故责任强制保险合同在赔偿处理时采用连续责任原则，保险车辆因一次保险事故造成第三者财产损失或者人身伤亡的，保险人在责任限额内赔偿后，保险合同继续有效，保险车辆下次发生保险事故时，保险人仍应当在责任限额内承担赔偿责任，直至保险合同终止。

2. 保险人在赔偿时应当垫付抢救费用。在保险车辆发生交通事故造成人员伤亡时，抢救受害人的生命是最重要的，为确保交通事故受害人能够得到及时的抢救和治疗，《机动车交通事故责任强制保险条例》第 22 条规定，有下列情形之一的，保险公司在机动车交通事故责任强制保险责任限额范围内垫付抢救费用，并有权向致害人追偿：驾驶人未取得驾驶资格或者醉酒的；被保险机动车被盗抢期间肇事的；被保险人故意制造道路交通事故的。保险人在支付抢救费用时应当区分保险车辆承担责任的情况，保险车辆有责任的，保险人在有责任的赔偿限额内支付赔偿金额；保险车辆无责任的，保险人则应在无责任的赔偿限额内支付赔偿金额，不能混淆支付。另外，对于上述三种情形导致的其他损失和费用，保险人没有垫付的义务。并且，与机动车第三者责任保险将“恶意肇事”情况排除在保险责任之外不同，机动车交通事故责任强制保险将其划归到保障范围内。这是由于机动车交通事故责任强制保险具有强制性、社会性。当保险事故发生时，由机动车交通事故责任强制保险的保险人在其限额内首先承担赔偿责任，机动车商业第三者责任保险的保险人则在机动车交通事故责任强制保险限额外承担补充责任。

3. 道路交通事故社会救助基金。《机动车交通事故责任强制保险条例》要求保险人承担抢救费的垫付义务，对于交通事故受害人及时获得救治发挥了积极的作用。然而在保险实务中，经常会出现抢救费用超过机动车交通事故责任强制保险责任限额、肇事机动车未参加机动车交通事故责任强制保险、机动车肇事后逃逸等突发情况，为了确保交通事故受害人能够及时得到救治或者在身故后能够及时得到安葬，国家设立道路交通事故社会救助基金这一公益性基金，这一基金的主要来源包括：按照交强险的保险费的一定比例提取的资金；对未按照规定投保交强险的机动车的所有人、管理人的罚款；救助基金管理机构依法向道路交通事故责任人追偿的资金；救助基金的孳息；其他资金等。救助基金与保险人的垫付义务共同承担起紧急情况下的保障受害人及时得到救治的神圣使命。

六、机动车辆保险理赔单证管理

机动车辆保险理赔常用单证

<table>
<tr><td colspan="2">基本资料</td><td colspan="3">1. 索赔申请书 2. 赔款收据和付款委托书 3. 现场查勘记录 4. 车辆行驶证复印件 5. 驾驶证复印件及体检证明 6. 接收赔款的银行账号 7. 交强险保单/商业险保单原件或复印件</td></tr>
<tr><td colspan="2">涉案类型</td><td>单证名称</td><td>提供方</td><td>注意事项</td></tr>
<tr><td rowspan="10">其他相关资料</td><td rowspan="2">一、涉及本车车损</td><td>1. 车辆损失确认书</td><td>公司</td><td>须被保险人或出险司机签章</td></tr>
<tr><td>2. 车辆维修发票</td><td>客户</td><td>除玻璃单独破碎险外，必须为正规维修发票</td></tr>
<tr><td rowspan="3">二、涉及第三者车辆损失</td><td>1. 第三者车的《车辆损失确认书》</td><td>公司</td><td>须被保险人或出险司机签章</td></tr>
<tr><td>2. 第三者车辆维修发票</td><td>客户</td><td>须为正规维修发票</td></tr>
<tr><td>3. 第三者车的交强险保单复印件</td><td>公司</td><td>如查勘定损时已拍照采集，可不提供</td></tr>
<tr><td rowspan="5">三、涉及第三者物损</td><td>1. 财产损失确认书</td><td>客户</td><td></td></tr>
<tr><td>2. 购置、修复受损财产的有关鉴定报告，维修费用单据、发票</td><td>客户</td><td></td></tr>
<tr><td>3. 损失清单</td><td>客户</td><td></td></tr>
<tr><td>4. 设备总体造价及损失程度证明</td><td>客户</td><td>如特殊财产损失，须提供</td></tr>
<tr><td>5. 设备恢复的工程预算</td><td>客户</td><td>如查勘定损时已拍照采集，可不提供</td></tr>
</table>

续表

其他相关资料	四、涉及门诊的人伤	1. 县级以上医院诊断证明	客户	
		2. 就医病历	客户	
		3. 医疗费发票	客户	
		4. 转院医疗证明	客户	如涉及转院的须提供
		5. 病休证明	客户	如涉及需要病休的须提供
		6. 伤亡人员误工证明及收入情况证明	客户	可不提供；若提供收入超过纳税金额的应提交纳税证明
		7. 需要护理人员证明	客户	如涉及需要护理的，须提供
		8. 护理人员误工证明及收入情况证明	客户	可不提供；若收入超过纳税金额的应提交纳税证明
		9. 二次医疗费用就诊医院证明	客户	如涉及二次医疗续医费，须提供
		10. 道路交通事故经济赔偿凭证认书	客户	已进行经济赔偿时提供
		11. 医疗手册	客户	
	五、涉及住院的人伤	1. 县级以上医院诊断证明	客户	
		2. 就医病历	客户	
		3. 医疗费明细/发票(须附处方及治疗、用药明细单据)	客户	如伤者住院，须提供医疗费明细，即用药清单
		4. 出院通知书	客户	
		5. 转院医疗证明	客户	如涉及转院的须提供
		6. 病休证明	客户	如涉及需要病休的须提供
		7. 伤亡人员误工证明及收入情况证明	客户	可不提供；若提供收入超过纳税金额的应提交纳税证明
		8. 需要护理人员证明	客户	如涉及需要护理的，须提供

续表

其他相关资料	五、涉及住院的人伤	9. 护理人员误工证明及收入情况证明	客户	可不提供；若收入超过纳税金额的应提交纳税证明
		10. 二次医疗费用就诊医院证明	客户	如涉及二次医疗续医费，须提供
		11. 道路交通事故经济赔偿凭证	客户	已进行经济赔偿时提供
		12. 医疗手册	客户	
	六、涉及伤者已评残的事故，除“涉及住院的人伤”资料外，还需提供	1. 伤残鉴定机构资质证明材料	客户	鉴定机构须具有损伤类型鉴定资质
		2. 残疾用具发票	客户	若无，可不提供
		3. 被抚养人关系证明材料、户口	客户	
		4. 被抚养人丧失劳动能力证明	客户	
		5. 残疾鉴定书	客户	
		6. 户籍派出所出具的受害者家庭情况证明	客户	
	七、涉及死亡的事故	1. 事故证明	客户	
		2. 死亡证明书、户口注销证明和火化证明	客户	三项至少提供两项
		3. 户籍派出所出具的受害者家庭情况证明、户口	客户	
		4. 被扶养人证明材料、丧失劳动能力证明	客户	若不提供，按行业标准计算
		5. 交通费报销凭证、住宿费报销凭证	客户	若不提供，按行业标准计算
		6. 参加事故处理人员工资证明（收入超过纳税金额的应提交纳税证明）	客户	若不提供，按行业标准计算
		7. 道路交通事故经济赔偿凭证	客户	

续表

其他相关资料	八、涉及交强险垫付的事故	1. 事故责任认定书	客户	
		2. 公安部门要求垫付/预付的通知书	客户或交警	
		3. 医疗部门的抢救医疗费用清单		
		4. 被保险人的《权益转让书》	客户	垫付追偿案件须提供
	九、涉及施救费用的事故	1. 施救费发票	客户	涉及事故施救时提供
		2. 施救清单	客户	涉及事故施救时提供

七、机动车辆保险理赔注意事项

（一）损失通知的方式

损失通知的方式可以是口头的，也可用函电等其他形式，但随后应及时补发正式书面通知，并提供各种必需的索赔单证。如果损失涉及第三者责任时，被保险人还需出具权益转让书给保险人，由保险人代为行使向第三者责任方追偿的权益。

（二）审核保险责任的内容

审核保险责任的内容包括：保险单是否仍有效力，损失是否由所承保的风险所引起，损失的财产是否为保险财产，损失是否发生在保单所载明的地点，损失是否发生在保险单的有效期内，请求赔偿的人是否有权提出索赔，索赔是否有欺诈。

（三）赔偿保险金环节注意事项

若损失属于保险责任范围内，经调查属实并估算赔偿金额后，保险人应立即履行赔偿给付的责任。财产保险合同赔偿的方式通常是货币补偿。不过，在财产保险中，保险人也可与被保险人约定其他方式，如恢复原状、修理、重置或以相同实物进行更换等方式。

（四）损余处理注意事项

损余处理时，如果保险人按全部损失赔偿，其残值应归保险人所有，或是从赔偿金额中扣除残值部分；如果按部分损失赔偿，保险人可将损余财产折价给被保险人以充抵赔偿金额。

（五）结案、归档注意事项

首先，结案人员根据理赔案件呈批的结果，缮制《给（拒）付通知书》或《豁免保险通知书》，并寄送申请人；其次，结案人员根据保险合同效力是否终止，修改保险合同的状态，并做结案标识；最后，结案人员将已结案的理赔案件的所有材料按规定的顺序排放，并按业务档案管理的要求进行归档管理，以便将来查阅和使用。

（六）查勘报告注意事项

理赔案件查勘报告应真实客观反映查勘情况，查勘报告重要项目应填写完整规范。重要项目至少应包括：出险车辆信息、驾驶员信息、事故成因、经过和性质、查勘时间、地点、内容、人员伤亡情况、事故车辆损失部位、程度等情况、查勘人员签名等。

（七）理赔控制注意事项

保险公司应当建立标准、清晰的理赔操作流程和高效的理赔机制，规范报案受理、现场查勘、责任认定、损失理算、赔款复核、赔款支付和结案归档等控制事项，确保理赔质量和理赔时效。保险公司在接到报案时应当及时登记录入，主动向客户提供简便、明确的理赔指引。

保险公司应当明确理赔的理算标准、分级处理权限、作业要求和理赔人员资质条件等，明确现场查勘的条件、时限、程序和要求，采取查勘与理算、理算与复核操作人员分离及利益相关方回避等措施，防止理赔错误和舞弊行为。保险公司应当建立重大、疑难案件会商和复核调查制度，明确其识别标准和处理要求，防范虚假理赔或错误拒赔。

八、填写机动车交通事故快速处理协议书

【实训背景】

2013 年 10 月 18 日下午 14 时 35 分，在北京市朝阳区朝阳门桥东北角发生一起交通事故，张林驾驶的京 B11111 车辆在倒车过程中撞上李强驾驶的京 E22222 车辆，导致京 E22222 车辆前车灯被撞坏，需要修理费用约 800 元。张林驾驶的车辆投保的保险公司是中国平安保险公司，电话为 66543321，保险公司报案号码为 TD1253867902，李强驾驶的车辆投保的保险公司是中国太平洋保险公司，电话为 83501111，保险公司报案号为 TPY657523125。

【实训任务】

2 名同学一组，模拟现场协商同意采用机动车交通事故快速处理流程，并填写《机动车交通事故快速处理协议书》。

【参考样本】

机动车交通事故快速处理协议书

事故时间	年　月　日　时　分	事故地点	

代码	姓名	驾驶证号或身份证号	车辆牌号	保险公司	电话	保险公司报案号
A						
B						
C						

事故情形							
	1. 追尾的□	2. 逆行的□	3. 倒车的□	4. 溜车的□	5. 开关车门的□	6. 违反交通信号的□	7. 未按规定让行的□
	8. 依法应负全部责任的其他情形 □	情形描述：					
	9. 双方应负同等责任的□	情形描述：					

伤情及物损情况	

当事人责任	A方负本起事故	B方负本起事故	C方负本起事故
	1. 全部责任 □ 2. 同等责任 □ 3. 无责任 □	1. 全部责任 □ 2. 同等责任 □ 3. 无责任 □	1. 全部责任 □ 2. 同等责任 □ 3. 无责任 □

以上填写内容均为事实，如有不实，愿负法律责任。

A签名：________________

B签名：________________

C签名：________________

续表

赔偿情况	自愿放弃保险索赔，自行解决协议如下： A 签名：________________ B 签名：________________ C 签名：________________

九、指导客户填写机动车辆保险索赔申请书

【实训背景】

2012 年，北京“7·21”特大自然灾害造成了全市机动车辆受损数量众多、受损情况复杂的状况。现你所在财产保险公司，安排你参与处理受灾车辆保险理赔事宜。

【实训任务】

2 名同学一组，模拟现场。假设你是 A 财产保险公司的理赔人员，请指导客户填写索赔申请书，并进行相关理赔提示。

【参考样本】

机动车辆保险索赔申请书

报案号码：

被保险人/索赔权益人			
牌照号码		车辆厂牌型号	
交强险保单号码		商业险保单号码	
出险时间	年　月　日　时　分	出险地点	____省__________
出险原因		出险驾驶员	

续表

出险经过及损失情况： 兹声明本索赔申请书是本被保险人/索赔权益人就本次事故向贵公司提出索赔的正式书面凭证，所填写的内容以及提供的索赔资料均真实有效，没有任何虚假和隐瞒，否则，承担由此产生的一切法律责任。 本被保险人/索赔权益人确认：保险人受理报案、现场查勘、定损、参与诉讼、进行抗辩、向被保险人提供专业建议等行为均不构成保险人对本次事故承担赔偿责任的承诺。 本次事故如属保险赔偿责任范围，请将相应赔款划入以下被保险人/索赔权益人的银行账户中。对本被保险人/索赔权益人不具有受领权而获得的保险赔款及相关款项，中国太平洋财产保险股份有限公司有权向本被保险人/索赔权益人追索，在任何情况下，若因中国太平洋财产保险股份有限公司支付的赔款金额或赔付对象有误，本被保险人/索赔权益人均同意无条件将相关款项全额返还予中国太平洋财产保险股份有限公司。 账户户名__________账户所属省份______________账户所属城市________________ 开户银行_____________________________________银行账号__________________ 被保险人电话：　　手机□□□□□□□□□□□□ 其他□□□□－－□□□□□□□□□ 索赔权益人电话：　手机□□□□□□□□□□□□ 其他□□□□－－□□□□□□□□□ 被保险人证件类型及号码：____ 索赔权益人证件类型及号码：______________________________________ 被保险人地址及邮编：____ 索赔权益人地址及邮编：____ 送交单证人姓名__________证件类型及号码______________________________ 送交单证人电话：手机□□□□□□□□□□□□ 其他□□□□－－□□□□□□□□□ 被保险人/索赔权益人签章： 年　月　日

机动车辆保险理赔相关提示：

第一，对于水淹车辆，应第一时间督促汽车修理企业做排放水、晾晒、电路保护等先行处理，避免损失扩大。

第二，因灾受损机动车辆的保险理赔流程一般是：向保险公司报案→将事故车辆拖至定损中心或修理企业→拆解定损→修复车辆→向保险公司提交索赔材料→支付赔款。理赔所需单证材料：

（1）私家车主理赔时需提供保险车辆行驶证、驾驶员驾驶证、被保险人身份证。

（2）单位车辆理赔时需提供保险车辆行驶证、驾驶员驾驶证、委托授权书（需盖有单位公章）、被委托人身份证。

（3）修理发票。详细流程和具体材料，可向投保保险公司做进一步咨询。

第三，受损严重的车辆完成修理后，应关注汽车修理企业对车辆发动机、电子元器件等关键部位做修复检验。

十、机动车辆损失险案例分析

【实训背景】

张三向保险公司投保了机动车辆损失险。某日，张三的汽车被李四的汽车撞坏，花去修理费5000元。张三向李四索赔，双方达成如下书面协议：张三免除李四修理费1000元，李四将为张三提供3次免费咨询服务，剩余的4000元由张三向保险公司索赔。后张三请求保险公司按保险合同支付保险金5000元。张三向多名在某保险公司工作的朋友咨询后，形成下面两种意见：

第一种意见：保险公司应当按保险合同全额支付保险金5000元，且不得向李四求偿。

第二种意见：保险公司仅应当承担4000元保险金的赔付责任，且有权向李四求偿。

【实训任务】

请分组讨论并提出本案正确的处理意见。

【案例分析与提示】

本案涉及机动车辆损失保险代位求偿权等问题。

第一种意见错误。《保险法》第60条第1款规定，因第三者对保险标的的损害而造成保险事故的，保险人自向被保险人赔偿保险金之日起，在赔偿金额范围内代位行使被保险人对第三者请求赔偿的权利。据此可知，若保险公司向张三支付了保险金，是可以向李四进行追偿的。

第二种意见正确。《保险法》第61条第1款规定，保险事故发生后，保险人未赔偿保险金之前，被保险人放弃对第三者请求赔偿的权利的，保险人不承担赔偿保险金的责任。本题中，在保险事故发生后，保险人赔偿保险金之前，被保险人张三放弃了对第三者李四的部分赔偿请求权，那么保险人对放弃部分不再承担赔付保险金的责任，而非对全部保险金不再承担赔偿责任。因此，保险公司仅应承担4000元保险金的赔付责任，且有权向李四求偿。

十一、机动车辆损失险附加盗抢险案例分析

【实训背景】

车主郑某投保了机动车辆损失保险附加盗抢险，在保险期限内保险车辆被盗，郑某立刻向公安机关和保险公司报案。被盗的保险车辆在行驶过程中，严重违反交通规制超速逆向行驶，与一辆摩托车相撞，导致摩托车驾驶员当场死亡。对于本案中保险公司是否应当赔偿摩托车的损失，在审理中产生了两种不同的意见：一种意见认为，保险合同中并没有将保险车辆在被盗抢期间造成的第三者的财产损失和人身伤亡明确列为保险责任，因此保险公司无需对此种情况承担保险责任；另一种意见认为，虽然保险合同中并没有将保险车辆在被盗抢期间造成的第三者的财产损失和人身伤亡明确列为保险责任，但也没有将其列为除外责任，基于公平原则，保险公司应当先行赔付保险车辆对第三者造成的财产损失和人身伤亡，再代替被保险人向盗抢车辆并造成保险事故的犯罪嫌疑人进行追偿。

【实训任务】

请分组讨论并提出本案正确的处理意见。

【案例分析与提示】

建议适用第一种意见，对于保险车辆在被盗抢期间造成的第三者的财产损失和人身伤亡，保险人有权拒绝赔偿。原因有两个方面：一方面，机动车辆保险合同的行为主体必须是被保险人或其允许的合格驾驶员而非其他人，因其他人驾驶保险车辆造成保险事故的，保险人不承担保险责任；另一方面，盗窃保险车辆肇事、造成他人人身财产损失是严重的违法犯罪行为，如果保险人对于此类违反法律而引发的风险给予承保，将严重影响社会公共秩序，因此保险人无需承担保险责任。

十二、机动车辆第三者责任险案例分析

【实训背景】

蔡某是挂靠于某运输公司的个体司机，平时主要从事长途运输业务。2010年1月，蔡某向保险公司投保了机动车第三者责任险，责任限额为50万元，保险期限1年。2010年3月，蔡某驾驶保险车辆在运输途中与一辆摩托车相撞，蔡某见摩托车侧翻在地，非常紧张，企图驾车逃逸，但驶出不远由于良心不安，赶紧向保险公司报案，后又返回交通事故的现场，此时发现交警已在现场进行勘察。交警当即扣押了蔡某驾驶的事故车辆，并作出事故责任认定：事故发生后蔡某驾车逃逸，应负全责。后被撞摩托车花费修理费用2万元，蔡某向保险

公司提出索赔，认为本案符合机动车辆第三者责任险的保险责任范围，保险公司应当赔偿。保险公司认为，保险合同中明确约定，保险车辆发生交通事故后肇事逃逸的，保险人不负责赔偿，因此，本次事故造成的损失应由蔡某自行承担。后双方对此分歧较大，蔡某遂将保险公司诉至法院。

【实训任务】

请分组讨论本案的争议焦点并提出本案正确的处理意见。

【案例分析与提示】

本案争议的焦点是对保险合同中“交通肇事逃逸”这一免责条款的适用问题。在保险实务中，被保险人在投保了机动车第三者责任保险后，只要存在交通肇事逃逸的行为，保险公司都会以此为依据拒绝赔偿。尽管机动车第三者责任保险合同的免责条款中明确列明了“交通肇事逃逸”将免除保险人的法律责任，但也不能完全“一刀切”，应当基于公平、对等的原则具体问题具体分析。本案中，虽然蔡某在撞到摩托车后产生了“逃逸”的想法并付诸实施，但很快就认识到这样做的严重后果，并迅速返回事故现场，其行为没有造成事故损失的扩大，也没有影响保险公司对现场的勘察或加重保险公司的义务，因此不应一概适用保险合同中关于交通肇事逃逸的免责条款，保险人应当承担相应的赔偿责任，从而鼓励被保险人在发生交通事故后积极承担法律和社会责任。

教学与训练任务三：企业财产保险理赔实务

企业财产保险是指以投保人存放在固定地点的财产和物资作为保险标的的一种财产保险。企业财产保险是我国财产保险业务的主要险种之一，其常见险别是企业财产保险基本险和综合险。在我国，企业财产保险的适用范围很广，凡具有法人资格的从事生产、流通和服务性活动的独立核算的经济单位均可投保企业财产保险。凡是被保险人所有或与他人共有而由被保险人负责的财产、由被保险人经营管理或替他人保管的财产、其他具有法律上承认的与被保险人有经济利害关系的财产，都可以作为企业财产保险的保险标的。

一、企业财产保险的责任范围

（一）保险责任

1. 企业财产保险基本险的保险责任。保险人主要负责赔偿因火灾、雷击、爆炸、飞行物体及其他空中运行物体坠落等原因造成的保险标的的损失。

2. 企业财产保险综合险的保险责任。在企业财产保险综合险中，保险人的责任比基本险有所扩展，除了承保基本险的责任以外，还负责赔偿因暴雨、洪水、台风、暴风、龙卷风、雪灾、雹灾、冰凌、泥石流、崖崩、突发性滑坡和地面突然塌陷等原因造成的保险标的的损失。

3. 企业财产保险基本险和综合险均可承担的保险责任。在企业财产保险基本险和综合险中，对保险标的的下列损失，保险人也负责赔偿：一是被保险人拥有财产所有权的自用的供电、供水、供气设备因保险事故受损，引起停电、停水、停气以致造成保险标的的直接损失；二是在发生保险事故时，为抢救保险标的或防止灾害蔓延，采取合理的、必要的措施而造成保险标的的损失。另外，在企业财产保险基本险和综合险中，保险事故发生后，被保险人为防止或者减少保险标的损失所支付的必要和合理的费用，保险人也予以负责。

（二）责任免除

1. 企业财产保险基本险的责任免除。保险人对由于下列原因造成保险标的的损失不负责赔偿：

（1）战争及类似战争行为、敌对行为、军事行动、武装冲突、罢工、暴动、恐怖行为、民众骚乱。

（2）被保险人及其代表的故意行为或纵容所致。

（3）核反应、核子辐射和放射性污染。

（4）地震、暴雨、洪水、台风、暴风、龙卷风、雪灾、雹灾、冰凌、泥石流、崖崩、滑坡、水暖管爆裂、抢劫、盗窃。

（5）保险标的遭受保险事故引起的各种间接损失。这项责任也可以通过投保人在投保企业财产保险的基础上，附加投保营业中断保险或利润损失保险的方式予以保障。

（6）保险标的本身缺陷、保管不善导致的损毁；保险标的的变质、霉烂、受潮、虫咬、自然磨损、自然损耗、自燃、烘熔所造成的损失。

（7）由于行政行为或执法行为所致的损失。

（8）其他不属于保险责任范围内的损失和费用。

2. 企业财产保险综合险的责任免除。保险人不负责赔偿由于下列原因造成保险标的的损失：

（1）战争及类似战争行为、敌对行为、军事行动、武装冲突、罢工、暴动、恐怖行为、民众骚乱。

（2）被保险人及其代表的故意行为或纵容所致。

（3）核反应、核子辐射和放射性污染。

（4）地震所引起的一切损失。

（5）堆放在露天或罩棚下的保险标的以及罩棚由于暴风、暴雨所遭受的损失。

（6）保险标的本身缺陷、保管不善导致的损毁；保险标的的变质、霉烂、受潮、虫咬、自然磨损、自然损耗、自燃、烘熔所造成的损失。

（7）由于行政行为或执法行为所致的损失。

二、了解企业财产保险理赔单证材料

当保险标的发生保险责任范围内的损失时，企业财产保险的被保险人按照保险合同的约定向保险人申请赔偿。申请赔偿时被保险人应当提供保险单、财产损失清单、技术鉴定证明、事故报告书、救护费用发票以及必要的账簿、单据和有关部门的证明等材料。各项单证、证明必须真实、可靠，不得有任何欺诈。投保人或被保险人因其欺诈行为给保险人造成损失的应当承担赔偿责任，保险人在收到单证后应当迅速审定、核实，及时赔付。

三、企业财产保险理赔注意事项

（一）赔偿金额的计算

在赔偿处理中，保险人应该按照保险合同的约定履行赔偿责任。由于企业财产保险属于不定值保险，保险标的发生保险责任范围内的损失时，保险人按照保险金额与保险价值的比例承担赔偿责任。企业财产保险的具体赔偿金额的计算方式如下：

1. 全部损失。受损财产的保险金额等于或高于保险价值时，其赔偿金额以不超过保险价值为限；保险金额低于保险价值时，按保险金额赔偿。

2. 部分损失。受损财产的保险金额等于或高于保险价值时，其赔偿金额按实际损失计算；保险金额低于保险价值时，其赔偿金额按保险金额与保险价值的比例计算。

（二）施救费用的赔偿

发生保险事故时，被保险人所支付的必要、合理的施救费用的赔偿金额在保险标的损失以外另行计算，最高不超过保险金额。若受损保险标的按比例赔偿，则该项费用也按与财产损失相同的比例赔偿。

（三）残值处理

保险标的遭受损失后的残余部分，一般按照协议作价折归被保险人，作价折归被保险人的金额也按照合同中的约定，视保险金额与保险标的的保险价值的具体情况，按比例扣除。

（四）代位求偿权的行使

如果保险标的的损失是由第三者造成的，保险人自向被保险人赔偿保险金之日起，在赔偿金额范围内可代位行使被保险人对第三者请求赔偿的权利。

（五）对原保单的批改

如果在保险标的遭受部分损失经保险人赔偿后，保险合同的保险金额相应减少，当投保人或被保险人需恢复原保险金额时，应补交保险费，由保险人出具批单批注。

四、指导企业准备办理财产保险理赔所需单证

【实训背景】

2013 年 11 月 10 日，北京某电子元器件公司为企业的厂房向 A 保险公司投保企业财产综合险，保险金额 280 万元，保险期限为 1 年。保险合同有效期内北京某电子元器件公司发生火灾。现你所在的 A 保险公司，安排你参与处理受灾企业的理赔事宜。

【实训任务】

假设你是 A 保险公司的理赔人员，请指导该企业办理财产保险理赔所需单证。

【实训指导】

企业财产保险理赔办理所需单证：

1. 保险单正本、批单以及保费交纳凭证；

2. 出险通知书；

3. 索赔申请书；

4. 事故证明材料（公安、消防、气象等相关部门的证明或专家鉴定报告、事故现场照片等）；

5. 直接财产损失清单、各项施救、保护、整理费用清单及相关支持材料；根据承保及损失情况提供资产负债表以及明细、固定资产卡片等相应的财务资料；工程保险还须提供设计资料、工程承包合同、施工日志、监理日志、工程预决算书等资料；

6. 权益转让书及相关追偿文件（损失涉及其他责任方时）；

7. 对于特殊案件，经双方共同协商后，被保险人应提供其他所需要的有关资料。

教学与训练任务四：家庭财产保险理赔实务

家庭财产保险是以城乡居民的有形财产为保险标的的一种保险。家庭财产保险为居民或家庭遭受的财产损失提供及时的经济补偿，有利于安定居民生活，保障社会稳定。我国目前开办的家庭财产保险主要有普通型家庭财产保险、家庭财产两全保险、投资保障型家庭财产保险和个人贷款抵押房屋保险。同时，被保险人还可以附加入室盗抢、管道破裂和水渍等特约责任。

一、家庭财产保险的责任范围

（一）保险责任

保险人对存放于保险单列明的地址内的保险财产由于下列原因造成的损失负责赔偿：

1. 火灾、爆炸。

2. 雷击、冰雹、雪灾、洪水、崖崩、龙卷风、冰凌、泥石流、地面突然下陷、突发性滑坡。

3. 空中运行物体坠落，外界物体倒塌。

4. 暴风或暴雨使房屋主要结构（外墙、屋顶、屋架）倒塌。

5. 存放于室内的保险财产，因遭受外来的、有明显痕迹的盗窃、抢劫。

6. 保险事故发生后，被保险人为防止或减少保险财产的损失所支付的必要的、合理的费用。但此项费用的赔偿金额最高不超过保险金额。

（二）责任免除

1. 战争、军事行动或暴力行为。

2. 核子辐射和污染。

3. 电机、电器、电气设备因使用过度、超电压、碰线、弧花、漏电、自身发热等原因造成的本身损毁。

4. 被保险人及其家庭成员、服务人员、寄居人员的故意行为，或勾结纵容他人盗窃，或被外来人员顺手偷摸，或被窗外钩物所致的损失。

5. 堆放在露天的保险财产，以及用芦席、稻草、油毛毡、麦秆、芦苇、帆布等材料为外墙、屋顶、屋架的简陋屋、棚，因暴风、暴雨造成的损失。

6. 保险财产本身缺陷、保管不善、变质、霉烂、受潮、虫咬、自然磨损等造成的损失。

7. 未按要求施工导致建筑物地基下陷下沉，建筑物出现裂缝、倒塌的损失。

8. 地震所造成的一切损失。

9. 被保险人的家属或雇佣人员或同住人或寄宿人，盗窃或纵容他人盗窃保险财产而造成的损失；保险财产在存放处所无人居住或无人看管超过7天的情况下遭受的盗窃损失；因门窗未关致使保险财产遭受的盗窃损失。

10. 其他不属于保险责任范围内的损失。

在家庭财产保险中，很多保险公司根据投保人的需要，通过附加一些特约责任以解决投保人的多样化需求。这些特约责任主要包括：盗抢责任、管道破裂及水渍责任以及第三者责任、家电安全责任等。

二、家庭财产保险理赔所需单证

家庭财产保险理赔所需单证通常包括：①保险单正本；②出险通知书/索赔

申请书；③事故证明材料（公安、消防、气象等相关部门的证明和事故现场照片等）；④财产损失清单、发票和费用单据；施救费用清单和票据；⑤受损财产需评估时，须提供具备资质的机构出具的损失财产技术鉴定书；⑥权益转让书（如涉及追偿）。

三、家庭财产保险理赔注意事项

（一）家庭财产保险的保险金额与保险价值

一般而言，家庭财产保险中的房屋及室内附属设备、室内装潢等财产的保险金额由被保险人根据购置价或市场价自行确定；房屋及室内附属设备、室内装潢的保险价值为出险时的重置价值；个人贷款抵押房屋保险的抵押房屋的保险金额可按照成本价、购置价、市价、评估价、借款额及其他方式由被保险人自行确定，但保险金额不得小于相应的抵押借款本金。

（二）施救费用的赔偿

对于被保险人所支付的必要和合理的施救费用，按实际支出另行计算，最高不超过受损标的的保险金额。若该保险标的按比例赔偿，则该项费用也按相同的比例赔偿。

（三）残值处理

保险标的遭受损失后的残余部分，协议作价折归被保险人，并在赔款中扣除。

（四）代位追偿权的行使

如果保险标的发生保险责任范围内的损失应由第三者负责赔偿的，被保险人应当先向第三者索赔。如果第三者不予赔偿，被保险人应提起诉讼。保险人可根据被保险人提出的书面赔偿请求，按照保险合同予以赔偿，但被保险人必须将向第三者追偿的权利转让给保险人，并协助保险人向第三者追偿。

（五）赔偿后对原保单的处理

保险标的在一个保险年度内遭受部分损失经保险人赔偿后，保险金额应相应减少，其有效保险金额应当是原分项保险金额减去分项保险标的的损失赔偿金额后的余额；如被保险人需恢复保险金额时，应补交相应的保险费，由保险人出具批单批注。保险期限为 3 年、5 年的，下一保险年度，自动恢复原保险金额。

四、家庭财产保险案例分析

【实训背景】

潘某向保险公司投保了 1 年期的家庭财产保险。保险期间内，潘某一家外出，嘱托保姆看家。某日，保姆外出忘记锁门，窃贼乘虚而入，潘某家被盗财物价值近 5000 元。向多位朋友咨询后，形成下面四种意见：

第一种意见：应由保险公司赔偿，保险公司赔偿后无权向保姆追偿。

第二种意见：损失系因保姆过错所致，保险公司不承担赔偿责任。

第三种意见：潘某应当向保险公司索赔，不能要求保姆承担赔偿责任。

第四种意见：潘某只能要求保姆赔偿，不能向保险公司索赔。

【实训任务】

请分组讨论并提出本案正确的处理意见。

【实训指导】

本案涉及财产保险责任的承担问题。

潘某向保险公司投保了1年期的家庭财产保险，且在保险期内发生了保险事故，虽然是第三人引起的，但是保险公司依然负有支付保险金的责任。因此，第二种和第四种意见错误。

另外，潘某一家外出，嘱托保姆看家。潘某与保姆之间形成了保管合同关系，标的物是家中的财产。因保姆的过错导致潘某家财产被盗，保姆虽然不用承担保险法上的保险责任，但是应当承担民法中的违约责任。因此，第三种意见错误。《保险法》第60条第1款规定，因第三者对保险标的的损害而造成保险事故的，保险人自向被保险人赔偿保险金之日起，在赔偿金额范围内代位行使被保险人对第三者请求赔偿的权利。《保险法》第62条规定，除被保险人的家庭成员或者其组成人员故意造成本法第60条第1款规定的保险事故外，保险人不得对被保险人的家庭成员或者其组成人员行使代位请求赔偿的权利。据此可知，本题中保姆属于潘某家庭的其他组成人员，且保姆对保险事故的发生仅存在过失，而非故意，因此，保险公司不得对保姆行使代位请求赔偿的权利。所以，第一种意见正确。

训练项目三：人身保险理赔法律实务

教学与训练任务一：人身保险理赔流程

一、投保人一方报案和提出理赔申请

（一）报　案

保险事故发生后，投保人、被保险人、受益人或者他们的代理人应当向保险公司通知出险情况。我国《保险法》第21条规定，投保人、被保险人或者受益人知道保险事故发生后，应当及时通知保险人。所有的保险合同条款中都规定了发生保险事故后，投保人一方应当通知保险公司。不过，有关及时通知的具体时限，不同的保险种类有不同的时间规定。如中国平安保险公司曾适用的《重大疾病保险条款》第12条规定，投保人、被保险人或受益人应于知道被保险人发生保险事故之日起10日内通知本公司。因不可抗力造成出险通知迟延的，不能视为投保人、被保险人或受益人违反出险通知义务。

一般而言，投保人、被保险人、受益人或者他们的代理人应当按合同约定的时间向保险公司理赔部门履行出险通知义务，可以采取拨打投保公司的客服电话或者直接到保险公司报案等方式。投保人一方在报案时一般应说明如下内容：被保险人姓名、身份证号码（或被保险人出生年、月、日）；投保险种、保险金额、保险期限、保险单号码；事故发生的时间、地点、事故的原因及损害状况，被保险人现状；报案人的联络方式。

保险人接到出险通知后，应立即查对保险单，无论应否赔付，保险人都应编号立案，理赔人员不得对于保险责任作出任何承诺，并应将被保险人姓名、保险单号码、出险的时间、地点、原因以及损失约数等详细记录下来。根据投保人一方报送的出险通知，抄录有关保险单副本和批单一份，以便在查勘前了解承保的有关情况。

《保险法》及一些保险条款虽然没有明确规定逾期通知出险的法律责任，但

逾期通知毕竟是一种违反保险合同的行为，是应当承担一定的法律责任的。在保险实务中，从保险条款有关规定来看，投保人、被保险人、受益人承担的法律后果有两种：一种是被保险人、受益人、投保人因为逾期而增加的成本。保险理赔实践中，保险公司很少仅仅因被保险人或受益人逾期通知出险而拒绝赔偿；一种是投保人一方因为故意或者重大过失未能及时通知出险情况，致使保险事故的性质、原因、损失程度等难以确定的，保险人对于无法确定的部分不承担赔偿或者给付保险金的责任。不过，如果保险事故发生后，投保人等虽未及时履行出险通知义务，但保险人通过其他途径已经及时知道或者应当及时知道保险事故发生的，不论保险人是否及时到现场勘查，保险事故的性质、原因、损失程度虽然难以确定，对无法确定的部分，保险人仍然需要承担赔偿或者给付保险金的责任。

（二）提出索赔申请

投保人、被保险人、受益人或者他们的代理人报案之后，保险公司理赔人员将告知索赔应该提供的证明材料名称及数量，并告知需要提供材料的原件。索赔权利人应当在报案后注意收集所需的证明材料，在合同约定的时间内向保险公司填写人身保险理赔/索赔申请书（见表1），并提供其所能提供的与确认保险事故的性质、原因、损失程度等有关的证明和资料。当然，索赔权利人也可以委托其代理人办理，在具体办理过程中，代理人需要出具索赔权利人的授权委托书（见表2）和身份证明以及代理人本人的身份证明。

人身保险索赔申请人需要提交的一般性资料包括：①保险单正本或其他保险凭证和最后一次缴费凭证；②被保险人和受益人身份证明或户籍证明及受益人与被保险人关系证明；③意外事故证明；④如委托他人办理，需提供授权委托书及受托人身份证明。

根据申请的保险金的不同，所需要提交的资料亦有差异：

1. 申请死亡保险金的，需要提交：①区县级以上公立医院或公安部门、人民法院出具的被保险人死亡证明、户籍所在地公安派出所出具的户籍注销证明、丧葬证明；②如被保险人为宣告死亡，被保险人死亡证明则为人民法院作出的宣告死亡判决书。

2. 申请伤残保险金的，需要提交：①保险公司认可的医疗机构或司法鉴定机构出具的被保险人身体伤残鉴定书；②出院诊断证明或门诊病历。

3. 申请医疗保险金的，需要提交：①县级或二级以上医院出具的入院记录、出院小结、门/急诊病历、诊断证明、特殊检查报告单；②医疗费用发票原件；③住院费用结算明细清单。

4. 申请重大疾病保险金的，需要提交保险公司认可的医疗机构出具的重大疾病诊断书。

5. 申请意外伤害医疗保险金的，需要提交：①区县级以上（含区、县级）医院证明；②门诊诊疗收据，处方和病历；③住院费收据，结算明细表和出院小结。

6. 申请住院补贴保险金的，需要提交县级或二级以上医院诊断证明和出院小结。

保险理赔工作人员收到索赔申请书并清点所需的证明材料后，如果认为有关的证明和资料不完整的，应当及时一次性通知投保人、被保险人或者受益人补充提供，对需要进行伤残鉴定的索赔或者给付请求，保险公司应当提醒投保人、被保险人或者受益人按照合同约定及时办理相关委托和鉴定手续。

【参考样本】

理赔给付申请书

保险单号：

<table>
<tr><td>被保险人</td><td colspan="2">身份证号</td><td>职业</td></tr>
<tr><td colspan="2">单位名称</td><td colspan="2">单位地址</td></tr>
<tr><td colspan="2">住址</td><td colspan="2">邮编</td></tr>
<tr><td colspan="2">理赔沟通联系电话：</td><td colspan="2">领款通知移动电话：</td></tr>
<tr><td colspan="4">申请给付事项
□住院医疗 □住院补贴 □意外医疗
□身故给付 □残疾给付 □重大疾病
□返还保费 □豁免保费 □其他____________</td></tr>
<tr><td colspan="4">是否需要理赔分割单： □是 □否</td></tr>
<tr><td colspan="4">出险经过：
出险时间：__________________出险地点：____________ 出险原因：________________
如因罹患疾病出险请注明初次就诊时间：______________ 初次就诊医院：__________
出险经过及目前结果：</td></tr>
<tr><td colspan="4">注：申请人必须是被保险人本人、投保人（如被保险人为未成年人时）或受益人
申请人（授权人）：
申请日期：</td></tr>
<tr><td>申请人与被保险人关系：</td><td colspan="2">身份证号：</td><td>联系地址、电话：</td></tr>
<tr><td>业务员：</td><td colspan="2">业务员所属部门</td><td>保单发放地点</td></tr>
<tr><td colspan="4">受理人： 日期：</td></tr>
</table>

理赔委托授权书

<table>
<tr><td rowspan="3">委托人</td><td>姓名</td><td></td><td>身份证号</td><td></td></tr>
<tr><td colspan="2">联系方式</td><td colspan="2"></td></tr>
<tr><td>身份</td><td colspan="3">□ 1. 被保险人（或其监护人）
□ 2. 指定受益人（或其监护人）
□ 3. 法定继承人（或其监护人）
□ 4. 其他</td></tr>
<tr><td rowspan="2">受托人</td><td>姓名</td><td></td><td>身份证号</td><td></td></tr>
<tr><td colspan="2">联系方式</td><td colspan="2"></td></tr>
</table>

公司：

现授权__________代表本人到你处代为办理因被保险人_______于_____年_____月_____日发生的保险事故引致的_________________号保险单的一下理赔事项：

□ 1. 递交理赔申请

□ 2. 递交理赔所需相关证明文件

本人选择相应保险金申领方式：

□ 1. 受托人领取现金

□ 2. 本人领取现金

□ 3. 银行划账　开户行：

开户名：

账号：

委托人声明：在办理以上理赔实务过程中，本人所指定的开户行、开户名、账号以及受托人所作的相应文书及签字皆代表本人的真实意思表示，如因本授权不实等原因引致的与本授权书有关的法律后果由本人承担全部责任。

委托人签字：　　　　受托人签字：

年　月　日　　　　年　月　日

二、理赔申请的初步审核

接收投保人一方提交的申请材料后，首先需要按照条款规定及保单项目审核申请人是否具备申请人资格。对于伤残险金、重疾险金、医疗费用险金、医疗补贴险金的申请，无论团体保险还是个人保险，只有被保险人本人有资格申请索赔，如果被保险人死亡后申请，则为被保险人的法定继承人；对于死亡保险金申请，如果有指定的受益人，则由被指定的人申请，如果没有指定受益人或者有《保险法》第42条规定情形的，则由被保险人的法定继承人申请。

其次，审核其他材料。审核内容包括：①是否为保单正本；②出险人是否为保险单上的被保险人；③保险合同是否为有效合同；④被保险人是否在保险有效期内出险；⑤理赔申请是否在保险法规定的时效内；⑥初步审核是否属于保险责任。

经过初步审核，如果发现发生的保险事故不在承保的范围之内，或发现要求赔偿者无权提出此项要求时，保险人就会中断其理赔工作。

保险人在审查各种单证的基础上，应及时派员至出险现场查勘，详细了解损失情况、受损情况及其原因。只有进行实地查勘，掌握第一手证据，才能做出正确的判断，为以后的确定责任及赔偿范围奠定基础。

三、核定保险责任

核定保险责任的期限。《保险法》第23条规定，保险人收到被保险人或者受益人的赔偿或者给付保险金的请求后，应当及时作出核定；情形复杂的，应当在30日内作出核定，但合同另有约定的除外。《人身保险业务基本服务规定》第23条规定，保险公司在收到被保险人或者受益人的赔偿或者给付保险金的请求后，应当在5个工作日内作出核定；情形复杂的，应当在30日内作出核定，但合同另有约定的除外。就该两条规定而言，规定了保险人及时作出核定保险请求并通知被保险人或受益人的义务。保险人在收到被保险人或受益人的赔偿或给付保险金的请求后：其一，如果情形比较简单的，保险人应当在5个工作日内作出核定。其二，如果遇到保险事故引起的案件情形复杂的，也必须在30日之内作出核定。其三，如果当事人另有约定的，则保险人必须在双方约定的时间内将核定结果通知被保险人或受益人。保险人未及时履行前述义务的，除支付保险金外，应当赔偿被保险人或者受益人因此受到的损失。

所谓核定保险责任，是指保险人根据现场勘察的各项记录及理赔申请材料，审核保险责任和赔偿范围，这是理赔工作的主要内容。保险人必须根据事实，认真思考，全面分析，对各项条件逐一进行审核，做出正确的判断。

保险人是否承担赔偿责任，首先，弄清保险事故发生的原因，判断是否属于保险人承保的保险事故；其次，根据保险条款所列举的责任范围和除外责任来确定保险责任。认为不属于保险责任的，可以拒赔或者拒付。《保险法》第43、44、45条规定了保险人不承担保险责任的情形包括以下方面：其一，投保人故意造成被保险人死亡、伤残或者疾病的，保险人不承担给付保险金的责任；其二，以被保险人死亡为给付保险金条件的合同，自合同成立或者合同效力恢复之日起2年内，被保险人自杀的，保险人不承担给付保险金责任，但被保险人自杀时为无民事行为能力人的除外；其三，因被保险人故意犯罪或者抗拒依法采取的刑事强制措施导致其伤残或者死亡的，保险人不承担给付保险金的责任。《保险法》第24条规定，保险人作出核定后，对于不属于保险责任的，应当自作出核定之日起3日内向被保险人或者受益人发出拒绝赔偿或者拒绝给付保险金通知书，并说明理由。

四、损失核算、赔偿给付

在查证损失原因确属责任范围后，还需对给付保险金的数额一一核实，予以赔偿或者给付。关于赔偿或者给付的履行，依据《保险法》第23条的规定，保险人应当与被保险人或者受益人达成有关保险赔偿或者给付金额的协议，并在10日内履行赔偿或给付义务，对履行期限另有约定的应按合同约定进行。

申请人如果对于保险人的工作人员在理赔过程中的不当行为不满，可以向保险公司进行投诉。《人身保险业务基本服务规定》第29条规定，保险公司应当自受理投诉之日起10个工作日内向投诉人做出明确答复。由于特殊原因无法按时答复的，保险公司应当向投诉人反馈进展情况。

实践中，人身保险金的给付方式一般可以选择现金给付、现金支票、转账支票和银行汇款等方式。被保险人或受益人领取保险金时需提供本人身份证明文件。委托他人领取时，领取人需提供被保险人或受益人的委托书、身份证明和领取人身份证明。

实践中，存在将保险金作为被保险人遗产的情况，受益人即为法定继承人。《保险法》第42条有明确规定，被保险人死亡后，有下列情形之一的，保险金作为被保险人的遗产，由保险人依照《中华人民共和国继承法》的规定履行给付保险金的义务：①没有指定受益人，或者受益人指定不明无法确定的；②受益人先于被保险人死亡，没有其他受益人的；③受益人依法丧失受益权或者放弃受益权，没有其他受益人的。

如果存在多个受益人，根据《保险法》第40条的规定，被保险人或者投保人指定数人为受益人的，被保险人或者投保人可以确定受益顺序和受益份额；未确定受益份额的，受益人按照相等份额享有受益权。

如果受益人是未成年人，那么根据《民法通则》第12条的规定，10周岁以上的未成年人是限制民事行为能力人，可以进行与他的年龄、智力相适应的民事活动；其他民事活动由他的法定代理人代理，或者征得他的法定代理人的同意。不满10周岁的未成年人是无民事行为能力人，由他的法定代理人代理民事活动。领取保险金的行为应当由其法定代理人代理。

五、指导客户填写人身保险金给付申请书

【实训背景】

被保险人万方，女，42岁，2001年8月万方的母亲为其投保了E保险公司的终身寿险，保险单号为E0005856978，险种名称为“平安符”终身寿险，保险金额为20万元，受益人为万方的母亲李林。2009年11月，万方在内蒙古驾车因雪天路滑，发生交通意外死亡，现受益人申请理赔。

【实训任务】

假设你是E保险公司的保险理赔工作人员，请你指导受益人万方的母亲填写《人身保险金给付申请书》。

【参考样本】

人身险保险金给付申请书

报案号：

<table>
<tr><td rowspan="3">出险人</td><td colspan="2">姓名：　　　　　性别：　　　　年龄：</td></tr>
<tr><td colspan="2">证件名称：□身份证　□护照　□其他________　　证件号码：________</td></tr>
<tr><td colspan="2">联系地址及邮编：　　　　　　　　联系电话：</td></tr>
<tr><td rowspan="5">申请事项</td><td>保险单号码</td><td>险种名称</td></tr>
<tr><td></td><td></td></tr>
<tr><td></td><td></td></tr>
<tr><td></td><td></td></tr>
<tr><td colspan="2">□身故____元　□残疾____元　□医疗费用____元　□住院补贴____元
□重大疾病____元　□其他：____________元
合计：元</td></tr>
</table>

续表

<table>
<tr><td rowspan="3">申请人</td><td colspan="4">□出险人本人□非出险人本人</td></tr>
<tr><td colspan="4">申请人与出险人关系（重要提示：非被保险人本人申请时，请务必选择其与出险人的关系，填写申请人身份信息，提供真实有效的相关身份证明材料及被保险人授权委托书，否则保险人将不予受理）：
□被保险人指定或同意的受益人 □被保险人之法定继承人 □被保险人之法定监护人或代理人
□被保险人或受益人之受托人 □其他：________
姓名： 证件名称：证件号码：
联系地址及邮编： 联系电话：</td></tr>
<tr><td colspan="4"></td></tr>
<tr><td>领取方式</td><td colspan="4">□转账（为确保您的权益，建议选择银行转账形式领取保险金，并请填写《银行转账授权书》）
□现金 □其他：____________</td></tr>
<tr><td rowspan="4">出险情况</td><td colspan="4">请说明出险时间、地点、出险原因、造成的结果及现状，疾病治疗请说明治疗医院名称、诊断结果、治疗日期、经治医生等信息：</td></tr>
<tr><td colspan="4">是否曾向本公司报案？□是 □否，若是，请注明报案方式：□电话 □传真 □上门 □其他（ ）</td></tr>
<tr><td colspan="4">是否经公安、交警、劳动及卫生部门处理？□是 □否，若是，请提供事故处理证明</td></tr>
<tr><td colspan="4">是否已做尸体解剖或法医鉴定？□是 □否， 若是，请提供解剖或鉴定证明</td></tr>
<tr><td rowspan="3">其他公司投保情况</td><td>公司名称</td><td>1</td><td>2</td><td>3</td></tr>
<tr><td>投保险种</td><td></td><td></td><td></td></tr>
<tr><td>保险金额</td><td></td><td></td><td></td></tr>
<tr><td colspan="5">声明及授权：
1. 本人在本申请书上所填写的内容、所提供的索赔资料均真实有效，没有遗漏、虚假和隐瞒，否则，愿放弃本次申请之一切权利并承担相应的法律责任。
2. 本人谨此授权任何医疗机构、残疾鉴定机构、保险公司、公安、检察院、其他组织或机构，以及一切熟悉被保险人身体健康状况的人士，均可以将被保险人所有与申请理赔有关的资料向中国大地财产保险股份有限公司如实提供。本授权书的复印件亦同样有效。

申请人签名： 申请日期： 年 月 日
（有多位受益人申请时均应签名）</td></tr>
</table>

教学与训练任务二：人寿保险理赔实务

一、人寿保险的含义

人寿保险，是指以人的寿命和身体为保险标的，当被保险人在保险期限内死亡或者生存满合同约定的年龄时，由保险人向被保险人或受益人支付保险赔偿金的商业保险。人寿保险是人身保险的主要类型，在人寿保险中充分体现了保险金额的定额性、保险期限的长期性和保单价值的有价性等与财产保险合同不同的自身特点。同时，由于人的生命是无价的，人寿保险不适用超额保险和代位求偿的有关规定，投保人可以为被保险人同时订立几种人寿保险合同，保险金额总额没有固定限制，如果被保险人的死亡是由第三者所造成的，受益人既可以基于侵权责任关系要求侵权人赔偿，也可要求保险人基于保险法律关系赔偿，保险人不得向侵权第三方行使代位求偿权。

二、人寿保险合同的常用条款

（一）不可抗辩条款

不可抗辩条款，或称不可争条款，是指自保险合同成立之日起经过一定期间（通常是2年），保险人不得以投保人或被保险人违反如实告知义务（包括但不限于欺诈、误告、瞒报、漏告等情况）为由，而主张合同无效或拒绝赔偿。这一条款也适用于因效力中止而复效的保险合同。

随着我国保险业务的发展，增设不可抗辩条款的呼声日益高涨。我国2009年新修订的《保险法》顺应了这一发展需求，在第16条第2、3款中明确规定，投保人故意或者因重大过失未履行前款规定的如实告知义务，足以影响保险人决定是否同意承保或者提高保险费率的，保险人有权解除合同。前款规定的合同解除权，自保险人知道有解除事由之日起，超过30日不行使而消灭。自合同成立之日起超过2年的，保险人不得解除合同；发生保险事故的，保险人应当承担赔偿或者给付保险金的责任。该条款的规定有利于促使保险人积极履行投保人如实告知情况的审查义务，防止保险人侵害被保险人、受益人的情况发生。

（二）年龄误告条款

年龄误告条款是指投保人在投保时申报的被保险人的年龄不真实而应当承担相应的法律后果的条款。在人身保险合同特别是人寿保险合同和健康保险合同中，保险人主要根据被保险人的年龄测算承保风险发生的概率，厘定保险费率。如果投保人在投保时填写的被保险人的年龄是错误的，出于对保险人权益的维护和正常运营的保障，投保人应当承担相应的法律后果。

1. 真实年龄不符合投保条件的年龄误告情况。真实年龄不符合投保条件的情况是指，投保人在投保时填写的被保险人的年龄不真实，且按照其真实年龄保险公司不会承保，对此我国《保险法》第 32 条第 1 款规定："投保人申报的被保险人年龄不真实，并且其真实年龄不符合合同约定的年龄限制的，保险人可以解除合同，并按照合同约定退还保险单的现金价值。"例如某家长为自己的孩子投保了少儿保险，该保险的投保年龄限制为 0 ~ 17 周岁，该家长在投保时填写的孩子年龄为16 周岁，而孩子的实际年龄为18 周岁，对于此种情况，保险公司在审核时一旦发现，则有权解除保险合同，并按照合同约定退还保单现金价值。但此时要注意不可抗辩条款的适用情况，即如果投保人在投保时填写的被保险人的年龄不真实，且按照该真实年龄保险公司不会承保，保险人本来有权解除保险合同，但自合同成立之日起 2 年后保险人才发现年龄误告的，则丧失了合同解除权，如果被保险人发生合同约定的保险事故，保险人应当赔偿。

2. 真实年龄符合投保条件的年龄误告情况。真实年龄符合投保条件的年龄误告情况是指投保人在投保时填写的被保险人的年龄不真实，但该真实年龄符合保险公司的条件，此时保险公司不具有解除合同的权利，但可以根据被保险人的真实年龄调整保险费或者保险赔偿金。由于人身保险的保险费率在制定时通常按照风险概率进行，风险越大费率越高，而年龄越大发生各种风险的几率也随之增加，因此被保险人年龄越大，投保人承担的保险费率也就越高，这就可能出现两种情况：一种情况为投保人填写的被保险人的真实年龄小于其真实年龄，造成投保人本应按照更高的费率缴纳保险费，而实际上投保人少缴了保险费，例如被保险人的实际年龄为50 周岁，投保人在填写投保单时将被保险人的年龄填写为48 周岁，按照我国《保险法》第 32 条第 2 款规定，"投保人申报的被保险人年龄不真实，致使投保人支付的保险费少于应付保险费的，保险人有权更正并要求投保人补交保险费，或者在给付保险金时按照实付保险费与应付保险费的比例支付"。另一种情况为投保人填写的被保险人的真实年龄大于其真实年龄，造成投保人本应按照较低的费率缴纳保险费，而实际上投保人多缴了保险费，例如被保险人的实际年龄为50 周岁，投保人在填写投保单时将被保险人的年龄填写为52 周岁，按照我国《保险法》第 32 条第 3 款规定，"投保人申报的被保险人年龄不真实，致使投保人支付的保险费多于应付保险费的，保险人应当将多收的保险费退还投保人"。

（三）宽限期条款

宽限期条款，或称优惠期条款，是指分期支付保险费的人身保险合同中，投保人在支付了首期保险费后没有按时支付后期保险费，对此情况保险人给予投保人一定时间的优惠的条款。宽限期条款设定的意义在于尽可能避免合同非因投保人的主观意愿而失效，保全保险人业务。在人身保险合同履行期限过程中，难免会出现投保人因一时疏忽、经济周转困难或对保险产品产生认识上的动摇，而暂时没有履行缴费义务的情况，如果此时简单地将保险合同解除，使保险合同失效，则会使投保人已经缴纳的保险费产生损失，同时也不利于保险人维护来之不易的保险业务。因此我国《保险法》第36条规定："合同约定分期支付保险费，投保人支付首期保险费后，除合同另有约定外，投保人自保险人催告之日起超过30日未支付当期保险费，或者超过约定的期限60日未支付当期保险费的，合同效力中止，或者由保险人按照合同约定的条件减少保险金额。被保险人在前款规定期限内发生保险事故的，保险人应当按照合同约定给付保险金，但可以扣减欠交的保险费。"这一规定首先明确了我国人身保险合同的宽限期限为30日或60日，其次明确了宽限期条款的法律后果，即投保人可以在宽限期内随时履行交付保险费的义务，在宽限期内发生保险事故的，保险人应当承担保险责任。如果超过宽限期投保人没有交付保险费的，则保险合同的效力中止，发生保险事故的，保险人有权拒绝赔偿。

（四）复效条款

复效条款是与宽限期条款紧密相关的又一常用条款。保险合同的复效条款是指保险合同的效力中止后，投保人重新提出恢复合同效力的申请，经保险人审核同意后合同效力重新恢复的条款。其前提条件是人身保险合同已过宽限期，投保人仍然没有支付保险费，保险合同效力发生中止，此时赋予投保人申请复效的权利，同样是为了避免保险合同轻易失效，从而保全保险人业务。复效给予被保险人比重新投保更宽限的条件获得原有的保险保障，并且节省费用；而对于保险人而言，复效既有利于维持原有的保费规模和费率稳定，又可以避免新的附加费支出，维持原保单带来的利润。因此，使原保险合同复效是符合投保人和保险人双方利益的最优决策。

（五）自杀条款

自杀条款是指在人身保险合同中，人身保险的被保险人在投保后一定期间内自杀的，保险人不承担保险金的给付义务，仅退还保险单的现金价值；但在法定期间后自杀的，保险人应承担保险责任的条款。我国《保险法》第44条规定："以被保险人死亡为给付保险金条件的合同，自合同成立或者合同效力恢复之日起2年内，被保险人自杀的，保险人不承担给付保险金的责任，但被保险人自杀时为无民事行为能力人的除外。保险人依照前款规定不承担给付保险金责任的，应当按照合同约定退还保险单的现金价值。"

所谓自杀，就是自然人故意结束自己生命的行为。自杀一定是自然人的故意行为，如果不是自身的故意行为导致的生命结束不属于自杀。为了避免自杀者企图通过投保保险的方式为受益人谋取保险赔偿金，防范道德危险的发生，损害保险人的利益，人身保险合同均将自杀行为列为除外责任。从心理学的角度讲，自杀通常是一种短暂的结束生命行为，很少有人从产生自杀的念头到真正实施自杀行为拖延很长一段时间，如果将对并非为图谋保险金的原因而发生的自杀，一律排除在保险责任范围之外，将会影响受益人及其遗属的正常生活，有违保险保障受益人或被保险人遗属的初衷，因此我国《保险法》对自杀行为进行了时限限制，即自合同成立或者复效之日起 2 年内，被保险人自杀的，保险人不承担给付保险金的责任，超过 2 年的保险人应当予以赔偿。

（六）不丧失价值条款

不丧失价值条款，是指投保人有权自主决定处置保险单上的现金价值、保险人应当尊重投保人处置权的条款。所谓保险单的现金价值，是指由投保人缴纳的保险费构成、在扣除了保险人的经营成本后积累的保险责任准备金。保险单的现金价值属于投保人的资产，即使出现投保人、被保险或受益人违约的情形，保险人在行使合同解除权时也不能将保险单的现金价值据为己有，而应当退还保险单的现金价值，其意义在于充分保护投保人、被保险人、受益人的资产权利不因合同效力的改变而丧失。

同时，除了上述保险人解除合同退还保险单现金价值的情形，投保人有权在合同有效期内自主处理保险单的现金价值：其一，投保人有权选择退保，此时保险人应当返还保险单的现金价值；其二，投保人有权不再缴纳保险费，而在保持原有保单的保险责任、保险期限不变的情况下，减少保险金额，将此现金价值作为保险费交纳；其三，投保人有权不再缴纳保险费，而将原保险单改为保险金额不变的死亡保险，保险期限相对缩减，将此现金价值作为变更为死亡保险后的保险费交纳。

（七）保单贷款条款

保单贷款条款是指投保人在急需资金周转却希望继续履行人身保险合同时，可以在保险单具有的现金价值内按照一定比例向保险人质押贷款的条款。这是由保单的资产性决定的。投保人将保险费支付给保险人后，由保险人累积运用并形成保险责任准备金，没有发生保险事故时，这些责任准备金以保险单的现金价值的形式出现。当投保人经济出现暂时困难，急需现金又无其他解决办法时，被逼无奈只好选择退保，这既导致投保人保险单价值的较大损失，也使保险人失去了一个保险客户，对双方都是不利的，因此保险人允许投保人通过向保险人质押贷款的方式灵活处置保险单的现金价值，既帮助投保人解决了经济困难，也维系了保险人的长期业务，是一种双赢的做法。

当然，对于保单质押贷款的行为也不是毫无条件和限制的。首先，投保人贷款的范围不能超过保险单的现金价值，否则保险人可能会因投保人无力偿还贷款而蒙受损失；其次，保单贷款并不是无偿进行的，投保人必须按照双方约定的利息按时归还贷款本息，如果投保人不能按时偿还贷款本息且贷款本息已经超过了保险单的现金价值时，保险人有权解除保险合同，若此前发生保险事故，保险人有权在扣除贷款本息后再支付保险赔偿金；最后，按照以死亡为给付保险金条件的合同所签发的保险单，未经被保险人书面同意，不得转让或者质押。

（八）自动垫交保费条款

自动垫交保费条款是指保险合同生效满一定期限后，若投保人出现没有按期缴纳保险费的情况，保险人有权从保险单的现金价值中支取保险费的条款。自动垫交保费条款与保单贷款条款存在着共同的目的，即不使保险因投保人暂时性的困难而导致保单无效，而是给投保人一个缓冲期，帮助投保人平稳度过困难期，在恢复经济能力后再继续缴纳保险费，从而最大限度的维护保单的效力。与保单贷款一样，自动垫交保费的行为并不是无偿的，需要投保人事后将应当缴纳的保险费及其利息归还保险人，如果应当归还的保险费及其利息超过了保险单的现金价值，则保险人有权解除保险合同，如果在自动垫交保险费期间发生保险事故的，保险人仍然应当承担保险责任，但应当扣除自动垫交的保险费及其利息后再支付剩余的保险金。

三、人寿保险合同的种类

（一）死亡保险合同、生存保险合同和两全保险合同

1. 死亡保险合同。死亡保险合同是指以被保险人的生命作为保险标的，当被保险人死亡时保险人支付保险赔偿金的人寿保险合同。死亡保险合同的主要特征是，“死亡”是保险赔付的必备条件，是只有在被保险人死亡时保险人才赔偿的寿险合同，从而保障被保险人死亡后受益人的基本生活安排。

2. 生存保险合同。生存保险合同是指以被保险人的生命作为保险标的，当被保险人生存至保险合同期满或达到合同约定的年龄时保险人支付保险赔偿金的人寿保险合同。生存保险合同的主要特征是，“生存”是保险赔付的必备条件，是生存至保险合同期满或达到合同约定的年龄时才赔偿的寿险合同，从而为被保险人在年老时提供一定的生活保障。

3. 两全保险合同。两全保险合同，又称生死两全保险合同、生死合险合同，是指被保险人在保险期限内死亡或保险期满时生存，保险人均应承担保险责任的人寿保险合同。两全保险合同是由生存保险和死亡保险合并而成的一个险种，整合了死亡保险和生存保险的保障功能，既能在被保险人发生不幸身故时为其受益人提供经济保障，又能在被保险人生存满一定期限时为被保险人提供基本

的生活保障，且其保险费率低于分别投保生存保险和死亡保险的保险费之和，保障全面充分，是一种性价比较高的保险险种。

（二）年金保险

年金保险是指以被保险人生存为保险金给付条件，在被保险人生存期间或约定的期间内，保险人承担一次或分期给付一定金额保险金的责任，且分期给付生存保险金的间隔不超过 1 年的一种人寿保险。年金保险合同是人寿保险合同的一种，关于人寿保险合同的规定，可以适用于年金保险合同。年金保险合同中事先约定了保险金额和给付期限，保险人应当按照合同的约定给付保险金，而不得擅自变更。这里的“年金”，并非要求此类保险合同的给付期限一定是按年给付，每月、每季或每半年给付一次也无不可，只要事先在合同中约定即可。作为一种特殊的生存保险，年金保险可以保障被保险人在长寿时能够有基本的生活保障，不用为年老体衰、收入减少而担忧，减少生存时间较久的被保险人的后顾之忧。

（三）简易人寿保险

简易人寿保险是指用简易的方法经营人寿保险业务的保险险种，其主要特征是保险金额较低、被保险人无需体检、手续简便、缴费期限短，是一种适合于普通大众的人寿保险合同。简易人寿保险合同的保险费率相对于普通的人寿保险合同略微高一些，主要是由于被保险人无需体检导致风险增大、保险经营成本提高，但由于其可以按照月、半月甚至周缴费，所以不会给投保人造成很大的经济压力。

（四）团体人寿保险

团体人寿保险是指针对某一团体的成员及与其共同生活具有一定依赖关系的家庭成员，保险人使用一张总保险单予以承保的保险合同。这是一种以社会团体为投保人，以该团体成员为被保险人的人寿保险合同。由于是规模化经营，该种保险合同的保险费率较低，且被保障对象无需体检，因此受到很多企、事业单位和组织的认可。

四、如何理解人身保险业务中保险人无代位求偿权

【实训背景】

案例一：初中生蒋某，投保了《学生、幼儿意外伤害保险》，意外伤害保险金额 10 000 元。当蒋某在田地劳作时，被附近靶场内飞出的子弹击伤，花去了各种医疗费用五千余元，这些费用均已由部队全部承担。蒋某此次受伤属于《学生、幼儿意外伤害保险》规定的保险责任。

案例二：某小学投保了《校（园）方责任保险》。2003 年 3 月该小学一千多名学生集体饮用了某乳业有限公司生产的“高乳营养学生豆奶”。当日，部分

学生陆续出现了腹痛、头晕、恶心等症状。发现情况后，学校立即将学生送到当地医院检查治疗。侵害方某乳业有限公司赔偿了全部医疗费用。根据《校（园）方责任保险条款》规定，学校向学生提供的食品、饮用水以及玩具、文具或者其他物品不符合国家和本市的卫生、安全标准的，属于保险责任。

【实训任务】

小组讨论前述两个案例，分析：如果蒋某、某小学向保险公司提出理赔申请，保险公司是否有理由拒赔，为什么？

【实训指导】

《学生、幼儿意外伤害保险》属于人身保险，不适用代位追偿和损失补偿原则，保险公司应当按照保险条款的约定承担保险责任。《校（园）方责任保险》属于财产保险，适用代位追偿和损失补偿原则，保险人有理由拒绝超出实际损失的索赔请求。

五、人身保险理赔过程中自杀条款的适用

【实训背景】

冯某作为投保人为其7岁的儿子在保险公司投保了一款少儿两全保险（分红型），保险金额10万元，身故受益人是冯某自己。保险合同成立1年后，冯某的妻子因家庭矛盾产生轻生念头，携带被保险人冯某的儿子跳河身亡。经过公安部门侦查后确定两人死亡性质是自杀，排除他杀的可能性。事故发生以后，冯某作为受益人向保险公司索赔，保险公司拒绝赔付，冯某遂将保险公司诉至法院。本案的争议焦点为未成年人自杀的是否适用自杀条款。在本案处理过程中，出现两种不同意见：第一种意见认为，被保险人虽然是未成年人，但其应当知道跳河的危险，仍然跟随母亲一起跳河，应该认定为是自杀行为，属于2年内自杀的免责情况，保险公司有权拒赔。第二种意见认为，被保险人是只有8岁的无民事行为能力人，依据其智力发育水平根本无法正确辨别自己行为可能出现的风险，如果换作是一个成年子女完全可能不愿意自杀，同时还将设法挽救母亲的生命。因此，本案不适用于自杀条款，保险公司应该承担赔偿责任。

【实训任务】

请分组讨论，评析上述两种案件处理意见并说明理由。

【实训指导】

建议适用第二种意见，因为被保险人作为未成年人，尚不具有完全民事行为能力，无法辨明是非，在亲生母亲因为家庭矛盾万念俱灰选择结束生命的时候，既无力阻止也无法反抗，在此种情况下不能认定被保险人主观上有结束自己生命的意愿，不构成自杀，因此保险公司应当承担赔偿责任。再如，何某作为投保人与保险公司签订了一份保险金额为20万元的终身寿险合同，被保险人

是何某自己，受益人是其妻子杨某。在保险合同中的责任免除条款中明确约定："被保险人在本合同生效（或复效）之日起2年内自杀，本公司不负给付保险金责任。"后被保险人何某因"话少、呆站、焦愁20天"，被家人送到医院治疗。医生临床诊断，何某患有抑郁症。后何某在保险合同生效半年后自杀。随后，死亡诊断为何某因为抑郁症自杀。何某的妻子杨某作为受益人向保险公司索赔，保险公司以被保险人在保险合同生效后2年内自杀属于免责范围为由拒绝赔偿，杨某遂将保险公司诉至法院。本案的争议焦点是被保险人因精神或者心理方面的疾病所致的自杀是否适用自杀条款。对于此种情况的判断，还是应当回归于对保险合同中"自杀"的界定。自杀必须是被保险人完全自愿结束自己生命的行为，其主观上必须有结束自己生命的强烈意愿，客观上实施了结束自己生命的行为。而抑郁症在医学上解释为一种以持久的心境低落状态为特征的神经症。抑郁症病人情绪低落时常有绝望心情，自杀是抑郁症病理情绪导致的直接后果，但不属于主动剥夺自己的生命，不具有骗取保险金的目的，不应当适用"自杀条款"，因此，保险公司应按合同约定承担保险责任。

教学与训练任务三：意外伤害保险理赔实务

一、意外伤害保险的含义

意外伤害保险是指被保险人在保险期限内遭受意外伤害，造成被保险人伤残或死亡时，保险人应当按照合同约定的金额给付保险金的商业保险。

意外伤害保险虽然属于人身保险的一种，但其不同于人寿保险。首先，人寿保险的风险事故主要与被保险人的年龄、性别、健康状况关系密切，是保险人厘定保险费率、作出承保决定的重要影响因素，保险人适用生命表来厘定保险费率；而意外伤害保险的风险事故主要考虑被保险人的职业和所从事的活动的风险程度，较少受到被保险人的年龄、性别、健康状况的影响，所以保险人厘定意外伤害保险合同的保险费率时主要依据被保险人的工作和其所从事的活动的危险程度，适用损失率来计算。其次，人寿保险合同保险期限一般较长，几年、几十年直至保险人终生；而意外伤害保险合同一般是短期保险，保险期限通常在1年以内（含1年），也有几个月或者几天的短期意外伤害保险。最后，由于人寿保险的保险期限较长，投保人缴纳的保险费形成了保险单的现金价值，使人寿保险具有储蓄性；而意外伤害保险保险期限较短，保险期限内如果发生保险事故，保险人应当按照合同约定赔偿保险金，如果保险期限届满时未发生保险事故，保险合同终止，保险人不退还保费，因而意外伤害保险不具有储蓄性。

二、意外伤害的构成要素

（一）意外伤害必须是由外来发生的保险事故所致的伤害

意外伤害的外来性主要是相对于被保险人身体内部的疾病而言，如果是由于被保险人身体内在的原因造成的身体损伤，不属于意外伤害，保险人不承担赔偿责任，例如被保险人因突发脑溢血引起跌倒而死亡是其内在病因造成的伤害，不属于意外伤害保险合同的保险责任范围，保险人就不负责赔偿；如果是由于被保险人身体以外的原因造成的身体损伤，则属于意外伤害，保险人应当承担相应的保险责任，例如被保险人因交通事故导致死亡、被保险人在游泳过程中溺水身亡等都是由于外部作用而引起的伤害，保险人对此应当承担赔偿或给付保险金的责任。

（二）意外伤害必须是由偶然发生的保险事故所致的伤害

偶然发生的意外事故是指事故的发生及其导致的结果都是偶然的、不为当事人事先能够预料的。因交通事故、飞机坠毁、船舶沉没、跌落山崖、遭遇歹毒袭击等造成的被保险人的伤残或者死亡，都具有明显的偶然性，属于不可预料的意外事故。偶然性是相对于必然性而言的。在正常状态下不会发生的事件称为偶然性事件，正因为正常状态下不会发生，所以被保险人才难以预见。在正常情况下一定会发生、经常会发生或者发生几率很高的事件，被保险人就应该能够预见，而且可以防备，不属于意外事件。

（三）意外伤害必须是由急剧发生的保险事故所致的伤害

急剧性是相对于缓慢发生的事件而言的。意外伤害必须是在较短的时间内由骤然发生的剧烈行为造成的，使得被保险人来不及预见就已经遭受了伤害事实。例如交通事故、火灾、空难等引起的被保险人人身伤亡均属于意外伤害。如果是在较长时间里缓慢发生的事故，比如在沙漠中长时间行走造成的中暑、长期接触粉尘造成的尘肺病，这些都是被保险人可以预见的，一般不认为属于意外伤害。

三、意外伤害保险的责任范围

意外伤害保险合同承保的保险责任是因意外伤害造成的被保险人的死亡、伤残或医疗救治等保险事故，但并非一切因意外伤害导致的保险事故保险人都应当承担保险责任。一般按照保险人是否可以承保划分，可以将意外伤害分为不可保意外伤害、特约保意外伤害和一般可保意外伤害三种。

（一）不可保意外伤害

不可保意外伤害即意外伤害保险合同的除外责任，是指因被保险人违反法律规定或社会公序良俗的行为导致的意外伤害，保险人不予承保。

1. 被保险人在犯罪活动中受到的意外伤害。保险是对守法单位或个人的合法行为提供保障的商业保险行为，这是保险经营的基本前提和基础，只有在被保险人行为合法的基础上保险合同才具有法律效力。犯罪活动具有极强的社会危害性质，为社会大众所愤恨，如果商业保险为犯罪活动中的意外伤害提供保险保障，无异于间接地为这些犯罪行为提供了保护伞，因此被保险人在犯罪活动中所受到的意外伤害保险人一概不予承保。

2. 被保险人在寻衅斗殴中受到的意外伤害。寻衅斗殴是由被保险人故意制造事端挑起殴斗，这种行为造成严重后果时按照一般的治安违法行为处理，不一定构成犯罪，但其严重扰乱了社会秩序，不利于社会的和谐稳定，保险人同样不予承保。但值得注意的是，被保险人在受到他人不法侵害，为维护自己的生命财产安全而奋力反击时造成的意外伤害，属于正当防卫，保险人应当予以承保。

3. 被保险人在醉酒、吸食或注射毒品后发生的意外伤害。被保险人在醉酒、吸食或注射毒品（病毒、海洛因、大麻等）后，酒精或毒品的作用导致被保险人过度兴奋、精神恍惚、难以控制或辨认自己的行为而发生的各种意外伤害，因吸食或注射毒品是违法行为，酗酒是违反社会道德的行为，因此保险人不予以承保。

4. 由于被保险人的自杀行为发生的意外伤害。自杀是指被保险人自主决定结束自己生命的行为。自杀行为是在被保险人神志清醒、有独立思考能力、有行为意识的情况下因主观上希望伤害发生而造成的自我伤害，其不具有意外伤害所属的外来性、偶然性和急剧性的特点，因此不属于意外伤害，保险人不予承保。

（二）特约保意外伤害

特约保意外伤害，是指按照保险经营原理并经风险估测可以承保，但保险人因考虑到保险责任区分、承保能力等因素一般不予承保，只有在经过投保人与保险人双方的特别约定，并另行提高保险费的情况下才予以承保的意外伤害。

1. 战争使被保险人遭受的意外伤害。由于战争何时发生、在何地发生、规模如何都无法预测，保险人没有办法经过科学精算确定保险费率，同时战争发生后经济滑坡、社会动荡，将会产生巨大的承保风险，况且保险人在战争中可能自身难保，受承保能力的限制，保险人对战争造成的被保险人的意外伤害一般不予承保，只有经过特别约定，并另行提高保险费后才予承保。

2. 被保险人在从事剧烈的体育活动、竞技性体育比赛或特别冒险活动中遭受的意外伤害。被保险人在从事登山、跳伞、滑雪、江河漂流、赛车、拳击、摔跤等剧烈的体育活动、竞技性体育比赛或特别冒险活动中，其遭受意外伤害的风险大大高于参加普通活动的风险，受承保能力的限制，保险人对剧烈的体育活动、竞技性体育比赛或特别冒险活动造成的被保险人的意外伤害一般不予承保，只有经过特别约定，并另行提高保险费后才予承保。

3. 核辐射造成的意外伤害。核能源是目前世界上比较经济、清洁、高效的能源，但如果一旦发生核辐射，其造成的危害也将是灾难性的，近些年来世界范围内出现的核泄漏事故已经给我们敲响了警钟。受承保能力和技术水平的限制，保险人对核辐射造成的被保险人的意外伤害一般不予承保，只有经过特别约定，并另行提高保险费后才予承保。

4. 医疗事故造成的意外伤害。医疗事故造成的意外伤害是指在被保险人接受医疗救治过程中因医生的原因造成的伤害事故，包括由医生误诊、药剂师错发药品、检查中忽略了潜伏病痛、手术中错误切除等医疗事故造成的意外伤害等。这些意外伤害更容易发生在少数患有疾病、需要就医治疗的被保险人身上，对于大多数身体健康、无需就医的被保险人而言发生几率较低，因此出于经营稳定的需要，保险人对医疗事故造成的被保险人的意外伤害一般不予承保，只有经过特别约定，并另行提高保险费后才予承保。

（三）一般可保意外伤害

一般可保意外伤害是指在一般情况下保险人可以承保的意外伤害，这里可用排除法界定一般可保意外伤害的范围，即除不可保意外伤害、特约可保意外伤害以外，均属于一般可保意外伤害。

四、意外伤害保险的给付方式

被保险人在保险合同期限内遭受了意外事故，造成自身的死亡、伤残或者需要医疗救治的，保险人应当承担赔偿或给付保险金的责任。这里的保险金主要包括死亡保险金、伤残保险金和医疗费用支出保险金。其中死亡保险金是当事人双方在订立保险合同时明确约定的具体数额，当被保险人发生意外伤害死亡并符合赔付条件时，保险人应当一次性给付受益人死亡保险金；医疗费用支出保险金是保险人根据被保险人受伤后需要医疗救治的具体情况所花费的实际支出进行赔付的保险金，采取“实报实销”的原则（可以扣减相应的免赔额后按比例赔付）。我们重点需要研究一下伤残保险金，因为被保险人的伤残程度不同，导致保险人赔付的伤残保险金也不同，具体的计算方式为：伤残保险金 = 保险金额 × 残疾程度百分率。这里的残疾程度百分率应当由保险人在保险合同中以合同附件的方式明确列明，越详尽越好。下面我们就伤残保险金的赔付情况进行具体分析。

（一）被保险人受到一次伤害，多处致残的情况

若一次意外伤害造成被保险人身体部位多处残废时，保险人按照被保险人

身体各部位残废程度百分比之和计算保险金，但若残废程度百分比之和超过100%，则只按保险金额给付保险金。例如被保险人的保险金额为10 000元，在一次意外伤害中一目永久完全失明，残废程度为50%，同时牙齿缺损5齿以上，残废程度为20%，则按70%计算，保险人赔偿7000元；若该被保险人由于一次意外伤害再造成两上肢永久完全丧失技能，残废程度为100%，并且此次意外伤害致一目永久完全失明，残废程度为50%，则按100%计算，保险人应赔10 000元。

（二）被保险人受到多次伤害，先残后死的情况

若被保险人在保险期限内多次遭受意外伤害，保险方对每次意外伤害造成的残废或死亡均按保险合同中所规定的保险金额给付保险金，但累计给付金额以不超过保险金额为限。例如被保险人的保险金额为10 000元，在保险期内第一次伤害造成一上肢永久残废，给付残废保险金5000元，第二次遭受意外事故造成一拇指完全丧失，给付残废保险金2000元，第三次遭受意外事故死亡，保险人只能给付死亡保险金3000元。

五、意外伤害事故构成要素的判定

【实训背景】

某企业为本企业所有在职的工作人员投保了团体人身意外伤害保险，每人保险金额20万元，保险期限为1年。在保险期限内，该企业会计胡某患急性心肌炎，需手术治疗。在实施手术前医院要求胡某本人签署了手术风险知情书，明确告知了手术存在的相关风险和可能发生的不利后果，在医院进行手术治疗的时候，胡某突然出现心跳过速、呼吸骤停的情况，经医生采取紧急措施使其复苏后，胡某一直处于脑缺氧状态，一个星期后死亡。后胡某的受益人向保险公司要求赔偿。

【实训任务】

请分组讨论并提出上述案件的正确处理意见。

【实训指导】

本案中胡某施行手术是由于急性心肌炎这一疾病，并非是因为意外伤害，且手术前胡某充分了解了手术的风险并同意进行手术。在手术过程中胡某突然出现的风险是医生和胡某本人事先应当预料到的。因此本案被保险人胡某死亡的原因不具有偶然性，不属于意外伤害引发的保险事故，保险公司不必承担赔偿责任。

教学与训练任务四：健康保险理赔实务

一、健康保险的概念

健康保险是指以被保险人的身体健康作为保险标的，保险人在被保险人因疾病、意外事故等所致伤害时产生的医疗费用及相关损失承担赔偿责任的商业保险。健康保险是人身保险的一种，关于人身保险的相关规定及条款均适用于健康保险。但同时，健康保险与人寿保险和意外伤害保险存在着一定的区别。首先，健康保险的保险责任是因疾病或意外伤害导致的被保险人的医疗费用支出和相关损失，当被保险人因疾病或意外伤害导致发生医疗费用支出和相关损失时，保险人应当承担保险责任；人寿保险的保险责任是被保险人的生存或死亡，当被保险人生存满一定期限或达到合同约定的年龄或被保险人死亡时，保险人应当承担保险责任。其次，健康保险适用于被保险人因为疾病或意外事故造成的生理机能的损伤，意外伤害保险适用于被保险人因为意外事故造成的伤残或死亡。

二、健康保险的分类

（一）医疗保险合同、疾病保险合同、失能收入损失保险合同和护理保险合同

根据承保风险的不同，可将健康保险合同划分为医疗保险合同、疾病保险合同、失能收入损失保险合同和护理保险合同。

医疗保险合同是指以医疗保险合同约定的医疗行为的发生为给付保险金条件，为被保险人支出的医疗费用提供保障的保险合同。这里的医疗费用通常指大额医疗费支出，不包括补偿轻微疾病所致的低额医疗费用支出。保险人在医疗给付保险合同中给付的保险金一般包括住院费用、治疗费用、各项检查费用、医疗杂费、手术费用、护理费用和药品费用等。

疾病保险合同是指以被保险人的身体健康作为保险标的，当被保险人发生合同约定的疾病时保险人承担保险责任的保险合同。例如，被保险人罹患合同约定的某种癌症时，保险人应当给付被保险人疾病保险金，用以支付高昂的医疗费用，使其尽快恢复身体健康。

失能收入损失保险合同是指以被保险人的身体健康作为保险标的，当被保险人因疾病或者意外伤害导致丧失工作能力，在某一时期内收入减少或者中断时，保险人承担保险责任的保险合同。例如被保险人因交通事故导致大腿骨折，需要住院治疗半年，在这半年中被保险人因此而产生的误工费用可以由保险人来承担。

护理保险合同是指以被保险人的身体健康作为保险标的，当被保险人因日常生活障碍需要护理而发生相关费用时，保险人承担保险责任的保险合同。

（二）总括医疗保险合同和特定医疗保险合同

根据保险人的保险金给付范围不同，可将健康保险合同划分为总括医疗保险合同和特定医疗保险合同。

总括医疗保险合同是指保险人对于被保险人因疾病支出的各项费用，包括住院费用、治疗费用、各项检查费用、医疗杂费、手术费用、护理费用和药品费用等不加以分项，在保险金额内全部予以支付的保险合同。

特定医疗保险合同是指保险人对被保险人支出的保险费用进行分项，某项保险合同仅针对特定费用项目或特定疾病进行保险赔付，如住院费用保险合同、治疗费用保险合同、手术费用保险合同等。

（三）团体健康保险合同和个人健康保险合同

根据被保险人的人数分类，可将健康保险合同划分为团体健康保险合同和个人健康保险合同。

团体健康保险合同，是指由单位为其在职员工投保的健康保险合同，其中单位为投保人，在职员工为被保险人。目前，我国保险实务中的团体健康保险合同所占比重较大。个人健康保险合同，是指由自然人个人作为投保人投保的健康保险合同。

三、健康保险的保险责任

健康保险合同的保险责任综合性较强，不同的健康保险合同保险人需要承担不同的保险责任。

（一）保险人承担被保险人实际支出的医疗费用的保险责任

1. 普通门诊、急诊医疗费用保险责任。当被保险人因疾病或意外事故受到伤害，需要前往医疗机构的门诊或急诊进行治疗时，保险人应当承担相应的门诊、急诊医疗费用。门诊、急诊医疗费用项目包括挂号费用、检查费用、治疗费用、门急诊手术费用、药品费用、医疗材料费用等。保险人通常在健康保险合同中明确规定每项费用的每次给付限额或者各项费用的最高给付限额，同时规定相应的免赔额或者免赔率。保险人根据被保险人提供的各项费用收据和证明材料，在被保险人实际支出的普通门诊、急诊医疗费用范围内扣减相应的免赔额后承担保险责任，实行有限度的实报实销。

2. 住院医疗费用保险责任。当被保险人因疾病或意外事故受到伤害，需要前往医疗机构住院治疗时，保险人应当承担相应住院医疗费用。住院费用项目主要包括：检查费用、治疗费用、住院手术费用、药品费用、医疗材料费用、病床费用、伙食费用等。保险人通常在保险合同中明确规定从住院第几日起开始承担保险责任，按照每日给付金额乘以给付天数所得总金额给付，并不得超过最高给付限额。

3. 失能收入损失保险责任。当被保险人因疾病或意外事故受到伤害，丧失工作能力以致不能获得正常的收入或者导致收入的减少时，保险人应当按照被保险人的实际收入损失承担保险责任。保险人可以依据被保险人的选择，按月或按周给付被保险人失能收入损失保险金，保险金额根据被保险人的实际收入损失确定，但不能超过最高给付限额。

4. 护理保险责任。当被保险人因日常生活障碍需要护理而发生相关费用时，保险人应当按照被保险人的实际支出承担保险责任。护理保险责任的保险金应当根据被保险人需要护理而发生的实际费用确定，但最高不能超过合同约定的给付限额。

（二）保险人承担一次性给付被保险人保险金的保险责任

1. 重大疾病医疗费用保险责任。当被保险人发生保险合同所列明的重大疾病时，保险人应当按照双方约定的保险金承担保险责任。重大疾病保险合同中，一旦被保险人被确诊罹患合同列明的重大疾病，保险人一次性支付重大疾病保险金，该保险金数额按照双方在合同中约定的保险金额确定，不受医疗费用实际支出数额的限制。

2. 残疾保险金或死亡保险责任。当被保险人因疾病造成伤残或者死亡的，保险人应当按照双方约定的保险金承担保险责任。一旦被保险人因疾病造成伤残或死亡，保险人一次性支付伤残或死亡保险金，该保险金数额按照双方在合同中约定的保险金额确定，不受医疗费用实际支出数额的限制。

四、健康保险的特殊条款

（一）健康保险合同中的疾病条款

健康保险合同作为人身保险合同的一种，人身保险合同中的条款均适用于健康保险合同。同时，健康保险合同的医疗专业性较强，合同涉及很多医学上的专业术语，不具有医学专业知识的普通投保人往往难以理解，这就需要保险人在订立合同时向投保人耐心细致地讲解。在通常情况下，健康保险合同中的“疾病”，包含三个方面的含义：首先，健康保险合同中的疾病必须是由被保险人自身的内在原因造成的。这一内在原因主要体现为被保险人自身的机体免疫能力出现问题，导致疾病的发生。如果是由外来原因造成的机体损伤，属于意外伤害，不属于疾病，对于投保了疾病保险的被保险人而言，很可能得不到保险人的赔偿。其次，健康保险合同中的疾病必须是非先天性的原因所造成的。健康保险合同主要保障被保险人的身体由健康情况转入疾病状态，如果是被保险人由于先天原因导致的身体机能损伤，如先天性耳聋，则不认为是健康保险合同中的疾病，保险人对此种情况不承担保险责任。最后，健康保险合同中的疾病必须是由于非长期的原因造成的。被保险人从出生到死亡往往要经历一个漫长的过程，也是人的机体发育、成熟再转向衰老的过程，这是人生必然要经历的生理现象。在衰老的过程中，如果是因为生理上长存的原因，即人到一定年龄以后出现的衰老现象，如更年期，则不能称为疾病，不受健康保险合同的保障。在保险实务中，经常因对重大疾病条款的理解不同而引发纠纷。

（二）健康保险合同中的等待期条款

所谓等待期，也称观察期、免责期，是指双方当事人在保险合同中约定，在保险合同发生法律效力后保险人不必承担保险责任的一段期限。保险合同生效后，保险人本应立即承担保险责任，但基于健康保险的特殊性，为防止被保险人带病投保情况的发生，保险人并不立即开始承担保险责任，而是按照双方当事人在保险合同中约定的一段时间（时间长短不一，短的只有 3 天，长的可达 180 天），被保险人如果在等待期内因疾病支出医疗费用及收入损失，保险人不用承担保险责任；被保险人在等待期届满后因疾病支出的医疗费用及收入损失，保险人应当承担保险责任。

五、健康保险疾病条款的法律适用

【实训背景】

董某作为投保人向某保险公司投保了重大疾病保险，保险合同中明确了重大疾病的范围及定义，并在注释中对于急性坏死性胰腺炎明确解释为：需进行坏死组织清除、病灶切除或胰腺部分切除的手术治疗。后董某因患“急性坏死性胰腺炎”住院治疗，经医院进行“插管引流”手术后治愈，各项治疗费用总计 3 万元。董某向保险公司索赔，保险公司认为被保险人董某在罹患急性坏死性胰腺炎这一重大疾病后，只有接受保险合同注释中所规定的坏死组织清除、病灶切除或胰腺部分切除的手术治疗所产生的费用，保险公司才会赔付，因此保险公司向董某发出了拒赔通知书，董某遂将保险公司诉至法院。后法院在审理期间，委托相关鉴定机构对董某接受的“胰腺胰床引流术”和保险合同中规定的“胰腺坏死组织清除术”的医学界定进行司法鉴定，鉴定结论为这两种手术都是治疗急性坏死性胰腺炎的手术方式，基于胰腺损伤的具体情况来决定选择哪一种手术方式对患者更为有利。

【实训任务】

请分组讨论并提出上述案件的正确处理意见。

【实训任务】

在重大疾病保险合同理赔纠纷中，保险合同中约定的重大疾病的范围以及对具体疾病的释义成为判定保险公司是否承担赔偿责任的重要依据。本案中，保险合同中明确约定了“急性坏死性胰腺炎”作为一项重大疾病属于保险公司的责任范围，但同时在注释中规定针对该项疾病，只有采用“坏死组织清除、病灶切除或胰腺部分切除”的手术治疗所产生的费用，保险公司才会赔付，从而限定了该项重大疾病的治疗方式。被保险人董某在治疗过程中接受的“胰腺胰床引流术”是否属于保险合同注释中规定的治疗方式成为本案的争议焦点。后经司法鉴定，结论为这两种手术都是治疗急性坏死性胰腺炎的手术方式，基于胰腺损伤的具体情况来决定选择哪一种手术方式对患者更为有利，基于这一鉴定结论应当判定保险公司承担赔偿责任。

训练项目四：模拟保险人代位求偿处理流程

【考评背景】

本案例是经最高人民法院审判委员会讨论通过并发布的指导案例，案由是华泰财产保险有限公司北京分公司诉李志贵、天安财产保险股份有限公司河北省分公司张家口支公司保险人代位求偿权纠纷案。

基本案情：2011 年 6 月 1 日，华泰财产保险有限公司北京分公司（简称华泰保险公司）与北京亚大锦都餐饮管理有限公司（简称亚大锦都餐饮公司）签订机动车辆保险合同，被保险车辆的车牌号为京 A82368，保险期间自 2011 年 6 月 5 日 0 时起至 2012 年 6 月 4 日 24 时止。2011 年 11 月 18 日，陈某某驾驶被保险车辆行驶至北京市朝阳区机场高速公路上时，与李志贵驾驶的车牌号为冀 GA9120 的车辆发生交通事故，造成被保险车辆受损。经交管部门认定，李志贵负事故全部责任。事故发生后，华泰保险公司依照保险合同的约定，向被保险人亚大锦都餐饮公司赔偿保险金 83 878 元，并依法取得代位求偿权。基于肇事车辆系在天安财产保险股份有限公司河北省分公司张家口支公司（简称天安保险公司）投保了机动车交通事故责任强制保险，华泰保险公司于 2012 年 10 月诉至北京市东城区人民法院，请求判令被告肇事司机李志贵和天安保险公司赔偿 83 878 元，并承担诉讼费用。

【考评任务】

学生根据考评案例背景材料提供的背景信息和自行补充的信息，分组设计角色和情境，分别扮演华泰保险公司的理赔人员和亚大锦都餐饮公司的工作人员，根据相关法律规定，完成下列任务：

1. 假设你是华泰保险公司的理赔人员，请根据公司印制的材料，向客户亚大锦都餐饮公司讲解索赔须知，并回答客户提出的相关问题。

2. 假设你是华泰保险公司的理赔人员，请指导客户亚大锦都餐饮公司填写出险通知书，并进行相关理赔提示。

3. 假设你是华泰保险公司的理赔人员，请指导客户亚大锦都餐饮公司填写索赔申请书。

4. 假设你是华泰保险公司的理赔人员，请指导客户亚大锦都餐饮公司提供代为追偿为肇事车辆承保的天安保险公司责任的相关证据材料。

【考评标准】

1. 作为保险公司理赔人员，向客户讲解索赔须知时应当清楚、全面，并准确、耐心地回答客户的问题。

2. 作为保险公司理赔人员，在指导客户填写出险通知书和索赔申请书时，应当耐心、细致，出险通知书的填写应当准确无误。

3. 作为保险公司理赔人员，在指导客户提供代位追偿相关材料时，能够列明需要提供的证据材料清单，包括证据名称和证据内容。

综合训练项目四：保险客户服务法律实务

■ 学习目标

保险客户服务是指保险人在与现有客户及潜在客户接触的阶段，通过畅通有效的服务渠道，为客户提供产品信息、品质保证、合同义务履行、客户保全、纠纷处理等项目的服务及基于客户的特殊要求和对客户的特别关注而提供的附加服务。客户服务是保险公司业务经营重要的内容之一。优质的服务有利于增加客户对保险的了解和认识，缩短保险公司与客户的距离，增强客户的信任感，提高客户的忠诚度，树立保险公司的良好企业形象，提高公司的市场竞争力。本训练项目的学习目标是依照保险客户服务的工作流程，学习客户咨询服务、风险规划与管理服务、接报案、勘查与定损服务、核赔服务、客户投诉与处理服务等基本技能，通过一系列的实际操作训练，掌握客户服务的基本要领，达到能够胜任客户服务工作的要求。

■训练项目一：风险规划与管理实务

风险管理与保险规划是指经济单位通过对风险的识别、衡量和评价，并在此基础上选择与优化组合各种风险管理技术，对风险实施有效控制和妥善处理风险所致损失的后果，以尽量小的成本去争取最大的安全保障和经济利益的行为。“天有不测风云”，所以人们需要对自己的家庭及个人进行风险管理规划，如购买保险来满足自己的安全需要。但投保人往往不具有专业的风险管理知识，需要保险客户服务人员帮助顾客识别风险，并在风险识别的基础上，帮助客户选择风险防范措施，既要帮助他们做好财务规划，又要帮助他们进行风险的防范。

■教学与训练任务一：帮助客户识别风险

风险识别是风险管理的第一步，它是指对企业、家庭和个人尚未发生的、潜在的和客观存在的各种风险，系统地、连续地进行识别和归类，并分析产生风险事故的原因，帮助客户进行风险分析，树立风险防范意识。风险在一定时期和某一特定条件下是否客观存在，存在的条件是什么，以及损害发生的可能性等，都是风险识别阶段应予以解决的问题。

一、风险管理与保险的关系

（一）了解风险与保险的含义

在保险领域中所指的风险为损失发生的不确定性。这种不确定性包括损失发生与否的不确定性和损失程度的不确定性。

保险是一种经济补偿制度，这一制度是对有可能发生的不确定事件进行数理预测以确定费率，并以合同形式，通过收取保险费，建立保险基金，将风险从被保险人转移到保险人，最终实现由多数人来分担少数人损失的目的。

（二）认识风险管理与保险的关系

风险管理与保险之间存在着非常密切的关系，具体表现为：

第一，风险的客观存在是保险产生和存在的自然前提。

第二，风险的发展是保险发展的客观依据。一方面，现代科学技术的发展和应用，给人类带来了更多的新风险。如原子能的应用，出现了核污染及核爆炸的巨大风险。而另一方面，风险的增多对保险也提出了新的更高的要求，因此新的风险因素促使新的险种不断出现。

第三，保险是风险管理的传统有效措施，保险是风险管理的方法之一。

第四，保险是对特定风险的风险管理。保险管理的仅是保险标的的风险，风险管理则是面向个人、家庭、企业团体，甚至于全社会、全人类的所有物质财富、人的生命、有形利益、无形的与长远的利益将可能遭遇到的所有风险。

第五，风险管理的技术影响保险的经营效益。风险管理技术作为非常重要的因素，对保险经营效益产生很大的影响，甚至制约着保险经营效益。例如，对风险识别是否全面，对风险损失的频率和造成损失的幅度估测是否准确，哪些风险可以接受承保，哪些风险不可以承保，保险的范围应有多大，程度应如何，保险的成本与效益的比较等，都制约着保险的经营效益。

二、可保风险的条件

作为一种最为普及的、使用最广泛的风险管理手段，保险不能将各种风险通通予以承保，只有可保风险才可以采取保险的手段进行风险管理。可保风险是指可以保险的风险，即可以采取保险的方法进行经营的风险。可保风险只针对保险人（保险公司）所接受或可向其转移的风险。

从保险经营的角度来分析，并不是所有的风险都可以保险，对客观存在的大量的风险，只有符合一定条件，才能成为保险经营的风险。保险公司对其经营的特殊商品风险是有严格限制的。保险业经过几百年的经营，各国保险人积累了丰富的承保经验，总结出一套可保风险的条件。

（一）风险应当是纯粹风险，而不是投机性风险

纯风险与投机性风险是性质完全不同的风险，它们造成的后果是不同的。就保险行业的承保技术和手段而言，保险公司只承担由纯风险发生导致的损失，即风险一旦发生成为现实的风险事故，只有损失的机会，而无获利的可能。由于投机性风险的发生可能带来获利的机会，所以投机性风险不具有可保性。

（二）风险应当是大量标的均有遭受损失的可能性

可保风险必须是大量的、相似的风险单位都面临的风险，这是由于保险不是赌博，也不是投机，它是以大数定律作为保险人建立稳固的保险基金的数理基础的，只有一个标的或少量标的所具有的风险，是不具备这种基础的。保险标的数量的充足程度关系到实际损失与预期损失的偏离程度，影响保险经营的稳定性。此外，还有一个明显的道理，保险人收取保险费，一定要与他承担的

赔偿责任相适应。保险费过高，被保险人承担不起；保险费过低，保险人无法经营。

（三）风险应当有导致重大损失的可能

风险的发生有导致重大的或比较大的损失的可能性，这种损失是被保险人不愿承担的，才会有保险的必要。如果可能的损失程度是轻微的，就没有参加保险的必要，就不需要通过保险来获取经济保障。此外，保险费不仅包含损失成本，而且包括保险人经营的费用成本。因而对被保险人来讲，将轻微的损失通过保险转嫁给保险人在经济上是非常不合算的，同时也与保险的本质相悖。

（四）风险不能使大多数的保险标的同时遭受损失

这一条件要求损失的发生具有分散性。因为保险的目的是以多数人支付的小额保费赔付少数人遭遇的大额损失。如果大多数保险标的同时遭受重大损失，则保险人通过向投保人收取保险费所建立起的保险资金就根本无法抵销损失。然而，在保险实践中，有些可保风险可能并不完全满足上述条件，如洪水、地震等巨大灾难往往导致多数保险标的同时遭受重大损失。因此，保险人在承保时力求将风险单位分散，这不仅可以避免大多数保险标的同时遭受重大损失，而且可以保证预期的损失与实际的损失相一致，从而保证保险公司的经营稳定性。在保险经营中，通过再保险的方式转嫁一部分风险责任，也能达到力求风险单位分散的目的。

（五）风险必须具有现实的可测性

在保险经营中，保险人必须制定出准确的保险费率，而保险费率的计算依据是风险发生的概率及其所致保险标的的损失概率。这就要求风险具有可测性。如果风险发生及其所致的损失无法测定，保险人就无法制定可靠稳定的保险费率，也难以科学经营，这将使保险人面临很大的经营风险。因此，如果风险缺乏现实可测性，一般不能成为可保风险。

此外，保险人承保的风险必须是偶然的、不可预知的和意外的。偶然的、不可预知的也就是对每一个具体的保险标的来说，事先无法知道它是否会发生损失以及损失的大小。像自然损耗、折旧等必然发生的现象，保险人一般不承保，如果风险肯定不会发生，保险也就没有必要。意外的是指不是由被保险人故意行为所引起的，这就是说，对于被保险人的故意行为或不采取合理预防措施所造成的损失，保险人不予赔偿，非意外风险或属于不可保之列，或属于不赔偿范围。

以上五个可保风险条件是相互联系、相互制约的，确认可保风险时，必须五个条件综合考虑，全面评估，以免发生承保失误。

三、风险识别

加快保险业发展，规范保险市场，一方面要加强保险公司的规范化经营，但是，另一方面保险公司也要帮助客户树立风险防范意识。

（一）帮助客户正确认识保险的作用

保险自出现以来，从最初的仅仅具有经济补偿功能和资金融通功能，发展到目前还具有社会管理功能。经济补偿功能是基本的功能，也是保险区别于其他行业的最鲜明的特征。经济补偿功能最能体现保险业的特色和核心竞争力，具体体现为财产保险的补偿和人身保险的给付两个方面。财产保险的补偿是在特定灾害事故发生时，在保险的有效期和保险合同约定的责任范围以及保险金额内，按其实际损失金额给予补偿。这种补偿既包括对被保险人因自然灾害或意外事故造成的经济损失的补偿，也包括对被保险人依法应对第三者承担的经济赔偿责任的经济补偿，还包括对商业信用中违约行为造成经济损失的补偿。人身保险的保险数额是由投保人根据被保险人对人身保险的需要程度和投保人的缴费能力，在法律允许的情况下，与被保险人双方协商后确定的。具体讲，保险对投保人有以下作用：

1. 转移风险。保险不是保证不发生风险，而是在发生风险时，能够得到帮助和支持，买保险就是把自己的风险转移出去，而接受风险的机构就是保险公司。保险公司接受风险转移是因为可保风险还是有规律可循的。通过研究风险的偶然性去寻找其必然性，掌握风险发生、发展的规律，为众多有危险顾虑的人提供保险保障。

2. 均摊损失。转移风险并非灾害事故真正离开了投保人，而是保险人借助众人的财力，为遭灾受损的投保人补偿经济损失，为其排忧解难。保险人以收取保险费用和支付赔款的形式，将少数人的巨额损失分散给众多的被保险人，从而使个人难以承受的损失，变成多数人可以承担的损失，这实际上是把损失均摊给有相同风险的投保人。所以，保险只有均摊损失的功能，而没有减少损失的功能。

3. 实施补偿。分摊损失是实施补偿的前提和手段，实施补偿是分摊损失的目的。其补偿的范围主要有以下五个方面：

（1）投保人因灾害事故所遭受的财产损失。

（2）投保人因灾害事故使自己身体遭受的伤亡或保险期满应结付的保险金。

（3）投保人因灾害事故依法对他人应付的经济赔偿。

（4）投保人因另方当事人不履行合同所蒙受的经济损失。

（5）灾害事故发生后，投保人因施救保险标的所发生的一切费用。

4. 抵押贷款和投资收益。《保险法》明确规定“现金价值不丧失”条款，客户虽然与保险公司签订合同，但客户有权终止这个合同，并得到退保金额。保险合同中也规定客户资金紧缺时可申请退保金的80%作为贷款。如果客户急需资金，又一时筹措不到，便可以将保险单抵押在保险公司，从保险公司取得相应数额的贷款。

同时，一些人寿保险产品不仅具有保险功能，而且具有一定的投资价值，就是说如果在保险期间没有发生保险事故，那么在到达给付期时，客户所得到的保险金不仅会超过其过去所交的保险费，而且还有本金以外的其他收益。由此可以看出，保险既是一种保障，又兼有投资收益的性质。

（二）帮助客户识别面临的主要风险

1. 人身风险。人身风险包括生命风险（生或死）和身体风险（健康风险、意外风险）。人身风险的发生，将会影响被保险人及其家庭的收入，同时会使被保险人产生应急的现金需求，从中长期看，还会影响既定的理财目标是否能够顺利实现。人身风险在实务中还会细分为以下五类风险：死亡（全残）风险，是指被保险人永久失去生产能力、收入能力的风险；部分残疾风险，是指被保险人丧失部分生产能力和收入能力的风险；重大疾病风险，是指被保险人罹患重大疾病后发生的医疗费用与收入丧失的风险；普通疾病风险，是指被保险人罹患普通疾病后发生的医疗费用与收入丧失的风险；老年风险，是指被保险人在退休时未备足照顾生活与健康的退休金的风险。

2. 财产风险。财产风险是指导致一切有形财产的损毁、灭失或贬值的风险以及经济的或金钱上损失的风险。如厂房、机器设备原材料、成品、家具等会遭受火灾、地震、爆炸等风险；船舶在航行中，可能遭受沉没、碰撞、搁浅等风险。财产损失通常包括财产的直接损失和间接损失两个方面。

3. 责任风险。责任风险则可以细分为四类：个人责任风险，指因过失侵害他人生命、身体或财产（侵权行为）而负担损害赔偿责任的风险；专业责任风险，指因医师、律师、会计师等专业人员执业过失或疏忽造成他人生命、身体或财产损失而负担赔偿责任的风险；产品责任风险，指因产品侵害客户生命、身体或财产而负担损害赔偿责任的风险，多指餐厅等；雇主责任风险，指企业主因疏忽或过失伤害员工生命、身体或财产而负担损害赔偿责任的风险。

4. 信用风险。信用风险是指在经济交往中，权利人与义务人之间，由于一方违约或违法致使对方遭受经济损失的风险。如进出口贸易中，出口方（或进口方）会因进口方（或出口方）不履约而遭受经济损失。

四、认识在风险发生时保险的作用

【实训背景】

案例一：张某和钱某在同一工厂工作，两人是好朋友。2013年5月，张某购买了个人意外伤害保险综合险，保险金额50万元，保险期限1年。其动员好友钱某也购买此款保险产品，毕竟有了保险就多一份保障，但钱某认为自己一直很顺利，不会发生意外，没有购买。不幸的是，2013年8月，张某和钱某所在的工厂发生爆炸事故，造成张某和钱某在内的5名工人当场身亡。由于张某购买了意外伤害保险，其家属得到了保险公司给付的人民币50万元的保险赔偿金；而钱某因为没买过任何保险，其家属只能得到有关部门有限的工伤保险赔偿金和抚恤金。

案例二：吴女士和丈夫经营一家小吃店，供养着一双儿女上学。两个孩子学习成绩都不错，大女儿2011年考上大学，小儿子在读高三。夫妻俩起早摸黑，日子虽然辛苦但也和美。2013年11月初，小儿子偶然发现自己的右大腿处有肿块，住院治疗检查确诊为“恶性肿瘤”需要医疗费用约18万元，这笔医疗费用对于吴女士一家简直可以称为天文数字。吴女士突然想起自己曾于2012年5月为小儿子在平安保险公司投保了少儿综合保险，保险期限10年，保险金额20万元，吴女士立即向保险公司报案。平安保险公司接到报案后，经审核后将保险赔偿金送到吴女士的手中。这笔赔偿款对于这个已经入不敷出的家庭无疑是雪中送炭，也帮助小儿子治好了病。

【实训任务】

根据背景资料分组讨论，每组指派代表说明风险发生时保险的作用。

【实训指导】

任何人在其一生中都有可能遇到意外事故甚至灾难，其后果可能是轻微的，也可能是严重的，严重时，也可能丧失生命，并使家人生活受到影响，甚至使家人丧失生活来源。一旦发生这种情况，就需要得到保障。保险就是一种有效的保障方式。保险虽然不能事先化解风险，但是却能在较大程度上减轻或消除风险事故带来的损害。当风险事故发生时，保险公司的赔偿能给被保险人或受益人经济上的帮助。相比之下，没有购买保险的死难者家属不得不承受精神与经济上的双重打击。

■教学与训练任务二：风险规划实务

通过风险规划，能将生活中无法预料的灾害事故转化为少量的、固定的保费支出，一旦发生承保范围内的灾害事故，就能按保险合同约定的条件及时得到保险赔偿，重新恢复生活和生产，还可以减少家庭收入下降和费用增加等间接损失，保证家庭财务的稳定。同时，保险公司可以通过保险合同的约束和保险费率杠杆调动家庭的防灾、防损的积极性，提高其危险管理意识；或向家庭和企业提供各种危险管理经验，通过承保时的危险调查与分析、承保期内的危险检查与监督等活动，尽可能消除危险的潜在因素，达到防灾防损的目的。

一、准确定位客户保险需求

（一）收集客户的信息资料

收集客户的信息资料是准确了解客户保险需求的基础。其中，家庭客户的信息主要包括：

1. 客户的家庭主体的详细情况，包括客户的年龄、职业、赡养人口等。
2. 客户的消费状况和消费倾向（1 年和长期）。
3. 客户的资产情况，包括收入与负债状况、未来财务需求、资产分配等。
4. 客户可能影响保险支出的财务计划。
5. 客户已经具有的各种保障资源。

（二）帮助客户准确定位保险需求

清楚不同客户的不同需求，设身处地为客户着想。只有这样，风险规划才有针对性并得到客户的认同。

每个家庭的需求不同，每个企业的需求也千差万别，应该针对各项需求的轻重缓急，加以规划，才能满足不同的需求。首先，要从了解客户的相关信息入手，分析客户面临的主要风险，进行识别和风险评价并分析潜在风险区域，通过列举通常的项目风险因素，精确地找到其风险所在，使风险识别更加明晰，帮助客户确定适当的保险种类。其次，对于保额的限度也要有所衡量，保险金额若过高将会造成保费的负担，但若金额过低，可能也会导致保障的不足，所以必须帮助客户决定适当的保险金额。最后，还要衡量客户的能力，决定适当保险费预算，因为每种保险都有它不同的保障功能，而且保险费用的高低也都各有不同。总之，根据客户的情况，帮助客户分析及准确定位其保险需求，才能选择到适合客户的保险商品。

二、为客户选定保险产品

（一）为客户进行家庭保险规划的基本原则

客户参加保险的目的就是为了客户和家庭生活的安全、稳定。从这个目的出发，为客户设计保险规划时应当注意要购买必需的保险产品；要进行适当的产品组合，产品组合会使保险费用更低；要对市场上的同类产品进行比较，寻找客户最需要的最适合的产品。在此基础上要遵循以下原则：

1. 先满足保障需求，后满足投资需求的原则。意外、疾病是人生中最难预知和管控的风险，保险的保障意义很大程度就体现在这两类保险上。所以投保人在经济状况一般的情况下，应先满足意外、疾病类保障需求。在满足基本保障后，如果经济条件许可，也可一并考虑其他险种，比如具有分红功能的保险能够帮助客户合理规划家庭、个人财产。

2. 根据家庭及个人情况量力而为的原则。保险产品分为保障型保险、储蓄型保险以及投资型保险。风险管理的一个基本原则是，重点保障可能对家庭造成巨大损失的风险。如果目前家庭收入有限，暂时无法购买保费较高的终身寿险或其他分红、投资型保险，消费者就可以选择消费型的定期寿险，用以保证在遭遇损失时，有足够的财力作保障。

3. 先投保家长，后投保孩子的原则。交保费的是家长，家庭经济收入主要来源于家长，能给予孩子最好、最全面的呵护和照顾的，还是家长，所以只有家庭支柱获得足够的保障，孩子的风险才可能降低到最小。

（二）家庭保险产品组合

1. 人身保险产品。

（1）死亡的风险。死亡的风险主要是由人寿保险来保障的，人寿保险的标的是人的生命，是当发生保险事故时，保险人对被保险人履行给付保险金责任的一种保险。人寿保险的产品主要有定期寿险、终身寿险、变额寿险、万能寿险和两全保险。

（2）长寿的风险。长寿的风险主要是通过年金保险来保障的。年金保险人在被保险人或年金受领者的生存期或特定时期内按约定金额给付，一般用来向他们提供退休后的退休收入。年金保险的主要产品有：纯粹终身年金、联合年金、最后生存者年金和变额年金。

（3）疾病的风险。主要是通过健康保险来保障。健康保险是以被保险人在保险期间内因疾病不能从事正常工作，或因疾病造成残疾或死亡时由保险人给付保险金的保险。目前健康保险主要产品有：医疗保险、疾病保险、失能保险、长期看护险。

（4）残疾的风险。残疾的风险主要是通过人身意外伤害保险来保障的。人身意外伤害保险是以被保险人遭受意外伤害事故造成死亡或残废为保险事故的人身保险。目前市场上主要有普通意外伤害保险和特种意外伤害保险。

2. 选择、搭配保险产品。

（1）单身期。此时如果财力充足工作风险较大的可以购买一些人寿险，主要是防范因发生不测上演“白发人送黑发人”的悲剧。或者以自己父母养老金缺口为目标，购买一定的定期寿险，受益人为自己的父母，感谢自己父母的养育之恩。

（2）已婚青年期。这个阶段家庭责任逐渐加重，等到有了孩子，肩上的担子就更重了。这个阶段最主要的风险是收入中断。例如，因死亡而收入中断、因意外残疾而收入减少、因疾病而收入减少等。所以，除健康保险和意外伤害保险外，这是最需要寿险的时候。由于保险金额比较高，而需要钱的地方仍然很多。所以此时可以购买保费比较便宜的定期寿险为主。如果财力允许，还可以再补充一些投资连接保险。

（3）已婚中年期。这个阶段，随着年龄增长，事业达到了人生的最顶峰，收入也达到了人生的最高峰。而且孩子基本已经完成学业，逐渐开始独立生活，家庭责任减轻了。此时要开始考虑养老问题。在维持健康保险和意外伤害保险的同时要加大养老保险投入，同时可以减轻人寿保险。

（4）退休老年期。退休之后，如果有比较充足的养老金和财富，则可以安享晚年。养老保险已进入给付期，收入不会中断。此时的重点是关注自己的健康，保险的重点是健康保险，以医疗保险为主。此时人寿保险可以不要了。

（三）企业客户主要险种

企业一揽子保险主要包括如下险种：

1. 企业财产保险。企业财产保险包括企业财产基本险、企业财产综合险和企业财产一切险，主要承保因火灾、自然灾害及意外事故导致的固定资产（成品、半成品的仓储货物；厂房、设备及办公设备等）的损失。

2. 机器损失险。机器损失险主要承保生产机器在运作过程中因意外事故发生的损坏（非自然磨损），一般赔偿时，以机器的折旧并扣残值进行赔偿。该险种一般会要求先买企业财产保险。

3. 利润损失险。利润损失险主要承保因发生意外事故导致停工、歇业造成的企业利润下滑或亏损，该险种一般会要求先买企业财产保险。

4. 公众责任险。公众责任险主要承保因发生事故导致第三方的人身及财产损失。

5. 雇主责任险或团体意外险。主要承保公司员工在工作及生活中因意外造成的医疗费用。一般建议企业投保雇主责任险（该险种主要承保雇主的法律责任，并包含职业病），但保险费率比团体意外险稍高。

总之，企业财产保险比较复杂，需提供相关信息才能准确提供方案。

三、制定风险保障方案[1]

【实训背景】

家庭概况：张先生（27岁）和王小姐（25岁）是刚刚结婚的一对幸福的夫妻。在婚前，夫妻用双方的积蓄，并在父母的支持下，买了自己的房子，目前还有30万贷款。由于刚结婚，手里只有约3万元活期存款。

---

〔1〕 向日葵保险网：http：//quick. xiangrikui. com/case/46723. html，访问日期：2014年3月16日。

收入情况：张先生在某私企做技术员，月收入3500元（税后）；王小姐为北京公交集团某线路售票员，月收入约2200元（税后）；除此之外，张先生每年年底还可拿约1万元奖金。

支出情况：每月固定还房贷1800元，生活支出每月约2000元；另外，每年非生活开销（同事朋友结婚、新年走亲访友等）开支还需5000~10 000元不等。

保险情况：夫妻都只有单位给上的社保，无其他商业保险。

【实训任务】

1. 请根据张先生一家的实际情况，制定家庭资产负债表和家庭收入支出表。

2. 请根据张先生一家的实际情况，分析张先生一家面临的主要风险，制定一份风险保障方案。

【实训指导】

1. 家庭资产负债表：

资产（万元）		负债（万元）	
现金及活期存款		信用卡贷款余额	
定期存款		消费贷款余额	
国债		机动车贷款余额	
其他理财渠道		房屋贷款余额	
债权			
房产		其他债务	
资产总计		负债总计	

2. 家庭收入分析表：

年度收入		收入贡献度	年度支出		占收入比例
张先生年收入			房屋支出		
王小姐年收入			生活支出		
其他渠道收入			其他支出		
年收入合计			年支出合计		

3. 风险保障方案。

按张先生家庭情况来说，首先要考虑的是意外、重疾这两项对家庭经济冲击最大的风险，考虑到家庭的实际保费承受能力，以保障型产品来给夫妻各自15万的长期重疾保障。意外险额度各自40万，以卡单组合的形式实现，保费低，保障高。

家庭现阶段无抚养负担，赡养负担也轻，家庭主要责任在于30万房贷以及收入保障。另外，双方老人虽有退休金，但万一健康状况不好，夫妻也要负担起一部分责任，所以这方面也需考虑进去。在还贷及赡养父母的重大责任期间，各自增加30年定期重疾保障10万。丈夫作为主要经济支柱，增加定期寿险30万，妻子增加定期寿险20万。

■训练项目二：客户投诉处理实务

随着保险客户需求和维权意识的不断提高，作为提供保险服务企业，将不可避免地面对客户投诉。在保险行业竞争越来越激烈的情况下，最大限度地满足客户需求，为客户提供优质服务将是保险行业面临的一项重要工作。要满足客户需求，为客户提供优质服务，保险行业就不得不重视客户投诉。因为客户投诉，既是客户需求的一种体现，也是保险企业在服务上存在不足的体现。处理客户投诉是关系着保险企业的经营与发展、声誉和信誉的一项重要工作。

保险公司各级机构应高度重视客户的抱怨、投诉。通过对客户投诉的处理，应注意发现合同条款和配套服务上的不足，提出改进服务的方案和具体措施，并切实加以贯彻执行。

■教学与训练任务一：正确看待客户投诉

一、客户投诉的原因

作为为客户提供服务的保险公司，面对客户投诉，在了解客户投诉的原因后，应采取有效的措施，消除客户不满。随着经济的发展，我国保险业在短时间内飞快发展，保险公司在经营管理方面存在的问题也日益突出，这些问题成为客户投诉的重要原因。

（一）保险销售人员误导客户

保险门槛低是造成从业人员素质普遍偏低的根本原因。保险公司增员不太注重文化素质、人品行为，只要做得来业务就行。公司过分注重业绩，缺少对员工的业务素质培训，工作人员责任心不强，在销售保险产品时，误导客户。保险产品专业性较强，保险销售人员在向客户销售保险产品时应客观、全面、准确介绍保险产品及保险责任，使客户基于自身的保险需求自愿选择。但在实际销售过程中，部分销售人员由于受自身专业知识限制或出于个人利益考虑，在一定程度上存在着销售误导问题。保险销售人员往往在展业时擅自夸大保险产品的保险责任和职能等等，不利展业的避开不谈或轻描淡写。客户发生保险事故、退保或领取投资收益时，才发现实际情况与销售人员介绍的不一致，遂产生被欺骗的感觉，从而引起客户投诉。

（二）理赔困难

对于大多数保险客户而言，只有在发生保险事故后才能真实感受到保险公司服务的好与坏。在整个保险服务中“理赔难”问题比较突出。事故发生后，在定损过程中，对客户一些合理的、正当的要求考虑得不够，常因估值偏低等问题与客户产生分歧，加重了客户的不满情绪。还有的公司在理赔过程中，不是事先告知客户索赔相关事项，而是在事故发生后拿出种种规定，要求客户补充相关资料，造成客户为理赔手续反复奔走，不仅大大降低了理赔时效，而且也降低了客户满意度，令客户不满。近年来，随着当地承保、异地出险的案件日益增多，有些保险公司仍然实行的是在哪投保、到哪索赔的处理原则，未建立起行之有效的业内客户服务联动机制，造成客户在异地出险后报案难、求助难、事故处置难，不仅给客户带来不便，也一定程度增加了客户的索赔成本。有的保险公司为追求保费规模，不注重业务承保质量，给后期理赔工作造成较大压力，惜赔、人为拖赔、压赔等问题也偶有发生。

（三）缺乏全过程服务的理念

一些保险公司只重视承保理赔服务，忽视保险咨询、风险评估、保险方案设计、承保后的风险防范和管理等在内的全程服务。售后跟踪服务不到位，如成交后业务员很少与顾客主动联系；客户投保后很难找到业务员；对客户家中发生的重大事件缺乏必要的关心和关注；不向客户传递、反馈各种信息；不能妥善处理客户的投诉。部分公司续期收费，尤其是因销售人员变动后造成的“孤儿保单”的续收和服务问题没有得到很好解决，引发各种纠纷。此外，部分公司对客户回访、防灾防损等售后服务工作重视不够，缺乏对服务内容、服务手段等内容的有效“整合”，不能实现保险服务效益的最大化。

二、正确处理客户投诉的重要性

客户投诉是公司与客户沟通的桥梁，保险客户服务人员对客户的投诉应有一个正确的认识。投诉是一个信号，意味着公司服务和管理存在问题。因此，公司及客户服务人员对客户的投诉应给予足够的重视。

（一）正确处理客户投诉有利于维护公司形象

客户对保险公司产品或服务不满，往往是由于服务不规范造成的，如销售人员误导客户、对客户不尽说明义务、理赔不到位等。如果保险公司不能正确处理客户投诉，就会导致客户失去对保险公司的信任。因此，正确处理好客户投诉，规范公司的服务管理，加强对销售人员职业道德、服务理念及业务等方面的培训，提高服务水平，才能恢复客户对保险公司的信赖，维护公司的形象。

（二）正确处理客户投诉有助于公司拓展商机

客户投诉可能反映公司产品或服务存在的问题，仔细研究这些问题，一方面有利于公司纠正经营过程中的问题与失误，另一方面有助于公司开发新的保险产品，拓展商机，在市场竞争中占据优势。因此，公司正确处理顾客投诉，及时解决投诉问题，将大大促进公司改善经营管理、提高服务质量、拓展商机。

（三）正确处理客户投诉有利于留住客户

大部分客户投诉是希望公司提高服务质量，相信公司能够妥善解决他们投诉的问题。正确处理客户投诉，公司不仅能挽留住老客户，还会因为老顾客的宣传带来新的客户。

三、保险代理人误导客户引发客户投诉

【实训背景】

2013年6月8日，投保人王女士在保险代理人李先生的宣传介绍下，向某保险公司购买了两份保费分别为5万元和6万元的终身寿险保险，保险期间均为被保险人终身，交费年限均为20年。2013年12月初，王女士在向保险公司电话询问时得知其购买的保险的交费期限为20年而非李先生所说的3年，王女士认为业务员明显存在销售误导，欺诈客户。第二天，王女士气冲冲地来到保险公司，大吵大闹，向保险公司投诉要求全额退保。保险公司接到投诉后，工作人员热情接待，耐心做王女士的工作，迅速查明情况，并及时做出处理。由于保险公司从接待投诉到处理投诉令王女士非常满意，王女士决定继续投保。

【实训任务】

1. 根据实训背景材料，了解客户投诉的原因。

2. 根据实训背景材料，认识处理客户投诉的重要性。

【实训指导】

1. 本案中王女士投诉的原因是保险公司的代理人李先生在向王女士介绍保险产品时，将20年的交费期限误说为3年，王女士认为李先生在销售过程中误导客户，存在欺诈行为，因此向保险公司投诉。

2. 正确处理的客户投诉，能够及时维护保险公司的形象，同时有助于保险公司提高服务质量、拓展商机，并能留住客户。

■教学与训练任务二：处理客户投诉

一、客户投诉处理的基本要求

投诉是保险公司与客户沟通的桥梁，保险公司客服人员对客户的投诉要有一个正确的认识。客户投诉是一个信号，意味着保险服务和管理存在问题。因此，对客户的投诉应给予足够的重视。正确对待客户投诉，把坏事变成好事。

（一）端正态度

端正态度是处理好客户投诉的基础。端正态度需要克服烦躁情绪、厌恶心理。如果对客户投诉持不在乎甚至是气愤态度，采取回避或蛮横的方式，反而会使矛盾升级，问题更难解决。可能原来只是质询、抱怨，因处理投诉的服务人员的态度而演变为投诉。作为处理客户投诉的服务人员，只有端正态度，发自内心地本着以诚相待的心理，才能处理好客户投诉。

（二）认真倾听

认真倾听有助于问题的解决。客户投诉往往是因为对于公司或销售人员不满，急于找人发泄。发泄之后，他的不满可能会减少很多。在处理客户投诉时，如客户情绪激动，摆事实讲道理都是没用的，因为此时客户根本就听不进去，只是想发泄不满。作为处理投诉的服务人员要认真倾听客户的投诉，给客户一个诉说和发泄的机会。第一件事是应该让对方坐下，倾听客户投诉，等对方情绪平静后再进行沟通。倾听过程中，让自己的表情、动作与对方说话内容保持一致，这样会让客户产生受重视的感觉，大大提高客户的满意度，客户容易稳定情绪。表情、动作与客户诉说内容保持一致主要体现在：用“嗯、哈”来附和客户，表情或惊讶或专注或点头，并伴随着相应的语言，如“是吗?”、“竟然会有这样的事!”等等。与此同时，为了表示客服人员对客户投诉的重视与理解，还要认真记录对方诉说的内容。面对客户投诉，最忌讳的就是客服人员只是面无表情地倾听或打断甚至强行制止客户投诉。这会让客户觉得自己的委屈得不到重视，火气也越来越大。倾听之后，要实事求是地与客户就投诉事宜进行沟通。

（三）及时沟通

及时沟通是解决问题的关键。在沟通过程中，可以将客户的投诉内容及要求进行简单的归纳和整理，然后再与客户进行沟通。例如：“为了使您反映的问题及时得到解决，我和您再确认一下，您刚才的意思是……您认为我理解得对吗？全面吗?”这样一来，可以让客户感受到客服人员对他的重视，客户也会调整自己的情绪，情绪不再像刚投诉时那么激动，有利于问题的解决。

（四）解决问题

客户投诉说明公司在服务管理上可能存在问题，针对客户投诉，找到关键性问题，有针对性地开展工作，通过耐心沟通，化解矛盾。

二、客户投诉处理的操作流程

（一）登记

作为保险公司处理客户投诉的客服人员，当有客户进行投诉时，对客户的基本情况、投诉内容、希望得到的解决结果等一一进行详细记录。

1. 客户电话投诉。对于客户电话投诉，处理客户投诉的客服人员应礼貌接听电话，耐心倾听客户的投诉。当客户采用过激的语言发泄不满时，客服人员应保持冷静，控制自己的情绪，语气平和，用真诚的态度向客户道歉，消除客户不满情绪。对客户投诉过程中没有听清的内容，请客户重复，认真做好投诉记录，告知对方投诉内容已全部记录下来，反映问题会得到及时解决。客户投诉完成，认真整理记录客户投诉内容并输入公司客户投诉管理系统。

2. 客户上门投诉。对于客户上门投诉，客服人员应使用礼貌语言接待客户，认真倾听客户的投诉，记录客户投诉的主要内容。当客户采用过激的语言或采取过激行为发泄不满时，首先控制自己的情绪，态度和蔼，语调平和，努力平息客户的愤怒情绪，然后了解事件经过，对简单投诉如能解决尽量当时解决。不能当场解决的，要告知客户公司解决此类投诉的程序及时间，留下客户的联系方式和地址，以便解决过程中及时与客户沟通和联系。

（二）确认投诉处理部门

根据客户投诉的内容，是销售问题，还是理赔问题，确定解决该投诉的部门，及时提交相关部门解决。

（三）处理

1. 分析客户投诉的原因。客户投诉被移交到相关处理部门后，负责处理客户投诉的工作人员要查明客户投诉的具体原因及造成客户投诉的具体责任人。依据实际情况，参照客户的投诉要求，提出解决投诉的具体方案。

2. 提交主管负责人批示。针对客户投诉问题，主管负责人应对投诉的处理方案及时做出批示。根据实际情况，采取一切可能的措施，尽力挽回已经出现的损失。

3. 实施处理方案。处理客户投诉的客服人员要把处理结果及时通知客户，并注意收集客户的反馈意见。如客户投诉是由于公司工作人员工作失误造成的，依照投诉造成损失的大小，对直接责任人进行处罚。

（四）结案

对投诉处理过程进行分析总结，提出改进存在问题的对策，不断提高客户服务质量和服务水平，降低投诉率。处理客户投诉的服务人员认真填写投诉处理结案报告，把相关资料归档。

三、客户投诉处理的技巧

（一）认真倾听客户投诉

认真倾听是解决客户投诉的前提。作为处理客户投诉的服务人员要认真倾听，做好记录，注意把握客户投诉的要点。待客户投诉诉说完成后，向客户复述他所表达的意思，并虚心询问客户我们的理解是否正确，这样是为了向客户表明你对他的尊重，以及你真诚地想了解问题、解决问题的态度，为解决客户投诉打下良好的基础。

（二）理解客户的感受

作为处理客户投诉的服务人员，要树立理解客户的意识。当接到客户投诉时，对客户在投诉过程中表现出不满、发泄，甚至是愤怒的各种情绪时，要换位思考，认识到客户的这些表现不是对你个人的不满，客户仅是把你当成一个发泄的对象。当客户的利益受到损失时，发泄不满、情绪急躁是不可避免的，作为处理客户投诉的服务人员应始终面带微笑，用专业的知识、耐心的服务、积极的态度解决问题，让客户感受到你理解他的心情、关心他投诉的问题。

（三）立即联系相关部门

对于客户投诉的问题，调查及流转工作应快速跟进，要根据客户投诉的内容，与有关部门取得联系，及时弄清事情的缘由，做出准确的判断，制定解决方案。

（四）及时向客户反馈

处理客户投诉的问题往往会牵涉公司的多个部门，需要让客户等待一段时间才能给客户答复。为了避免客户认为投诉石沉大海、保险公司不负责任，处理投诉的客户服务人员，需要及时向客户反馈事情的最新进展，让客户了解投诉的问题的解决进程，让客户放心。

（五）妥善解决问题留住客户

当客户投诉的问题得以解决后，应当充分把握这一机会，把投诉客户转变成忠诚客户。真诚的道歉，并感谢他购买了公司的产品和我们的服务。努力把每一个客户留住，客户投诉解决的过程实际上是一个争取回头客户的过程。

四、模拟客户投诉处理

【实训背景】

来电人：张某

投保人：吴某

营销员：胡某

投保险种：美满一生年金保险（分红型）

某保险公司接到客户投诉来电。来电人张某称其是保险公司客户吴某的丈夫，张某反映其夫妻二人与保险公司营销员胡某是好朋友。近期张某在家庭信箱中发现保险公司寄送给吴某的续保交费通知书，才得知其太太吴某隐瞒自己，在胡某协助下，为两个孩子投保了两份美满一生年金保险（每份年交保费10 000元，交费期限为5年）。张某认为营销员胡某个人素质极有问题，在完全不理会其家庭收入的情况下引导其太太吴某投保，同时认定胡某的行为是引致其夫妻婚姻破裂的根本原因，要求公司将以上保单作全额退费，否则要与其太太吴某离婚，并且将以上的情况向社会曝光。

【实训任务】

学生分别扮演客户与客服人员，模拟完成客户投诉接待工作。

【实训指导】

1. 确认来电人身份，搜集投保资料，确认投保时是否有存在误导的行为，化被动为主动。

2. 向来电人、营销员及投保人分别了解具体情况，综合分析，以便下一步采取有效的投诉处理方法。

3. 坚持原则，善意、巧妙地回绝客户不合理的要求。

训练项目三：财产保险防灾防损实务

保险公司采用各种防灾减损技术手段，帮助客户建立完善的灾害风险管控机制，切实提高客户灾害预防能力，有效降低灾害发生时客户财产的受灾损失。对承保标的的防灾防损是财产保险客户服务的重要内容。

■教学与训练任务一：认识保险的防灾防损服务

一、了解防灾减损服务的重要性

（一）防灾减损服务的含义

防灾减损服务是指保险人与被保险人对所承保的保险标的采取各种措施，减少或消除风险发生的因素，防止或减少灾害事故所造成的损失，从而降低保险成本，增加经济效益的一种经营活动。

防灾防损，减少社会财富损失，是一项社会性活动。保险防灾与社会防灾都是处理风险的必要手段；都是为了减少损失，达到保护社会已有财富，保障社会安定的目的。所以，保险防灾减损服务也显得尤为重要。

（二）防灾减损服务的重要性

保险企业由于其业务的特殊性，承担的社会责任不同于一般企业。其不同之处在于要帮助投保企业进行风险管理，达到保护社会财产和人民生命安全的目的。保险公司利用自身拥有的风险管理方面的专业人才和方法，以及对客户安全情况的详细了解，开展防灾防损工作，将灾害事故发生频率和损失程度降到最低，从而提高整个社会风险管理意识和水平。作为保险客户服务人员要充分认识到防灾减损的重要性。

1. 预防和减少损失的发生。防灾减损服务最能体现保险业的功能。保险业是经营管控风险的行业，其对风险的认识和预防应该高于一般群体。保险业应该充分发挥其在风险识别和预防方面的优势，努力预防和减少损失的发生。防灾减损功能的发挥，不但能够给保险业带来经济效益，而且还能减少投保企业的损失，从而让未出险客户感受到保险的价值。

2. 节约社会资本。保险防灾防损通过调查分析、检查监督、提供技术支持、采取安全预防措施等多种手段，降低事故率、缩小损失范围，节约社会资本，提高整个社会的经济效益。

3. 有利于社会稳定。做好防灾防损工作，提高社会认识风险、应对风险、控制风险的意识和能力，从而减少事故的发生。这比经济补偿更为重要，更符合保险的精神，有利于社会的和谐与稳定。

4. 防灾防损对保险企业具有十分重要的意义。加强防灾防损工作对保险企业自身经营发展也具有十分重要的意义。对保险企业来讲，赔付率的高低直接关系到保险企业的经营效益。因此，通过加强防灾防损工作，降低保险标的出险率和损失程度是保险企业实现经济效益的重要保障。

二、掌握防灾减损服务的主要内容

（一）加强同社会防灾减损部门的沟通与合作

保险防灾减损作为社会防灾工作的一部分，是社会防灾减损组织体系的一个重要的组成部分，保险公司一方面要注重加强与各专业防灾部门（如消防、安监、气象、防汛、公安交警等）的沟通与合作，积极派人参加各种专业防灾活动，如公安消防部门对危险建筑物的防灾检查、防汛指挥部对防汛措施的落实检查、安监部门进行的安全检查等；另一方面要充分发挥保险公司的信息、技术和人才方面的优势，向社会提供各项防灾减损服务、风险评估服务、事故调查服务、灾情信息服务和安全技术成果推广服务等。只有做到与社会防灾减损部门通力合作；才能提高资源使用效率，扩大保险公司的社会影响。

（二）加强保险防灾减灾的宣传与检查

长期以来，我国的保险覆盖面不宽，百姓的风险防范意识总体还比较淡泊。保险公司应运用各种方式进行防灾减损宣传，向投保人和被保险人宣传防灾减损的重要性，提高安全意识，普及防灾减损知识。在适当的条件下应面向全社会开展防灾减损的宣传工作，如在学生中开展如何应对火灾、地震等紧急状态，如何预防交通事故的伤害等。保险防灾减灾的检查，一般以承保的单位和个人为对象。主要从以下三个方面入手：其一，要积极与防灾主管部门联系与沟通，对投保人或被保险人的风险状况进行检查，提出行之有效的整改建议；其二，配合投保企业的主管部门，根据企业的行业特点，进行有针对性的风险防范检查；其三，聘请专家和技术人员对那些专业性强、技术要求高的投保单位进行重点防灾检查。

（三）及时处理不安全因素和事故隐患

保险公司在承保前应对投保单位进行风险检查与评估，特别是对一些重点防灾企业。通过防灾减损的检查，发现不安全因素和事故隐患，保险公司要及时向被保险人提出整改意见及措施，并在技术上予以必要的指导和帮助，消除事故隐患。同时，在接到重大保险事故报告时，应该迅速赶往事故现场，积极参与救灾抢险，以防灾害进一步蔓延。

（四）积累灾情资料，提供防灾减损技术服务

保险公司除了做好防灾工作以外，还要经常对各种灾情进行调查研究，积累丰富的灾情资料，掌握灾害发生的规律，提高防灾工作的效果。此外，保险公司还应开展防灾减损技术服务活动，帮助事故多发投保人、损失额度大的投保人开展防灾减损的科学技术研究。

（五）保险的防灾防损服务内容

防灾防损是指在财产保险运行过程中，保险人自己采取措施或者促使被保险人采取相应措施，消除或减少风险发生的因素，防止或减少风险损失，降低保险成本，提高经济效益的行为。财产保险的防灾防损，主要包括预防和抑制灾害损失两大措施。

对每一单最基本的承保业务，保险的防灾防损服务至少包含三个方面：一是承保前，完成拟投保财产的风险查勘和评估，并与投保人、被保险人深入交流，提出对保险标的风险情况的认识和考虑；二是承保过程中，根据灾害季节、财产性质等情况通过现场调查，针对性地进行风险评估，向投保人、被保险人提出切实可行的防灾防损建议；三是灾害事故发生后，通过对事故的处理和案情分析，总结提出防范事故再次发生的措施。

三、制作防灾减损建议书

【实训背景】

深圳市7月份是暴雨、台风等自然灾害高发期。前进化工厂位于深圳市，每年汛期发生后，企业都会有不同程度的损失。2014年4月，前进化工厂向太平洋保险公司深圳分公司投保了10年期企业财产险。在接到前进化工厂的投保申请之后，保险公司委派工作人员负责投保企业的防灾减损工作。

【实训任务】

假设你是保险公司委派的工作人员李林，请根据背景材料，结合防灾减损服务，为企业制定防灾防损建议书。

【实训指导】

汛期防灾防损建议书[1]

尊敬的客户：

首先，非常真诚地感谢贵公司对中国太平洋财产保险股份有限公司深圳分公司的信任和支持。作为贵公司企业财产的保险人，我司根据当前深圳市地区的地理、气象灾害特点，结合我司以往承保的经验，给您提供以下防灾防损的一些建议。希望通过这些预防措施，能够有效地防止或减轻自然灾害给贵司带来的损失，能够给贵司营造更安全、更放心的生产环境。

一、企业台风、暴雨应急小组的建立

我们建议贵司在汛期来临前建立好暴雨、台风应急小组，并制定好应急预案。小组由企业决策层成员负责，组织有关部门主管参与，并获取高层管理人员书面委任，以防御和减轻台风、暴雨和洪水引起的人员伤亡和财产损失，尽可能动员员工参与应急计划小组，以提高员工的参与度和重视程度。

应急小组应由总经理或工厂负责人领导，以便树立其权威。应急小组至少包括以下部门人员：高层管理部门；生产管理部门；人力资源部门；工程和维修部门；员工安全环保部门；消防保安部门；财务采购部门；工会。

二、开展汛期应急训练

训练工作包括对所有影响事项的指导，使员工熟悉应急计划，能对计划确定的所有紧急状况做出反应。训练应使他们能做到：

1. 识别影响台风、洪水等致灾天气预报或相关信息；

2. 掌握如何安装防洪门、防洪窗和设置重要的防洪障碍物；

3. 掌握将设备抬高或转移至高处的适当方法；那些不能抬升或转移到高处的高价值设备，掌握其电脑主板拆卸和系统程序及口令的复制保存方法；

4. 掌握主要生产系统尤其是反应装置在紧急情况下的停机操作程序；

5. 检查临时防洪设备，确保其能正常运转。

三、预防暴雨应考虑因素

1. 向当地防汛部门了解工厂所在地是否在泛洪区，所在区域水灾历史记录，以及工厂相对河流、水坝的标高。

2. 熟悉社区紧急撤离路线，水灾发生后应清楚到哪寻找高地。建立报警和撤离程序。制定计划安排员工转移所需交通工具。

---

〔1〕 深圳财产保险优惠网：http：//www. sztpybx. com/show. php? id－89. html，访问日期：2014 年 6 月 1 日。

3. 检查厂内容易遭受水灾的区域，并确认水灾发生后哪些文件记录和设备可以转移到地势更高的地方，并制定水灾中重要文件和设备转移计划。

4. 水灾期间收听水灾警报和紧急警报，获取更多水情、水文信息。

5. 如水灾已经发生或正在发生，应立即提高警惕，准备转移到地势较高的地方；如果被告知要撤退应立即撤退。

6. 暴雨洪水来临前准备好防洪门、防洪窗和其他临时保护措施。

7. 用防水材料如混凝土、砖块等添堵门、窗户和其他通路。这种方法使用的前提是房屋结构必须有足够的强度抵御洪水冲击。

8. 如果厂区内建有非钢筋混凝土结构的建筑（如砖瓦、木结构、铁皮房或铁皮定房）或有未四周合围的仓库，并在这些建筑与仓库内存放有贵重资产或仓储物，请对这些建筑或仓库进行必要的检修、加固甚至改建。风雨来临时，若有必要，请及时对这些资产及仓储物进行转移。

9. 临时用木板、木柱建造两排墙体形成栅栏，然后填充泥土。

10. 安装永久性排水泵。在公用设施、排水设施的管线入口处安装止回阀，以防洪水顺其进入厂房内部。

11. 在厂区安装排水泵加固墙体以抵御外部洪水压力，堵漏墙体以阻止或减少渗透。

12. 在易受水损的设备或工作区域周围建造防水墙。

13. 在重要设备房安装防水墙。考虑所需备用系统：手提式水泵以便及时清除洪水；备用电源（如应急发电机）和汽油机水泵；以电池为电源的应急照明。

14. 如果厂区与外界地面及建筑一楼与楼外地面的高差小于30cm，请为存放在一楼的仓储物设置垫板，并备好沙包等挡水物。

15. 若贵厂建有地下室，并有直接通向外界的通道，那么可视情况设置门槛、台阶等防灌水结构，或准备沙包等挡水物。

16. 请对厂区的排水设施进行定期检查，以确保下水井、排水沟等通畅；应尽量了解排水走向，若排水道通入附近的河湖，则在持续大雨时应关注该河湖的水位是否达到或超过了厂区所在地势，如水位超过本区地势，请做好应对积水的准备。

四、预防台风应考虑因素

1. 询问当地政府应急管理办公室的社区撤离计划。

2. 制定轻型结构办公室或移动式简易办公室内工作人员的撤离计划。

3. 确定工厂紧急切断程序、警报和撤退程序，制定计划安排协助人员撤退所需交通工具。

4. 制定计划保证灾前灾后员工与家庭的通讯联络。

5. 准备设备收听台风警报、紧急警报。

6. 检查全厂设施，制定室外设备、建筑的保护计划。

7. 铁皮厂房屋面加固处理制定窗户保护计划。永久性护窗（专门遮挡风暴用）具有最佳保护效果，备选方案是用防水夹板覆盖窗户。

8. 考虑以下备用设备和场所：手提式水泵；备用电源和汽油机水泵；用电池作为电源的应急照明。

9. 铁皮厂房屋面加固处理，准备转移重要文件、计算机和其他关键物品至厂内和厂外的安全地点。

五、台风和暴雨灾后工作

1. 首先快速检修喷淋灭火系统管路，而后打开控制阀确保消防水的供应。

2. 排除积水、对潮湿区域去湿。

3. 清理屋顶排水管道，防止堵塞造成积水。

4. 清理并干燥重要设备。

5. 抢救那些被浸泡或雨淋的存货。

6. 抓紧动力系统的检修和投入运营。

7. 保存易丢失的设备和原料。

8. 加强保安力量，谨防财产的盗窃与哄抢。

■教学与训练任务二：掌握防灾防损的方法

一、运用法律手段防灾防损

（一）掌握我国保险法关于被保险人应履行防灾减损的义务

我国保险法关于被保险人应履行防灾减损的义务作出了明确规定。《保险法》第51条第3款规定："投保人、被保险人未按照约定履行其对保险标的的安全应尽的责任的，保险人有权要求增加保险费或解除合同。"保险公司销售人员应全面掌握法律规定，在客户购买财产保险时，向客户尽到说明义务，告知客户法律规定，使客户具有防灾减损法律意识。

（二）保险合同条款体现防灾减损精神

保险公司一般通过财产保险合同条款从多个方面来体现防灾减损精神，促使被保险人重视防灾减损工作。例如，在保险合同条款中明确，被保险人有维护保险标的安全的义务，被保险人应当遵守国家有关消防、安全、生产操作、劳动保护等方面的规定。在赔偿条款中规定，保险公司可以通过约定投保人、被保险人不履行防灾减损义务，导致事故发生，保险公司免赔额，防止被保险人在购买保险后产生认为一切交由保险公司负责的错误认识，导致有可能增加被保险标的风险；在保险责任的制定上，注意防止道德风险，对于被保险人的故意行为造成的损失，保险人不承担保险责任；约定投保人、被保险人在保险标的危险增加的情况下履行通知义务；等等。

二、运用经济手段防灾防损

（一）调整保险费率促使投保人重视防灾减损

保险公司通过调整保险费率来促进投保人重视防灾减损活动。对于防灾措施完备的投保人采用优惠费率，以资鼓励；反之，对懈怠防灾，缺乏必要防灾措施的投保人则采用较高的费率，促使其加强防灾。

（二）对未被损害和破坏的财产进行保护和妥善处理

在保险理赔上提出抢救和保护受灾财产的要求，否则保险公司拒绝赔偿。财产保险合同中约定，如果灾害发生在保险责任范围内，投保人、被保险人应尽可能采取必要的措施进行抢救，防止灾害蔓延；未对被损害和破坏的财产进行保护和妥善处理的，保险公司有权拒绝赔偿。

三、运用技术手段防灾防损

保险公司通过设立专门的保险防灾减损部门，运用专业的技术和设备对承保风险进行预测，对保险标的进行监测，研制各种防灾技术和设备以及制定有关的安全技术标准。鉴于对自然灾害的预测预报研究具有公益性和基础性的特征，保险公司加强与社会防灾减损部门、科研机构的合作，把自然灾害预测预报工作作为保险行业可持续发展的重要因素抓紧抓好，以显示保险的社会危险管理功能。

四、运用宣传教育手段防灾减损

加强防灾减损的宣传教育，目的是要投保客户树立防灾减损意识。加强防灾防损工作，不能仅靠保险企业。现在很多投保客户防灾减损意识淡薄，他们认为，投保后就有保障了，不需要再作防灾方面的工作，反正一旦发生损失由保险公司赔付，这种心理无疑增加了保险标的的风险程度。加强防灾减损的宣传教育，提高投保客户防灾减损意识显得尤为重要。通过宣传教育，让客户明白，一旦发生保险事故，即使保险公司的赔付可以弥补直接损失，但由于事故造成的间接损失往往几倍于保险赔偿。甚至，人员的损失是无法弥补的。因此，保险企业应进一步加大防灾减损的宣传力度，采用各种形式，广泛向社会宣传保险的职能和公共安全的重要性，宣传保险法律、法规，引导大家自觉树立防灾减损的意识，认真做好防灾减损工作。

五、被保险人防灾防损费用的承担

【实训背景】

某饲料公司于2012年2月18日将其固定资产、原料及存货等财产向某保险公司足额投保财产保险综合险，保险期限为1年。保险公司签发了保险单，饲料公司按约定交纳了保险费。同年6月2日，饲料公司所在地的县防汛指挥部下达了本地进入防汛紧急状态的通告，通告称：预计6月4日本地水位将达到或超过25.7米，超过历史最高水位，经上级政府批准，实施应急转移方案。该方案要求所有非防汛人员转移，其财产也一律就近转移到安全地区。第二天，保险公司根据此方案，对饲料公司发出《隐患整改通知书》，该通知书督促饲料厂尽快转移财产，并强调如果不按整改意见办理，保险公司将依保险法的规定解除保险合同，并对合同解除前发生的保险事故不承担赔偿责任。保险公司在将整改通知书送达饲料公司的当天，就派人对饲料公司需要转移的原料及存货进行了清点、登记，饲料公司立即雇车将这些物品运送到安全地区。由于当地政府组织及时，饲料公司并未遭受洪水，但饲料公司付出了财产转移费用13万元。汛期过后，饲料公司即向保险公司索赔，遭保险公司拒赔，遂上诉至法院。

【实训任务】

针对以下不同的观点进行分组讨论：

1. 饲料公司认为，财产的转移是根据保险公司的通知而实施的，故开支的13万元财产转移费用应由保险公司承担。

2. 保险公司认为，这笔财产转移费用不属于保险责任范围内的损失，其向饲料公司下达的《隐患整改通知书》是协助饲料公司转移财产，这既是保险公司行使保护国家财产安全的权利，也是饲料公司尽保护国家财产安全的义务，故对该转移费用不予赔偿。

3. 财产转移行为的实施是为了饲料公司和保险公司二者的利益，并由二者共同实施，故双方都应对财产转移费用承担一定的责任。

【实训指导】

防灾防损，既是投保人或被保险人应尽的义务，也是保险公司经营过程中的重要一环。一方面，投保人或被保险人在保险期间必须遵守各有关安全法规，同时在保险期间保险公司提出了防灾防损的建议，均应及时采取，否则由此引起的损失将由投保人或被保险人自己负责。另一方面，保险公司通过采取有效的防灾防损服务措施，既有利于降低自身的赔付率以提高经济效益，又能够减少社会财富的损失或浪费，提高保险的社会效益。

■训练项目四：人寿保险的保全实务

保全服务是保险服务的重要组成部分。做好保全服务，有助于提升保险公司竞争力，对于保险公司具有十分重要的意义。作为保险服务人员要了解保全服务的主要内容、工作流程，掌握保全服务的基本技能。

■教学与训练任务一：提供保全服务

一、保全服务前的准备工作

（一）了解保全服务的含义

“保全”一词在人寿保险实务上有广义和狭义两种。广义的保全服务，是指人寿保险合同生效后，为了维护合同持续有效，保险公司根据合同约定或者投保人、被保险人、受益人的要求而提供的一系列服务。也就是说自人寿保险合同成立时起至终止时止，凡在保险期间内发生的一切事务都可称为保全。狭义的保全仅指合同内容的各种变更、保单错误的更正以及保险金和退保金的给付。

（二）认识保全服务的内容

保全服务是寿险公司最大的服务项目，寿险公司一般都设有专门处理保全业务的职能部门。寿险保全的具体工作内容有：

1. 客户资料变更。保险合同生效后，客户和保险公司经过协商，在不改变保险合同效力和主要保险责任的前提下，变更客户的姓名、出生日期、联系电话、证件名称等。

2. 变更合同内容。保险合同生效后，客户和保险公司经过协商，在不改变保险合同效力和主要保险责任的前提下，可对合同约定内容，如交费方式、交费期间、领取方式、领取年龄等项目的变更以及变更投保人（受益人）、增减保额、增加或取消附加险等。

3. 行使合同权益。寿险公司除提供基本的保险保障以外，为了帮助客户维持合同的效力，增加产品吸引力，更好地为客户服务，一般还会提供涉及保单权益的信息供客户在必要时行使。在实际操作中，保全服务人员需要注意的是，合同权益行使主要有：保单借款、现金价值（红利）利益、自动垫交保费、交清保险、展期保险、险别转换等。

4. 续期收费提醒。续期收费服务包括续期保费收取过程中的续期交费通知、续期保费催交、续期保费划款、保费预交转实收、保费豁免、保费抵交、保险合同效力恢复等。

5. 转移保险关系。客户因住所变动或其他原因，可将保险合同转移到原签单地址以外的其他地址并继续享受保险合同权益、履行合同义务。帮助客户方便快捷转移保险关系。这是寿险公司提高服务质量和增强竞争力的体现。

6. 及时给付保险金。在保险合同有效期内，被保险人生存至保险期满或约定领取年龄、约定领取时间，寿险公司根据合同约定向受益人给付满期保险金或年金。在实际操作中，保全服务人员需要注意的是，这种保险金的受益人一般是被保险人本人或其法定监护人。要及时、准确、方便地为客户提供生存给付服务。生存给付是客户在保险有效期内能得到的保险利益。及时、准确、快捷地为客户提供这种服务，是留住客户、体现公司服务水平的有效途径之一。

二、保全服务的内容

（一）客户资料变更

变更通信地址、联系电话，客户可到保险公司办理，也可拨打公司热线电话，还可登录公司网站或采用客户服务终端系统或直接信函的方式办理。在实际操作中，保全服务人员需要注意的是：客户姓名、出生年月、证件名称的变更，变更姓名只能更正文字，不能更换人，如与登记姓名文字相差很大，则客户需提供当地派出所出具的证明材料。出生年月、证件名称的变更也都需要提供当地派出所出具的证明材料，否则不能变更。

（二）合同内容变更

1. 变更投保人、受益人。在实际操作中，保全服务人员需要注意的是：变更投保人需本人提出，不得委托，并需经被保险人同意或其监护人同意；变更受益人需被保险人及其监护人亲自到保险公司办理。

2. 变更保险金额。如果保险合同中被保险人生存，投保人可以在合同的每年生效对应日的前30日内对保险金额提出书面变更申请。

（1）增加保额。①申请人。申请人为投保人但须有被保险人亲笔签名同意。申请增加后的保险金额必须符合投保规则关于最高保险金额的限制。②申请时间。增加保额的申请时间为，保险合同每届满一定年期的年生效对应日前60日内。③提交材料。增加保额客户需提交《保险合同变更申请书》、保险合同、最近一期交费凭证、投保人身份证明、被委托人身份证明、受托人身份证明。

（2）减少保额。①申请人。申请人为投保人但须有被保险人亲笔签名同意。②申请时间。减少保额的申请时间为保险合同有效期内任意时间，并在交费期内。③提交材料。减少保额客户需提交《保险合同变更申请书》、保险合同、如果有借款则需提供借款凭证、最近一期交费凭证、投保人身份证明、受托人身份证明。

经公司审核同意后，对增加或减少的保险金额以批单的形式注明生效日（如果被保险人已身故，但本公司在不知情的情况下签发了批单，则此次变更亦不生效）。经公司审核不同意的，本合同的保险金额不能增加或减少。

（三）行使合同权益

保单借款与还款。在实际操作中，保全服务人员需要注意的是：

1. 适用于保险合同中有借款约定的保险险种。在保险合同中有借款条款规定，且保险合同在有效期内，投保人以保险合同进行质押，以不超过保险合同规定的最高借款金额向保险公司申请借款。

2. 申请人。申请人为投保人，但须经被保险人（或其法定监护人）签字同意方可。投保人要亲自到保险公司办理，不能委托他人办理。

3. 申请时间。保险合同有效内，且合同生效已满 2 年。

4. 需提交的材料。借款时需提交《借款申请书》、保险合同、最近一次保费交费凭证、投保人身份证明、银行转账领取借款的，需提供账户复印件。特别注意还款可以有受托人，还款时应提交的材料有：受托人身份证明、《借款申请书》、借款时保险公司开具的《付款收据》。

（四）续期收费提醒

在实际操作中，保全服务人员需要注意的是，对客户的续期交费提醒可采用多种方式，可以采用信函通知，也可以采用电话及上门通知。特别注意的是准确掌握客户信函投递地址及邮编；经常主动与客户联系，这些对提高续期收费服务的质量尤为重要。在到期前 30 日内，以信函、电话、短信等方式通知投保人续期缴费。

（五）转移保险关系

在实际操作中，保全服务人员需要注意的是：

1. 申请人。申请人为投保人。养老金类保险如已经进入领取期或已开始领取，保单权益已经转移给被保险人，保险关系转移应由被保险人提出。

2. 申请时间。为保险合同有效期内任意时间。客户可到保险合同签订公司办理，也可到保险合同迁入公司办理。

3. 提交材料。《保险关系转移申请书》、保险合同、最近一次交费凭证，投保人、被保险人的身份证明，受托人身份证明，保险公司要求提供的其他资料；

转入保险关系还需提交资料：《保险关系转移通知书》第一联，《保险关系迁入通知书》。

（六）给付保险金

在实际操作中，保全服务人员需要注意的是：

1. 申请人。申请人为保险受益人，一般为被保险人。

2. 申请时间。申请时间为被保险人生存至约定领取保险年龄后的任何时间均可到保险公司申请。

3. 提交材料。《保险合同变更申请书（付费类）》、生存金受益人身份证明、被保险人的身份证明，受托人身份证明，保险公司要求提供的其他资料。

三、保全服务流程及注意事项

保险公司提供合同保全服务一般经过客户申请、受理初审、经办、复核、单证缮制与清分和日结归档等六个处理阶段。

（一）客户向保险公司提出申请

客户就其持有的保险合同，向保险公司提出变更合同内容、领取生存金、解除保险合同等请求，并按合同约定及保险公司要求提交相关资料。客户备齐所需文件，向保险公司提出变更申请。办理保全时一般应准备的文件包括：保险合同；保全申请书；相关人员身份证件；其他相关证件。客户申请是合同保全服务的开始。在实际操作中，客服人员要特别注意：

1. 申请书不得涂改。办理保全服务申请时，申请书客户须用签字笔或墨水笔填写，不能涂改，如有涂改，客户要加盖印章或签名确认。

2. 投保人、被保险人的亲笔签名。凡需投保人、被保险人签名的文件，均须由投保人、被保险人亲笔签名。如被保险人是未成年人时，须由其法定监护人签字认可；不识字者可以盖右手拇指印代替。

（二）初审受理

受理初审是指保险公司保全人员根据客户提交的申请书和相关资料，判断客户是否有申请权利，申请书填写是否完整、清晰，递交资料是否齐全等，以初步决定是否受理客户申请的过程。

保险公司保全人员根据客户提交的申请书和相关资料，审查客户的申请资格、申请书的填写、申请资料等是否符合要求，以决定是否受理客户申请。保全服务人员在受理客户申请时，需要全面、准确地了解客户的真实意图，这是做好保全服务的前提。保全人员需要掌握受理初审的基本要求：

1. 确定申请人资格。申请变更的内容不同，申请人有所不同。主要有：

（1）变更被保险人的基本信息、职业、领取年龄、领取方式及被保险人重要资料变更、增补健康告知时，申请资格人可以是被保险人。无论投保人还是被保险人申请，必须同时取得另一方的同意。

（2）年金满期金给付、领取形式变更、转增养老金、主险续保的申请资格人应为被保险人。

（3）变更受益人、受益人资料变更的申请资格人为被保险人，投保人在征得被保险人同意后可申请受益人变更、受益人资料变更。

（4）身故受益金与满期金进行的年金转换申请资格人为相关受益人。

（5）签名变更的资格人为原签名资格人，包括投保人、被保险人和受益人。

（6）保单质押银行贷款与清偿的申请资格人是银行的经办人。

（7）如申请资格人为未成年人，必须由其法定监护人申请办理，同时提供监护人身份证明及监护关系证明。

（8）其他保全项目的申请人均为投保人。

2. 确认申请时间。一般情况下，在保险合同有效期申请人可以随时申请保全服务。对于一些保全服务项目的申请时间有特殊要求，保全服务人员要特别注意：

（1）变更缴费期限的申请时间。变更缴费期限的申请时间为保单生效对应日前30日内和宽限期内，分红险种没有此项申请。

（2）变更领取形式、年龄和方式的申请时间。变更领取形式的申请时间是首次领取日后均可；变更领取年龄、领取方式的申请日为首期领取日前的任意时间。

（3）保单质押贷款的申请时间。保险合同中约定可以办理保单质押贷款业务的按照条款约定的时间提出申请。

（4）保单转移的申请时间。保单犹豫期过后的有效期内任意时间均可，宽限期没交费的保单不得办理保单转移。

3. 检查申请资料是否齐备、填写是否正确。

4. 查验相关人员的身份证明，并做如下处理：

（1）如保全服务项目规定，需留存投保人、被保险人等身份证件复印件的（如变更客户姓名、出生日期等，具体参见各章节），申请人须提供投保人、被保险人身份证件原件，经初审人员查验无误后，复印并在复印件上加盖初审人员印章后留存，证件原件退还客户。

（2）如保全服务项目无需留存投保人、被保险人等身份证件复印件的，分两种情况分别处理：①客户登门办理的，须出示本人身份证件及相关人员的身份证件，经初审人员核对，在申请书“保险公司意见”栏内记录证件类别及号码，初审人员盖章后，证件原件退还客户。②客户委托他人办理的，受托人除出示其本人的身份证件外，还须提供投保人、被保险人等相关人员的身份证件，经初审人员核对后，在申请书上“保险公司意见”栏内记录证件类别及号码，初审人员盖章后，证件原件退还客户。

5. 查询保险合同状态。根据保全申请的保险合同号查询保险合同当前状态，决定是否受理客户申请。

6. 若保全项目涉及流转处理，需暂留保险合同及相关资料，应出具资料收取凭证。初审通过后，保全人员按客户申请的保全项目要求收取相关资料，出具《资料交接凭证》，并盖章、签名。《资料交接凭证》一式二联，一联由本公司留存，一联交客户留存，作为客户领回保险合同及相关资料的凭证。

（三）录入保全申请

保全人员录入客户申请资料，并根据客户申请进行保险合同变更处理。经办是合同保全服务的重要环节，保全人员不仅要检查客户提交资料是否与系统数据一致，还要保证经办过程符合合同约定和保险公司的保全规定。

1. 经办的主要内容包括：

（1）录入保全申请信息，核对保险合同内容与录入数据是否一致。

（2）判断保全申请是否需要核保，是否需要补交保费、退还保费等。

（3）在保全申请单上记录保全作业流水号，扫描申请资料，提交下一岗位。

2. 合同保全的处理，按项目不同逐级授权经办。如涉及失效 2 年以上保险合同复效、投保人非正常解约、保险公司解约、相近险种转入等申请，须经具有一定权限者如主管人员核准处理。

（四）复核

保全审核人员认真核查申请资料是否真实、齐备，录入信息是否完整、准确；仔细检查受理、录入操作是否规范，在确保无误的情况下，签署审核意见。

保全复核的主要内容包括：

1. 检查申请资料是否真实、完整，录入信息是否完整、准确；

2. 检查受理、经办操作是否规范、严谨，审核数据计算结果是否正确；

3. 确认保全经办的处理结果，签署审核意见。

（五）保全核保

合同保全处理中，如需要核保部门审核，例如客户性别、出生日期更正、新增附加险、职业变更、有投保人责任的险种变更投保人、补充告知、合同效力恢复等，应在保全复核通过后，提交核保处理。核保完成后再由保全部门根据核保决定继续进行相关处理。

（六）保全收付费

合同保全处理中，如涉及收付费时，须在复核、核保结束后打印交款或领款通知书送达客户，通知其在规定时间内交纳或领取相应款项。

（七）打印、制作批单

保全处理生效后，保全服务人员打印、制作批单。保全人员在打印、制作批单的过程中，要认真审核批单的打印、盖章等每一道程序，确保准确无误。核实批单准确无误的情况下，保全人员应加盖保险公司业务专用章。批单制作完成后送达申请人。

打印、制作批单时应注意以下事项：

1. 每份申请书，只需制作一份批单。《批单》要与申请书一一对应。每份申请书，尽管可能涉及多项保全申请，但只需制作一份批单。

2. 按保全作业流水号生成批单号码。同一处理机构的保全业务，按保全作业流水号生成批单号码。保全作业流水号共22位，构成规则为：4位年度号+6位机构号+4位网点号+1位保存期标志+7位流水号。

3.《批单》在保全处理生效后才可签发。保全人员须在“保险公司签章”处加盖业务专用章。《批单》只有一联，送达申请人。

4. 凡保全项目无需出具《批单》的，可不打印《批单》。但必须在保全申请书的右上角填写保全作业流水号，作为归档依据。

5.《批单》可多次打印，但每次打印时须记录打印次数、打印时间及操作员代码。

（八）资料归档

保全服务人员核对、整理当日所有保全处理资料，打印保全业务日结单，并定期将整理好的业务资料，随同归档清单送交档案管理部门。

每个工作日结束，要按岗位进行日结与内部交接，同时进行当日所有保全项目的日结汇总、外部交接。

（九）保全资料退件的规定

在合同保全的初审、经办、复核等过程中，将客户提交的有关资料及时退还给客户。有关退件的处理规定如下：

1. 在初审过程中产生的退件直接退还给提交人。

2. 在经办、复核过程中产生的退件应通过内部交换、转寄或业务员送达等途径及时退还给客户。

四、模拟办理保险合同受益人变更

【实训背景】

李强，北京众信软件开发有限责任公司经理，2010年7月8日从A保险公司为自己购买保险金额为100万的定期寿险，通过交通银行转账方式交保费，账号为6222600710192836，女儿李新蕊为受益人。现投保人李强想把其妻子王萌增加为受益人，受益人的份额为女儿60%，妻子40%。于是李强前往他投保的保险公司咨询。

【实训任务】

1. 请以实训材料提供的背景信息为主，根据法律规定，分析投保人李强增加其妻为受益人的可行性。

2. 在识别投保人、保险人、被保险人、受益人等保险合同主体的基础上，指导投保人认真填写一份合同变更申请书（对必要的欠缺信息可自行补充）。

3. 请以实训材料提供的背景信息为主，根据法律规定，告知客户办理保险合同变更需要提供的资料。

【参考样本】

保险合同变更申请书

保单号：________投保人：________申请日期：________年________月________日

申请人声明：本人申请以下勾选的变更事项并认可所有申请事项，同时知晓申请事项须经贵公司批准后生效，其生效日以批准文件所载变更生效日为准。本人确认对贵公司提供的文件、各项声明完整准确，可成为贵公司签发保险合同或保险合同批注依据。如上述资料不属实因此影响贵公司决定是否承保或变更保险合同，则签发的保险合同或保险合同批注无效。

请您在申请变更项目前的□或○内打“√”，并在横线中填写所需变更的内容。

<table>
<tr><td>□客户信息更正</td><td>客户角色
○投保人
○被保险人
○受益人</td><td>姓名：________
证件类型：________证件号码：________
性别：○男　○女　出生日期：____年____月____日</td></tr>
<tr><td>□联系方式变更</td><td colspan="2">通讯地址：____________________
邮政编码：________　电子邮箱：________
手机：________　固定电话：________</td></tr>
</table>

续表

<table>
<tr><td>□职业工种</td><td>行业：______职业：______工种：______</td></tr>
<tr><td>□保险期间</td><td>原保险期间：____年____月______日______时 至______年____月______日______时
新保险期间：____年____月______日______时 至______年____月______日______时</td></tr>
<tr><td>□受益人变更</td><td>被保险人姓名：______
受益人姓名　　与被保险人关系　　证件号码　　受益比例
__________　__________　__________　________%
__________　__________　__________　________%
__________　__________　__________　________%</td></tr>
<tr><td rowspan="2">□解除合同</td><td>○撤单　○退保　保单生效日：______年______月______日
申请解除合同原因：○使馆拒签（仅限旅行保险）　○其他______</td></tr>
<tr><td>退款账户信息（户名与投保人一致，请勿使用信用卡）
户名：______账号：______开户行：______</td></tr>
<tr><td>□减少被保险人</td><td>减少被保险人姓名：______　原因：○使馆拒签　○其他 __________</td></tr>
<tr><td>□其他保全项目</td><td></td></tr>
<tr><td colspan="2">为维护您的权益，请勿在未经您填写的空白申请书上签名。
投保人签名：__________　有效身份证件号码：____________
联系电话：____________
被保险人或其合法监护人签名：______________　有效身份证件号码：____________</td></tr>
<tr><td colspan="2">公司填写栏：□申请资料及客户签名均已审核
保全经办人：______　复核人：______　日期：______</td></tr>
</table>

■教学与训练任务二：处理“孤儿”保单

一、处理“孤儿”保单

（一）了解“孤儿”保单及服务内容

“孤儿”保单是指因为原营销人员离职而需要重新安排人员跟进服务的保单。“孤儿”保单服务具体包括保全服务、保单收展服务和全面收展服务3种：

1.“孤儿”保单保全服务。寿险公司成立专门的“孤儿”保单保全部门，专门办理“孤儿”保单续期收费和其他保全工作。

2.“孤儿”保单收展服务。寿险公司设专门的收展部门或设立专门的收展员，并按行政区域负责“孤儿”保单的客户服务工作。

3. 全面收展服务。寿险公司设立专门的收展部门，并按行政区划负责“孤儿”保单及经过一定年限的全部保单的客户服务工作。

（二）处理“孤儿”保单的流程

1. 电话通知客户更换保险代理人。按照训练项目一中接待客户电话咨询的要求，用电话通知客户更换代理人的事宜。首先使用礼貌用语问候客户，然后告知客户原代理人离开公司，公司重新为客户更换代理人；并核对客户与购买保险相关的信息，如：客户姓名、保险种类、保险合同号、原代理人姓名等。与客户沟通后，约定拜访时间。

2. 登门拜访前要做好以下准备：

（1）了解“孤儿”保单形成原因。“孤儿”保单常见于寿险业，这是因为寿险一般合同期限较长，几十年甚至终身的寿险合同非常普遍，由于保险公司代理人流动性很高，因为代理人辞职、被辞退等原因不能再为客户提供服务；有的是因为投保人地址、通讯方式等方面的变更，投保人没有及时与保险公司联系，致使保险客户无法享受服务；这就出现了“孤儿保单”。作为处理“孤儿”保单的服务人员，在登门拜访前，应了解客户“孤儿”保单形成原因。

（2）查明“孤儿”保单的具体情况。作为处理“孤儿”保单的服务人员要查明客户保单的具体情况，主要是确定保单是否在有效期内。如保单已经失效，要查明保单失效时间及原因，是在宽限期内失效还是永久失效。对已失效的保单弄清失效的原因，便于妥善解决失效保单。对于宽限期内失效的保单，可以办理减额交清或尽快复效手续；对于永久失效的保单应尽快办理退保。

（3）对客户持有的保单进行全面分析。随着时间的推移，客户的保险需求也在不断地发生变化，作为处理“孤儿”保单的服务人员接到“孤儿”保单后，应该对客户的个人及家庭情况进行深入细致的了解，适时调整他们的保险规划，使客户的权益得到最大的保证。

3. 登门拜访客户。按与客户约定时间登门拜访。

（1）自我介绍。首先自我介绍，向客户说明你是处理“孤儿”保单的服务人员，客户保单由你负责，双手递上你的名片。

（2）了解、核对保单情况。处理“孤儿”保单的服务人员根据拜访前掌握的客户保单情况，了解客户现有保单情况，确定你掌握的情况是否与客户所述相同，核对保单具体情况。

（3）向客户推介公司新的保险产品。处理“孤儿”保单的服务人员根据拜访前掌握的客户本人及家庭情况，可以向客户介绍公司新的保险产品。观察客户是否感兴趣，如感兴趣可以继续介绍，或与客户约定下次为客户服务的时间。

（4）与客户礼貌道别。谈话结束时，记住让客户在《保险代理人变更通知书》上签字确认。礼貌与客户道别。

二、模拟孤儿保单的处理

【实训背景】

李先生于2012年10月在永安保险公司购买了终身寿险，刚缴纳了1年4000多元的保费，为他服务的保险代理人张先生就辞职不干了。虽然保险公司解释称，他的保单已被送到专门负责维护“孤儿”保单的部门管理，可李先生却一点也不满意。原来的代理人“打保票”只要一个电话就全部帮他搞定，现在刚交完保费，代理人就辞职了，让他产生了“投保易，理赔难”的感觉。现在永安保险公司委派保险代理人孙庆负责这份“孤儿”保单，接替张先生继续为李先生服务。

【实训任务】

分小组模拟，每个小组2位同学，分别扮演客户李先生和负责“孤儿”保单的保险代理人孙庆，模拟上门拜访客户处理“孤儿”保单的流程。

【实训指导】

代理人是投保人和保险公司联系的重要纽带，也是保险客户享受保险服务的主要途径。由于目前保险公司代理人的流动率很高，“孤儿”保单的情况屡有发生。一旦保单成为“孤儿”保单，保险公司要做好“孤儿”保单服务，一旦保险客户的保险合同处于无服务状态会延误续期保费的缴付，影响到保单后续的一些保全变更，甚至会导致一些保险合同的失效，从而使客户的权益受损害。作为保险代理人应服从保险公司的安排，做好“孤儿”保单服务。

在模拟过程中，注意按照处理“孤儿”保单的流程进行，通过模拟达到掌握处理“孤儿”保单的基本流程与技能。

■训练项目五：人身保险客户综合服务

【考评背景】

李先生36周岁，身体健康，年收入税后40万，有社保，其妻子王女士32岁，在家照看刚出生的孩子，不工作，无收入，但有社保。家庭的财务状况是，每月还房贷5000元，车子及其他开销10 000元，每月支出1.5万元。他们想为全家建立全面的保险保障，但面对众多保险产品，不知购买何种险种，遂到保险公司咨询。保险公司的客服人员，接待李先生的咨询，并安排保险代理人张强负责李先生的保险事宜。张强根据李先生一家的实际情况为李先生制定了保险风险规划。后李先生为其和妻子购买了终身健康保险。张强1年后离开了保险公司。2年后，李先生工作发生变化，要求降低保额。

【考评任务】

1. 请以实训材料提供的背景信息为主，模拟客服人员接待李先生的咨询。

2. 请以实训材料提供的背景信息为主，为李先生制作一份保险规划书。

3. 请以实训材料提供的背景信息为主，根据法律规定，分析投保人李先生是否可以申请变更保费。

4. 请以实训材料提供的背景信息为主，指导投保人认真填写一份合同变更申请书（对必要的欠缺信息可自行补充）。

5. 请以实训材料提供的背景信息为主，根据法律规定，告知客户办理保险合同变更需要提供的资料。

【考评标准】

1. 学生是否掌握客户咨询服务技能，接待客户是否热情、服务是否周到。

2. 学生是否能够根据客户实际情况及需求进行分析、制作保险规划。

3. 学生是否理解法律对变更合同的规定，能否根据法律要求、完整准确分析分析投保人李先生申请变更保额的可行性。

4. 学生是否能够准确填写合同变更保全服务相关资料。

5. 学生是否掌握办理合同变更保全服务所需材料，解答客户问题态度是否认真，解答是否准确、全面。

综合训练项目五：保险纠纷处理实务

■ 学习目标

保险纠纷处理是保险法律实践中的重要环节。保险纠纷处理法律实务操作技能，是保险法务工作者作为保险公司的工作人员进行保险纠纷处理时应当掌握的基本技能。这方面的法务工作通常主要由外聘律师等更为专业的人士来负责，保险公司的一般法务人员给予必要的协助配合。因此学生掌握了基本的保险纠纷处理技能，即能够较好地实现与未来工作岗位需求的对接。本部分技能训练主要包括仲裁方式解决保险纠纷及诉讼方式解决保险纠纷等。本部分训练内容以诉讼解决保险纠纷为主要方式，以仲裁解决保险纠纷为辅助方式，要求学生掌握相关知识与技能。训练以项目和任务为载体，以实际案例材料为背景，以庭审模拟解决保险纠纷为方法，使学生理解有关法律规定，制作与审查处理保险纠纷的法律文书以及应对保险仲裁、诉讼等所需代理手续等法律文件，将保险法知识、诉讼法知识和保险纠纷处理实务结合在一起，重点训练学生应用保险法、诉讼法解决保险纠纷的能力，从而达到提高学生保险纠纷处理实际应用能力的培养目的。

■训练项目一：仲裁方式解决保险纠纷

保险纠纷解决途径常见的有和解、调解、仲裁和诉讼等。和解在法律上是指当事人之间自愿协商互相让步，不经法院或没有其他第三方参加以终止争执或防止争执发生的解决纠纷的方式。现实中保险纠纷的解决多数是自行和解的。调解以第三方出面，不以存在书面调解协议为必须，以自愿性和保密性为主要原则。相对于仲裁来说，调解更加省时、省力、省钱，能够调和双方矛盾，解决纠纷，并能尽量保持双方的良好合作关系，创造未来的合作机会，故而在商事纠纷中占据一席之地并且呈发展趋势。

比较几种保险纠纷的解决方式，和解由于具有极大的灵活性、对合作关系保护的充分性、低成本、高效率等特点而广泛应用于纠纷的解决中。商事调解的程序也非常灵活，当事人在不违法的前提下，均可自行拟定规则与挑选调解员，因此，实践中并无严格完全统一的规则可循，解决保险纠纷可以根据实际情况选择适用。基于以上分析，本项目中暂不讨论和解、调解相关的程序和内容。

而以仲裁和诉讼的方式解决保险纠纷，在法律规定和司法实践中都有比较成熟的程序规定和做法。仲裁实行一裁终局，具有自愿性、及时性、经济性和保密性等特点，是解决保险纠纷的常见途径之一。

■教学与训练任务一：认知仲裁方式解决保险纠纷

一、认识与理解仲裁

（一）正确认识仲裁

仲裁是指平等主体即公民、法人与其他组织通过达成书面仲裁协议或者共同签订合同中的仲裁条款，将合同纠纷和其他财产权益纠纷提交依法设立的仲裁机构，由双方选定或者仲裁机构指定独立、公正的仲裁员对该纠纷进行审理并作出终局的仲裁裁决的一种争议解决机制。

仲裁活动和法院的审判活动一样，关乎当事人的实体权益，是解决民事争议的方式之一。仲裁在性质上是兼具契约性、自治性、民间性和准司法性的一种争议解决方式。

（二）仲裁的特点

1. 自愿性。当事人的自愿性是仲裁最突出的特点。仲裁以双方当事人的自愿为前提，即当事人之间的纠纷是否提交仲裁，交与谁仲裁，仲裁庭如何组成，由谁组成，以及仲裁的审理方式、开庭形式等都是在当事人自愿的基础上，由双方当事人协商确定的。因此，仲裁是最能充分体现当事人意思自治原则的争议解决方式。

2. 灵活性。由于仲裁充分尊重当事人的意思自治，仲裁中的诸多具体程序和规则都是由当事人协商确定与选择的，因此，与诉讼相比，仲裁程序更加灵活，更具有弹性。

3. 保密性。仲裁以不公开审理为原则。这一点严格区别于诉讼。有关的法律和仲裁规则也同时规定了仲裁员及仲裁秘书人员的保密义务。因此当事人的商业秘密和贸易活动不会因仲裁活动而泄露。仲裁表现出极强的保密性。

4. 专业性。实践中民商事纠纷往往涉及许多的知识领域，不仅会遇到复杂的法律问题，更会遇到许多复杂的经济贸易和技术问题等，故专家裁判更能体现出专业权威性。因此，由具有一定专业水平和能力的专家担任仲裁员对当事人之间的纠纷进行裁决是仲裁公正性的重要保障。根据我国仲裁法的规定，仲裁机构都备有专家组成的仲裁员名册供当事人进行选择，专家仲裁由此成为民商事仲裁的重要特点之一。

5. 及时性。仲裁实行一裁终局制，仲裁裁决一经作出即发生法律效力。这使得当事人之间的纠纷能够迅速得以解决。

6. 经济性。仲裁的经济性主要表现在时间的快捷性上。节省时间使得仲裁所需费用相对减少；仲裁一裁终局，无需多审级收费，因此解决同一案件仲裁费往往低于诉讼费；仲裁的保密性和自愿性也使当事人之间通常没有激烈的对抗，且商业秘密不必公布于世，对当事人之间今后的商业合作影响较小。

7. 独立性。仲裁机构独立于行政机关，仲裁机构之间是平等的关系，互不隶属。在仲裁过程中，仲裁庭和仲裁员独立进行仲裁，不受任何机关、社会团体和个人的干涉，亦不受仲裁机构的干涉，显示出最大的独立性。

另外，仲裁裁决在国际范围的承认和执行保障性也是目前仲裁深受当事人推崇的重要原因。

（三）仲裁的适用范围

仲裁的适用范围是指哪些纠纷可以通过仲裁解决，哪些纠纷不能以仲裁方式解决，也就是我们通常讲的“争议的可仲裁性”。

《中华人民共和国仲裁法》第2条规定：“平等主体的公民、法人和其他组织之间发生的合同纠纷和其他财产权益纠纷，可以仲裁。”

这里明确了三个原则：一是发生纠纷的双方当事人必须是民事主体，包括国内外法人、自然人和其他合法的具有独立主体资格的组织；二是仲裁的争议事项应当是当事人有权处分的；三是仲裁范围必须是合同纠纷和其他财产权益纠纷。

根据仲裁法的规定，实践中有两类纠纷不能仲裁：

1. 婚姻、收养、扶养、监护、继承纠纷不能仲裁。这类纠纷虽然属于民事纠纷，也不同程度涉及财产权益争议，但这类纠纷往往涉及当事人的身份关系，需要法院作出判决或由行政机关作出决定，不属于仲裁机构的管辖范围。

2. 行政争议不能仲裁。行政争议亦称行政纠纷，是指国家行政机关之间，或者国家行政机关与企事业单位、社会团体以及公民之间，由于行政管理而引起的争议。国外法律通常规定这类纠纷应当依法通过行政复议或行政诉讼解决。

（四）仲裁的分类

1. 国内仲裁和涉外仲裁。根据所处理的纠纷是否具有涉外因素，仲裁可分国内仲裁和涉外仲裁。前者是一国当事人之间为解决没有涉外因素的国内民商事纠纷的仲裁；后者是处理涉及外国或外法域的民商事务争议的仲裁。

2. 机构仲裁和临时仲裁。根据是否存在常设的专门仲裁机构，仲裁可以分为机构仲裁和临时仲裁。机构仲裁是当事人根据仲裁协议，将它们之间的纠纷提交给某一常设性仲裁机构所进行的仲裁。临时仲裁是当事人根据仲裁协议，将他们之间的争议交给临时组成的仲裁庭而非常设性仲裁机构进行审理并作出裁决的仲裁。我国大陆目前不承认临时仲裁。

二、正确把握商事仲裁

（一）正确认识商事仲裁

商事仲裁（commercial arbitration），是指当事人在自愿的基础上，将有关的商事争议提交给第三者（即仲裁员或公断人）进行审理，并依据法律或公平原则作出对双方当事人均有拘束力的裁决的一种解决争议的法律制度。[1]

商事仲裁最初主要用于解决国内的商事争议，后随着各国商事交往的迅猛发展，才日益受到国际社会的重视并被广泛用于国际商事争议的解决。因此，商事仲裁应当包括国内商事仲裁和国际商事仲裁。加上仲裁本身就是“舶来品”这一原因，我们通常所提到的商事仲裁一般指的是带有涉外因素的商事仲裁。

---

〔1〕邓杰：《商事仲裁法》，清华大学出版社2008年版，第5页。

该类商事仲裁通常是指在国际民事或商业交往中，特别是在对外贸易和海洋运输方面，当事人各方将他们之间发生的争端交由一名或数名仲裁员组成的仲裁庭解决，并且各方同意按照仲裁庭作出的裁决予以执行的制度。它以私法方面带有涉外因素的争端为对象，既不同于国家间为某一公法上的争端提请第三方解决的国际仲裁，也不同于解决一国范围之内企业或私人间争端的国内仲裁。在各国实践中，仲裁的案件绝大多数涉及合同的履行问题。根据最近几年的发展情况，仲裁的对象已扩大到涉外经济和科技等各个领域。

（二）商事仲裁的特点

商事仲裁的特点是指商事仲裁不同于其他争议解决方式的优点，同民事诉讼、调解和国内其他仲裁相比，商事仲裁（尤其是有涉外因素的商事仲裁）具有自己的特点：

1. 自愿性更加突出。商事仲裁机构一般都是民间组织，不具有法定的强制管辖权，只能受理双方当事人根据仲裁协议提交给它处理的案件。

2. 自主性更加突出。商事仲裁中的当事人有较大的自主权，双方当事人可以自由选择仲裁机构、仲裁地点、仲裁员、仲裁规则、仲裁形式及仲裁应适用的法律等。

3. 保密性更加突出。商事仲裁庭审理案件和裁决一般不公开进行，有利于保护当事人的商业秘密，维护当事人的商业信誉。

4. 国际性更加突出。商事仲裁随着各国之间商事交往日益密切，在解决国际商事争议方面所发挥的作用也日益明显。各国不仅在本国大力发展国际商事仲裁制度，而且积极推动和促进商事仲裁领域的国际合作。因此，国际商事仲裁日益成为国际社会一项非常重要的争议解决制度。

另外，商事仲裁裁决也是终局的，对双方当事人均有拘束力，任何一方当事人如对裁决不服，也不能上诉。

由于本教材的受众是一般公司的法务人员等初级法务工作者，而商事仲裁由于具有涉外因素，通常情况下只有相对水平较高的专业律师等才能做好此方面的业务，因此，本教材对于此类商事仲裁不做过多涉及。

三、保险纠纷的常见仲裁类型

（一）适用仲裁解决的纠纷

根据仲裁法的规定，能够采用仲裁解决的纠纷有两类：

1. 合同纠纷。合同纠纷是双方当事人因订立或履行合同而产生的纠纷，包括国内、国外平等主体的自然人、法人以及其他组织之间的国内各类经济合同纠纷、知识产权纠纷、房地产合同纠纷、期货和证券交易纠纷、保险合同纠纷、借贷合同纠纷、票据纠纷、抵押合同纠纷、运输合同纠纷和海商纠纷等，还包括涉外的、涉及我国香港地区、我国澳门地区和我国台湾地区的经济纠纷，以及涉及国际贸易、国际代理、国际投资、国际技术合作等方面的纠纷。

2. 其他财产权益纠纷。主要是指由侵权行为引发的纠纷，这在产品质量责任和知识产权领域的侵权行为见之较多。

（二）实践中涉及的保险纠纷仲裁类型

根据仲裁法的规定，能够进行仲裁的有两类事项，一类是合同纠纷，另一类是其他财产权益纠纷。其中合同纠纷是最主要最常见的仲裁事项。而根据笔者所了解的业务案件以及有关法院公布的信息来看，保险公司涉及最主要、最常见的保险纠纷包括：

1. 财产保险合同理赔纠纷。在财产保险合同纠纷中，最为常见的则是机动车保险事故纠纷，能够占据有关法院保险合同纠纷中的90%以上。[1]

2. 人身保险合同理赔纠纷。在人身保险合同纠纷中，意外伤害保险和重大疾病保险是最典型的人身保险合同纠纷。

■教学与训练任务二：掌握保险纠纷的仲裁程序

一、申请仲裁的条件

（一）申请仲裁的条件

申请仲裁必须具备下列条件：

1. 有仲裁协议；
2. 有具体的仲裁请求和事实、理由；
3. 属于仲裁委员会的受理范围。

（二）仲裁协议的签订

仲裁协议包括合同中订立的仲裁条款和以其他书面方式在纠纷发生前或者纠纷发生后达成的请求仲裁的协议。仲裁协议应当具有下列内容：

1. 请求仲裁的意思表示；
2. 仲裁事项；
3. 选定的仲裁委员会。

示范条款："因本合同引起的或与本合同有关的任何争议，均提请××（须指定明确）仲裁委员会按照该会仲裁规则进行仲裁。仲裁裁决是终局的，对双

---

〔1〕 http://www.nbhsfy.gov.cn/News_view.aspx?ContentId=564&CategoryId=41，访问日期：2013年12月16日。

方均有约束力。”

二、仲裁解决纠纷的程序

公司的合同纠纷或财产权益纠纷能否申请仲裁，除了前述第一个问题中强调的仲裁协议外，在纠纷发生后更要注意以下问题：

（一）仲裁前的准备工作

1. 仲裁时效的认知。仲裁时效是指权利人向仲裁机构请求保护其权利的法定期限，也即权利人在法定期限内没有行使权利，即丧失提请仲裁以保护其权益的权利。仲裁分为商事仲裁和劳动仲裁两个大类。在公司纠纷处理事务中仅指商事仲裁。《仲裁法》第 74 条规定：“法律对仲裁时效有规定的，适用该规定。法律对仲裁时效没有规定的，适用诉讼时效的规定。”

对于商事仲裁时效，纵观中国现行法律的相关规定，并未见涉及商事仲裁时效的特别规定，由此，依照《仲裁法》第 74 条的规定，商事仲裁时效适用相关诉讼时效的规定，具体包括：

《民法通则》第 135 条规定，向人民法院请求保护民事权利的诉讼时效期间为 2 年，法律另有规定的除外；第 136 条规定，下列的诉讼时效期间为 1 年：身体受到伤害要求赔偿的；出售质量不合格的商品未声明的；延付或者拒付租金的；寄存财物被丢失或者损毁的。

《合同法》第 129 条规定，因国际货物买卖合同和技术进出口合同争议提起诉讼或者申请仲裁的期限为 4 年。

《劳动争议调解仲裁法》第 27 条规定，劳动争议申请仲裁的时效期间为 1 年。

2. 仲裁时效的计算。仲裁时效期间应从权利人知道或者应当知道权利被侵害时起计算。同样，《民法通则》有关诉讼时效中止及中断的规定也应适用于商事仲裁时效和劳动仲裁时效。在仲裁时效期间的最后 6 个月内，权利人因不可抗力或者其他障碍不能行使请求权的，仲裁时效中止，从中止的原因消除之日起，仲裁时效期间继续计算；权利人提出要求或者义务人同意履行的行为可构成仲裁时效中断，从中断时起，仲裁时效期间得以重新计算。

（二）具体仲裁程序

1. 提出仲裁申请。提出申请是仲裁程序开始的首要手续。各国法律对申请书的规定不一致。在我国，根据《中国国际经济贸易仲裁委员会仲裁规则》（2012 版）之规定，当事人依据本规则申请仲裁时应：

（1）提交由申请人或申请人授权的代理人签名及/或盖章的仲裁申请书。仲裁申请书应写明：申请人和被申请人的名称和住所，包括邮政编码、电话、传真、电子邮件或其他电子通讯方式；申请仲裁所依据的仲裁协议；案情和争议要点；申请人的仲裁请求；仲裁请求所依据的事实和理由。

（2）在提交仲裁申请书时，附具申请人请求所依据的证据材料以及其他证明文件。

（3）按照仲裁委员会制定的仲裁费用表的规定预缴仲裁费。

2. 组织仲裁庭。根据我国仲裁规则规定，申请人和被申请人各自在仲裁委员会仲裁员名册中指定1名仲裁员，并由仲裁委员会主席指定1名仲裁员为首席仲裁员，共同组成仲裁庭审理案件；双方当事人亦可在仲裁委员名册中共同指定或委托仲裁委员会主席指定1名仲裁员为独任仲裁员，成立仲裁庭，单独审理案件。

3. 审理案件。仲裁庭审理案件的形式有两种：一是不开庭审理，这种审理一般是经当事人申请，或由仲裁庭征得双方当事人同意，只依据书面文件进行审理并作出裁决；二是开庭审理，这种审理按照仲裁规则的规定，采取不公开审理，如果双方当事人要求公开进行审理，由仲裁庭作出决定，也可以公开审理。

4. 作出裁决。裁决是仲裁程序的最后一个环节。裁决作出后，审理案件的程序即告终结，因而这种裁决被称为最终裁决。根据我国仲裁规则，除最终裁决外，仲裁庭认为有必要或接受当事人之提议，在仲裁过程中，可就案件的任何问题作出中间裁决或者部分裁决。中间裁决是指对审理清楚的争议所作的暂时性裁决，以利对案件的进一步审理；部分裁决是指仲裁庭对整个争议中的一些问题已经审理清楚，而先行作出的部分终局性裁决。这种裁决是构成最终裁决的组成部分。仲裁裁决必须于案件审理终结之日起45天内以书面形式作出，仲裁裁决除由于调解达成和解而作出的裁决书外，应说明裁决所依据的理由，并写明裁决是终局的和作出裁决书的日期、地点，以及仲裁员的署名等。

仲裁裁决书和调解书与法院的判决书具有同等的效力，可直接向法院申请强制执行。当事人对于仲裁裁决书，应依照其中所规定的时间自动履行，裁决书未规定期限的，应立即履行。一方当事人不履行的，另一方当事可以根据我国法律的规定，向我国法院申请执行，或根据有关国际公约，或中国缔结或参加的其他国际条约的规定办理。

5. 仲裁裁决的执行。仲裁裁决的执行到被执行人住所地或者被执行的财产所在地的中级人民法院申请；如果涉及域外执行，则应到执行当地法院申请启动执行程序，在纽约公约成员国申请执行将不受实质审查，普遍会得到支持。

按照各国仲裁规则的一般规定，仲裁裁决如系在无仲裁协议的情况下作出或以无效的仲裁协议为依据作出的裁决；仲裁员的行为不当或越权所作出的裁决；以伪造证据为依据所作出的裁决；或裁决的事项是属于仲裁地法律规定不得提交仲裁处理的裁决等，当事人可在法定期限内，请求仲裁地的管辖法院撤销仲裁裁决，并宣布其为无效。

以上仲裁程序可用示意图表示如下：

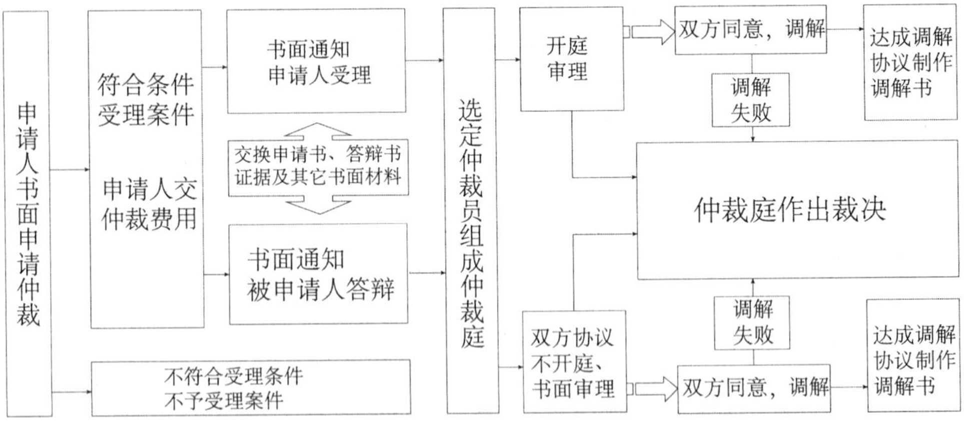

■教学与训练任务三：制作仲裁申请书与答辩书

【实训背景】

2010年11月19日17时05分，河北某县腾飞运输有限公司职工杨某驾驶冀D·A6666主车和挂车冀D·F666重型货车沿309国道线由西向东行驶到该国道955KM+300M处时，与由北向南王大明驾驶的晋D·A8888号轿车发生相撞，造成王大明受伤和两车不同程度损坏的道路交通事故。事故发生后，经潞城市公安局交通警察大队对该起事故的认定，认定杨某负此次事故的主要责任，王大明承担此次事故的次要责任。

事故发生后，在潞城市公安局交通警察大队的调解下，河北某县腾飞运输有限责任公司与王大明在2011年6月7日达成《道路交通事故损害赔偿调解书》，协议约定：①由杨某方承担王大明住院期间的医疗费：37 527.84元整。②晋D·A8888号车修理费：76 830元整，由杨某方承担57 772.16元整，余额部分由王大明方自行承担。③由杨某方承担冀D·A6666〔冀D·F666挂〕号车修理费。④由王大明方承担自己住院的误工费和护理费、伙食补助费、交通费及院外休息期间的误工费、复查费等相关费用。6月7日，河北某县腾飞运输有限公司向王大明依照《调解协议》赔偿了95 300元。

河北某县腾飞运输有限公司赔偿了对方王大明赔偿款后，在6月9日及时口头通知了保险人“中华联合财产保险公司河北某县支公司”并将包含有《交通事故车辆损失价格鉴定结论书》在内的相关资料交给了“中华联保河北某县支公司”的工作人员，该保险公司的工作人员收到相关证明材料后没有提出异议，直至2011年10月20日在河北某县腾飞运输有限公司向其提出赔付申请时，才以相关证据材料不合法为由退还给河北某县腾飞运输有限公司。双方因给付赔付款存在较大悬殊而产生争议，为了依法维护河北某县腾飞公司的合法权益，2011年10月24日，河北某县腾飞运输有限公司依照《机动车交通事故强制保险条款》和《机动车保险条款》中约定的仲裁条款向河北省某市仲裁委员会提起仲裁申请。

【实训内容】

1. 作为申请人河北某县腾飞运输有限公司的法务人员，根据背景资料，草拟一份仲裁申请书。

2. 作为被申请人中华联合财产保险公司河北某县支公司的法务人员，根据背景资料，草拟一份仲裁答辩书。

【参考样本】

仲裁申请书

申请人名称：________________ 地址：________________

法定代表人：姓名：________________ 职务：________________

住址：________________ 电话：________________

委托代理人：姓名：________ 性别：________ 年龄：________

工作单位：____________________ 职务：________

住址：______________________ 电话：__________

被申请人名称：________________ 地址：________________

法定代表人：姓名：__________ 职务：__________

住址：________________ 电话：__________

委托代理人：姓名：__________ 性别：________ 年龄：________

工作单位：________________ 职务：________

住址：____________________ 电话：________

案由：____

仲裁请求：

1. ____

2. ____

3. ____

事实和理由：____

____

____

此致

________仲裁委员会

申请人：________（盖章）

法定代表人：________（签章）

________年________月________日

附：

1. 申请书副本______份。

2. 其他证明材料______件。

仲裁答辩书

答辩人：

答辩人名称：________________ 地址：________________

法定代表人：姓名：__________ 职务：__________

住址：__________________ 电话：__________

委托代理人：姓名：__________ 性别：______ 年龄：______

工作单位：__________________ 职务：______

住址：________________ 电话：__________

申诉人因______________________________诉我____________________一案，现提出答辩意见如下：

一、

二、

三、

此 致

________仲裁委员会

答辩人：________（盖章）

法定代表人：__________（签章）

______年______月______日

附：

1. 答辩书副本______份。
2. 其他证明材料______件。

■训练项目二：诉讼方式解决保险纠纷

诉讼是当今社会一种解决社会系统中利益冲突的机制和专门法律活动，是诸多解决纠纷的方式之一。它依靠国家公权力的介入来解决纠纷，而公权力的使用以及对诉讼结果的确认，往往使诉讼成为一种合法的、最有效的、从而也是最终的冲突解决手段。因此，诉讼也是解决纠纷最常见和最终的解决途径。

■教学与训练任务一：认知保险纠纷的诉讼类型

众所周知，保险合同是现代市场经济中最常见的合同之一，保险合同法律关系作为现代商事法律关系的重要组成部分，通过其互助性功能，对被保险人或受益人的风险起到了弥补和保障作用，因而在现实生活中，保险有广泛的市场。但由于社会现象的复杂性，以及保险业务操作过程中的不规范性，使得保险合同以及与保险合同相关的纠纷时有发生。

保险合同纠纷是指投保人与保险人或者投保人、被保险人、受益人与保险人因保险标的、保险责任和责任免除、保险期间和保险责任开始时间、保险价值、保险金额、保险费以及支付办法、保险金赔偿或者给付办法，以及违约责任等引起的纠纷。保险标的物，指投保人投保保险的财产，比如某建筑物、某运输工具等。

一、认识与理解保险纠纷的诉讼类型

根据传统的分类方法，以保险标的的类型进行分类，可以将保险合同纠纷划分为两大类，即财产保险合同纠纷和人寿保险合同纠纷。

实践中，如果根据保险合同纠纷案件主要诉讼成因进行分析归纳，位于财产保险案件前列的诉讼类型分别是：其一，因保险条款理解的不同而产生的纠纷；其二，因保险合同中的免责条款而引发的纠纷；其三，因保险赔偿范围理解不同而产生的纠纷。

同样根据诉讼成因的分类标准，位于人身保险案件前列的诉讼类型分别是：

其一，因被保险人未履行如实告知义务而引发的纠纷；其二，因保险人未尽免责条款说明义务而引发的纠纷。

二、掌握常见保险纠纷的诉讼类型

结合司法实践中法院审判的案件类型以及笔者作为律师接触到的案件类型，笔者认为常见保险纠纷的诉讼类型主要有以下三种：

（一）因保险条款理解的不同而产生的保险合同纠纷

1. 保险条款解释的有关概念。《保险法》第30条规定："采用保险人提供的格式条款订立的保险合同，保险人与投保人、被保险人或者受益人对合同条款有争议的，应当按照通常理解予以解释。对合同条款有两种以上解释的，人民法院或者仲裁机构应当作出有利于被保险人和受益人的解释。"这种解释方法，学说上称之为"疑义利益解释原则"，又称"不利解释原则"或者"有利解释原则"。实践中，法院动辄直接适用该原则作出不利于保险人的解释与判决。笔者认为，疑义利益解释原则仅仅为解释保险合同的歧义条款提供了一种手段或途径，其本身并不能取代合同解释的一般原则，更没有提供解释保险合同的方法。因此，在审判实践中我们要正确的适用该原则对保险合同条款进行解释。

2. 疑义利益解释原则的适用前提。从《保险法》第30条字面意思理解，适用疑义利益解释原则的前提应为"对合同条款有两种以上解释"，那么合同条款存在两种以上解释的判断标准是什么，法律并没有明确规定。笔者认为，在对合同条款进行解释时，应结合《合同法》第125条第1款有关合同解释的一般规则，并将保险条款的疑义利益解释原则作为合同解释的特殊原则来进行判断。综合起来，适用疑义利益解释原则的前提条件应有以下三种情况：

（1）保险合同条款模糊不清。如果对于保险合同条款的争议仅发生在合同的当事人之间，他们可能是为了自身的利益，采取有利于自身的解释结论；而在普通读者看来，对于合同条款及文字的理解不能得出合同当事人所"理解"的含义，或者对照合同的其他条款，如整体解释原则等，也是按照普通读者的标准，仍然无法准确判断"模糊不清"的条款的含义时，才有适用本原则的可能。

（2）一般合同解释原则已经用尽。作为保险合同解释的一项特殊原则，疑义利益解释原则只有在用尽一般解释原则仍未能解决当事人之间争议的情况下方能得以适用。具体在适用时应注意以下顺序：如果合同双方对合同条款发生争议，且当事人订立合同的真意无法查明的，就根据表示主义，依据客观标准，依合同的一般解释原则，如文义解释、整体解释、习惯解释（如果有交易习惯适用的话）、目的解释等对争议条款进行解释，以获得合理的结论，或者以合理的人的标准来判断当事人双方对争议的阐述是否可以被合理地理解。如果在用尽了上述所有的原则后，仍不能对合同的争议确定合理的、确切的、通常又是一目了然的、唯一的解释的话，疑义利益解释原则方可适用。

（3）疑义利益解释原则适用的例外。对于保险监管机构制定的基本保险条款，是政府对保险人和保险相对人的利益进行的一种合理分配，同时也是政府调控保险市场的手段。这些条款也被称为法定保险条款。对于这些条款发生歧义或者文义不清时，应当由保险监管机构作出解释，不应当适用疑义利益解释原则。例如交强险条款、保险费率条款等。

对于保险人和投保人协商所拟定的特约条款也不应适用疑义利益解释原则。因为，由保险人和投保人协商所拟定的特约条款，不是格式条款，在这种情形下，当事人双方对于条款的制定拥有平等的权利，不宜再适用疑义利益解释原则，否则有违法律的公平原则。

3. 对保险条款理解易发生争议的情况。归结起来，实践中常见的对保险条款理解的争议主要有但不限于以下三种情况：

（1）对保险合同中的免责条款理解不同而产生的争议。

（2）对承保范围条款理解不同而产生的争议。

（3）对理赔范围条款理解不同而产生的争议。

（二）因保险合同中的免责条款而引发的纠纷

1. 与免责条款有关的概念。免责条款是当事人双方在合同中约定的，旨在限制或免除一方合同义务或责任的条款。保险合同免责条款是指保险人在保单中规定的保险人无须对发生事故造成的损失给予赔偿或给付保险金或承担某项保险范围的条款。免责条款的规定其意义在于更好地发挥合同当事人的意思自治，使其可以在交易之前预先分配风险，免除或降低一方或双方日后可能出现的责任。

在理想状态之下，免责条款由势力均衡的当事人双方博弈，其结果和意义一定是毋庸置疑的，但实践中却不是那么完美，因此产生了诸多纠纷。

2. 免责条款的提示说明义务。保险纠纷的很大一部分矛盾体现在被保险人以保险公司未对免责条款履行明确说明义务而要求保险公司承担赔偿责任。关于保险人对免责条款的明确说明义务，我国《保险法》第 17 条在原有法条规定的保险人免责条款说明义务的基础上，增加了保险人的提示义务，即对于有关保险人责任免除条款，保险人不仅要向投保人作出说明，还要在投保单、保险单或其他保险凭证上作出足以引起投保人注意的提示，如果未作说明或者未作提示的，责任免除条款不发生法律效力。该条文的修订加重了保险人的义务，但仍未能解决司法实践中争议已久的如何认定保险人说明义务的履行问题。实践中，不同法院对于保险人是否已经履行了说明义务可能会作出截然相反的认定。为了在审判实践中准确理解并适用此项制度，我们有必要对《保险法》第17条的规定进行重新审视。

（1）明确说明义务的立法考量。从立法者的角度考量，设置“明确说明义务”制度的初衷是课以保险人更加严格的责任以督促其对免责条款认真说明，使投保人能够了解关乎其切身利益的合同条款内容，进而保护非保险条款制定方的利益，体现了立法者对于弱势群体的人文关怀。但是，笔者认为，“明确说明义务”的立法目的并非偏重保护投保人一方的利益，而是通过要求保险人履行明确说明义务，抵消投保人缔约能力方面的弱势，尽量使缔约天平恢复平衡。所以，我们在作出裁判时，应坚持以平衡保险人、投保人以及被保险人利益，确保保险人明确说明义务的公平性、合理性为基本尺度。

（2）明确说明义务的范围（即免责条款的范围）。根据保险法的规定，保险人明确说明义务的客体应是“免除保险人责任的条款”。实践中，大多数类似纠纷表明，除了保险条款中已经列明的免责条款之外，尚有一些涉及投保人权益减少、风险加大，以及足以影响投保人决定投保与否的重要条款，如保险费及支付办法、保险金赔偿或给付办法、合同解除权、保险索赔的先决条件等约定均散见于保险合同当中，这些条款是否也要求保险人履行明确说明义务，实践中存在争议。笔者认为，要解决这个问题就要对保险合同不同条款的性质作出区分认定，从条款的本质上判断是否属于免除保险人责任条款。主要分为三类：

第一，法定不承担责任条款。如《保险法》第31条第3款“订立合同时，投保人对被保险人不具有保险利益的，合同无效”，第48条“保险事故发生时，被保险人对保险标的不具有保险利益的，不得向保险人请求赔偿保险金”。诸如此类条款，无论是否在合同中约定，始终具有法律效力，其本质属于法定免责条款，不应课以保险人对这些条款的明确说明义务。

第二，保证条款。如《保险法》第51条的规定，这种约定既不增加投保人的负担，也有利于避免道德风险，维护了合同的公平性。类似这些条款也不应课以保险人明确说明义务。

第三，技术性或程序性条款。保险公司为了追求效率与利益、规避风险而对保险合同作出的一些技术安排，如细分了保险金计算方法，在保险业已形成了行业惯例，这些条款也不属于责任免除条款。在保险合同纠纷案件中，相当一部分是涉及对保险赔偿范围的认定，大约占了判决案件的38%，主要争议点包括免赔率的规定、医保范围外用药支出的赔偿、鉴定费的赔偿等。对于保险合同条款中已作出明确规定的，法院对此应予以尊重，不应干预私权利的行使。

（3）明确说明义务的履行方式及程度。根据新修订的保险法及相关司法解释的规定，司法实践中，判断保险人是否履行了明确说明义务，应满足两方面的标准：一方面，保险人在订立合同时应当在投保单、保险单或者其他保险凭证上对免责条款作出足以引起投保人注意的提示；另一方面，保险人对免责条款的内容应以书面或者口头形式向投保人作出明确说明。在发生纠纷时，保险人的明确说明义务便转化成了举证责任。对于提示的义务，保险人一般举证较为容易，包括：投保单首起部分及投保单投保人声明处“保险人已将投保险种对应的保险条款（包括责任免除部分）向本人作了明确说明，本人已充分理解；上述所填写的内容均属实，同意以此投保单作为订立保险合同的依据”都有投保人的签名；保险条款中的免责条款用黑粗体字印刷以区别合同其他内容等。对于第二个标准，保险公司举证相对比较困难。如果保险人采用口头形式履行明确说明义务，为举证需要，保险人应当录音、录像或制作笔录，时间和费用花费较大，而且也不符合保险经营所追求的效率原则。如果已经由投保人签名确认、并印有免责条款的保险合同条款尚不足以证明保险人履行了明确说明义务，而采用书面形式履行的说明义务又能否达到证明目的呢？这种判断标准似乎又陷入了一个极端，偏离了保险人明确说明义务制度设置的初衷。

关于明确说明义务的履行方式，考虑到我国保险行业发展的现状及现有的物质条件，建议采用书面形式就免责条款向投保人作出解释说明。具体设计可以参照其他国家的已有的惯例，在投保单的背面设计有“说明事项确认”一栏，在该栏内记载需要说明的重要事项及其在合同条款中的位置，让投保人签字确认，并书面告知相应的法律后果。至于明确说明的程度，笔者认为，考虑到投保人大多为非保险行业的专业人士，因此，保险人的说明应当通俗易懂，即以普通正常的理性人的理解能力为限，即一般的文化水平、认知和判断能力。[1]

3. 常见免责条款引发争议的类型。实践中引发争议的免责条款主要有以下三种：

（1）保证免责条款。保证免责条款是指只要被保险人的行为违反了保险合同中的保证条款，不论保险事故的近因是否属于保险责任的范围，保险人都不承担赔偿或给付保险金的责任。在保险合同中，常以“因下列原因所造成的损失，不论在法律上是否应由被保险人承担损失或赔偿责任，保险人均不承担保险责任”的形式写入，然后列举一系列的行为属于保证条款。在机动车辆保险条款中，免责条款多以保证条款的形式出现。

---

〔1〕 吴庆宝：“保险合同成立与说明义务修改的主要问题（下）”，载《人民法院报》2008 年 10 月 30 日，第 6 版。

（2）近因免责条款。近因免责条款是被保险人的行为符合保险合同中规定的除外责任范围，使得保险人不用负责赔偿或给付保险金的责任。在保险合同中，常以“因下列原因造成的损失，保险人不负责赔偿”的形式写入。只要被保险人的行为属于保险合同中的免责条款，保险人就可以直接援用该条款来免除其应承担的赔偿责任。如机动车辆保险条款中规定“受本车所载货物撞击造成的车辆本身损失”属于车辆损失险的免责条款。但此条规定没有区分是否符合国家强制标准，如果符合，则不能免除保险人的赔偿责任，而保险人在合同中没有作出说明，实际上损害了被保险人的利益，违反了近因原则。

（3）费用免责条款。费用免责条款是指保险人在保险合同中明确规定被保险人在发生保险事故后所承担的部分费用不予赔偿的条款。在保险合同中，通常以“下列费用，保险人不负责赔偿”的形式写入。只要被保险人发生的费用属于该条款所规定的免责条款规定的情形，保险人就可以直接援用该条款来免除其应承担的保险责任。实践中，费用免责条款所列明的通常为间接损失费用和精神损害赔偿费用等。但费用免责条款并非绝对，被保险人可以通过投保附加险的形式转移给保险人承担，从而取得保险保障。

（三）因被保险人未履行如实告知义务而引发的纠纷

1. 与如实告知义务有关的概念。投保人如实告知义务，是指投保人在订立保险合同时将保险标的的重要事实，即对保险人作出是否承保决定和确定保险费率有影响的事实，以口头或书面形式向保险人做出真实表述。因此，在保险合同订立时，投保人应将有关保险标的的重要事实如实告知保险人，告知的目的是使保险人正确了解与保险标的风险状况有关的重要事实。投保人违反如实告知义务的法律后果，是保险人有权解除合同并拒绝赔付保险金。

《保险法》第16条第1款规定：“订立保险合同，保险人就保险标的或者被保险人的有关情况提出询问的，投保人应当如实告知。”这里规定的是：保险人提出询问的，投保人应当如实告知，也就是说，对保险人没有提出询问的，投保人没有告知的义务。告知义务的法理依据在于保险合同是最大诚信合同，投保人远比保险人更了解保险标的的情况，履行告知义务是投保人的法定义务。在各国保险立法上，告知范围的确定有两种形式，即无限告知主义和询问告知主义。无限告知主义是指法律对告知的内容没有确定性的规定，只要事实上存在与保险标的的危险有关的重要事实，投保人都要向保险人进行说明。询问告知主义即投保人对保险人询问的问题必须如实告知，而对保险人没有询问的问题，投保人没有告知义务，不告知不构成告知义务的违反。多数国家立法采用询问告知主义，本条规定采取的也是询问告知主义。

2. 常见违反如实告知义务的情形。

（1）财产保险合同中被保险人不履行如实告知义务而引发的纠纷。财产保险合同中，投保人故意或过失隐瞒有关情况，待保险事故发生后，保险人则可以援用此条款来免除自己的保险责任。

（2）人寿保险合同中被保险人不履行如实告知义务而引发的纠纷。人寿保险合同中，常见的是投保人在经保险代理人询问后故意隐瞒或过失忘记告诉关于被保险人的病史等情况，从而导致保险人拒赔而出现纠纷。

当然，违反如实告知义务也因投保人的过错程度不同而有不同的法律后果。根据我国《保险法》的规定，投保人违反了告知义务，保险人有权解除保险合同，也可以通过加收保费或改变保险条件等方式使保险合同继续存在。从我国《保险法》第 16 条第 3、4 款的规定来看，针对投保人违反告知义务的主观过错程度的不同，其法律后果也有所不同：其一，投保人故意违反如实告知义务的，保险人有权解除保险合同，对于保险合同解除前发生的保险事故，不承担赔偿或者给付保险金的责任；其二，投保人出于过失而违反如实告知义务的，若足以影响保险人决定是否同意承保或者提高保险费率的，则保险人也有权解除保险合同，但须注意的是，除对保险事故的发生有严重影响的，保险人对于保险合同解除前发生的保险事故，不承担赔偿或者给付保险金的责任，可以退还保险费外，解除保险合同前，保险人不能免除对此期间发生的保险事故的赔偿或给付责任。

除了以上几种常见保险纠纷外，保险纠纷还可以采用其他的标准进行分类。

■教学与训练任务二：掌握保险纠纷的诉讼程序

一、财产保险合同纠纷的诉讼程序

（一）诉讼时效

保险纠纷产生后，与其他民事权利的法律救济一样，该请求权也应受制于诉讼时效的限制，以促使权利人积极行使权利，减少审判因时间太久而带来的调查取证困难，从而有利于社会经济秩序的稳定。

根据法律规定，保险合同的诉讼时效分为两种情况：一是人寿险，二是非寿险之诉讼时效。人寿险之外的其他保险，包括除海上保险以外的所有种类的财产保险、意外伤害保险以及健康保险，适用保险法规定的 2 年时效，自被保险人或受益人知道保险事故发生之日起计算。

关于财产保险纠纷的诉讼时效，《保险法》第 26 条规定：人寿保险以外的其他保险的被保险人或者受益人，向保险人请求赔偿或者给付保险金的诉讼时效期间为二年，自其知道或者应当知道保险事故发生之日起计算。

（二）诉讼主体

1. 机动车辆保险纠纷。针对这种情形，可能会发生两种类型的诉讼。

第一种：如果是保险公司发生拒赔情形，机动车车主作为投保人应当是原告，而保险人即投保的保险公司为被告。

第二种：如果是保险公司在赔付保险金后向事故责任人追偿，则该保险公司为原告，事故责任人为被告。

2. 其他财产保险纠纷。针对这种情形，可能发生两种类型的诉讼：

第一种：如果是保险公司发生拒赔情形，保险财产的投保人应当是原告，而保险人即投保的保险公司为被告。

第二种：如果是保险公司在赔付保险金后向事故责任人追偿，则该保险公司为原告，事故责任人为被告。

（三）起诉前提

由于财产保险纠纷类型多，情况复杂，相关各参与方也多，诉讼主体也因具体的纠纷不同而有所变化，故保险法及其相关司法解释并未对这类纠纷案件的起诉前提条件作出专门规制。因此，只要符合《民事诉讼法》第 108 条之起诉前提条件，当事人起诉到有管辖权的人民法院的，人民法院均应立案受理。

（四）管辖法院

保险纠纷案件的管辖，我国民事诉讼法有原则性规定，即《民事诉讼法》第 24 条规定："因保险合同纠纷提起的诉讼，由被告住所地或者保险标的物所在地的人民法院管辖。"

具体到财产保险中的机动车辆保险纠纷，应视具体案件情况确定管辖法院。最高人民法院为了进一步明确涉及运输工具和货物运输的保险纠纷的管辖，在《关于适用〈中华人民共和国民事诉讼法〉若干问题的意见》的司法解释中第 25 条规定："因保险合同纠纷提起的诉讼，如果保险标的物是运输工具或者运输中的货物，由被告住所地或者运输工具登记注册地、运输目的地、保险事故发生地的人民法院管辖。"因此，一般情况下，因机动车辆保险合同纠纷提起的诉讼，由被告住所地或者运输工具登记注册地、运输目的地、保险事故发生地的人民法院管辖。

（五）举证责任

举证责任的分配是审查认定当事人承担责任的关键。依据民事诉讼法所规定的"谁主张，谁举证"的分配原则，原被告双方对于自己提出的主张，理所当然应该承担相应的举证责任。

《保险法》第22条规定，保险事故发生后，按照保险合同请求保险人赔偿或者给付保险金时，投保人、被保险人或者受益人应当向保险人提供其所能提供的与确认保险事故的性质、原因、损失程度等有关的证明和资料。该规定确定了投保人、被保险人或受益人在主张权利时应负举证责任的原则，但举证责任适用的证明标准并不一致，应当根据所投保的险种的具体情况来确定。

现实中在财产保险合同纠纷案件中，索赔方（指《保险法》第22条规定的投保人、被保险人或受益人）的举证责任为初步的举证责任，只要提供其所能提供的与确认保险事故的性质、原因、损失程度等有关的证明和资料，其举证责任即已完成。保险公司如果拒绝承担保险责任，应当证明存在除外责任等情形。

二、人寿保险合同纠纷的诉讼程序

（一）诉讼时效

人寿保险的诉讼时效不同于财产保险。人寿保险，包括死亡保险、生存保险和生死两全险。《保险法》第26条第2款规定："人寿保险的被保险人或者受益人向保险人请求给付保险金的诉讼时效期间为5年，自其知道或者应当知道保险事故发生之日起计算。"据此，人寿保险的诉讼时效为5年。

此外，还需要搞清楚人寿保险和人身保险的区别，人身保险中还包含短期意外保险，而多数短期意外保险会约定索赔时效为2年。

（二）诉讼主体

针对不同类型的人寿保险合同纠纷，其诉讼主体也有所不同。

1. 普通人寿保险诉讼主体。人寿保险合同关系人中有被保险人和受益人，被保险人可以是投保人也可以是第三人，但受益人是人身保险合同中的特有概念，财产保险中没有受益人的概念。当被保险人或受益人依据保险合同主张相关权利时，人民法院应当将保险合同当事人列为诉讼当事人。因为此时保险合同内容的效力以及保险合同当事人权利义务的履行情况，对被保险人或受益人的权利都可能产生影响。

2. 被保险人死亡情况下的人寿保险纠纷诉讼主体。在被保险人死亡的情况下，人寿保险合同的投保人、被保险人没有指定受益人或受益人指定不明无法确定，或者受益人先于被保险人死亡且没有其他受益人，或者受益人依法丧失受益权或者放弃受益权且没有其他受益人时，《保险法》明确保险金是作为被保险人的遗产，按《继承法》的规定处理的。也就是说，在此情况下，如保险人拒绝赔付时，具有原告资格的是在《继承法》上规定的被保险人的继承人。

可能有人会认为无论受益人还是继承人作为诉讼主体都是得到保险金，没有什么区别。其实两者区别很大，作为受益人领取保险金是只享受权利而无法定义务，而作为继承人领取保险金后，则负有在继承的保险金范围内清偿被保险人债务的法定义务。

（三）起诉前提

由于人寿保险合同以被保险人的人身和寿命为保险标的，有其特殊性，因而不同于财产保险合同。在人寿保险合同约定赔付或给付保险金的情形出现时，保险人应当按合同要求给付保险金。在保险人拒赔或提出异议时，被保险人或受益人可以作为原告起诉保险人。同时，如果保险人发现被保险人或投保人有违反如实告知义务的情形时，也可以作为原告起诉投保人或被保险人。

（四）管辖法院

人寿保险合同纠纷管辖法院的确定又不同于财产保险合同纠纷的有关规定。民事诉讼法针对保险合同纠纷规定的是保险标的物所在地人民法院管辖，而在人寿保险合同纠纷中，由于人的寿命和身体不属于物的范畴，不能称作保险标的物，而只能是保险标的。因此，根据民事诉讼法的规定，在人寿保险合同纠纷中，不适用保险标的物所在地人民法院管辖，而应以被告住所地确定案件的管辖。

通常情况下，如果是保险公司拒赔，则由保险公司所在地的基层人民法院管辖；如果是保险公司起诉投保人或被保险人，则由投保人住所地的基层人民法院管辖。

（五）举证责任

在人寿保险合同纠纷案件中，索赔方（指《保险法》第22条规定的投保人、被保险人或受益人）的举证责任为初步的举证责任，只要提供其所能提供与确认保险事故的性质、原因、损失程度等有关的证明和资料，其举证责任即已完成。保险公司如果拒绝承担保险责任，应当证明存在除外责任等情形。

《民事诉讼法》第64条规定："当事人对自己提出的主张，有责任提供证据。"最高人民法院《关于民事诉讼证据的若干规定》（以下简称《证据规则》）第7条规定，在法律没有具体规定，依本规定及其他司法解释无法确定举证责任承担时，人民法院可以根据公平原则和诚实信用原则，综合当事人举证能力等因素确定举证责任的承担。保险条款既包含保险责任条款，又包括除外责任条款。《保险法》作为实体法在第22条中规定了索赔方举证应提供的证明和资料，但是，《保险法》没有明确规定索赔方和保险人的举证责任。由于索赔方相对于保险人处于明显的弱势地位，其举证能力和保险人相比也存在明显差距。因此，审理保险合同纠纷案件除遵循"谁主张，谁举证"的基本原则之外，还应结合《证据规则》第7条的规定，公平分配举证责任。

《保险法》第22条第1款规定："保险事故发生后，按照保险合同请求保险人赔偿或者给付保险金时，投保人、被保险人或者受益人应当向保险人提供其所能提供的与确认保险事故的性质、原因、损失程度等有关的证明和资料。”《保险法》将索赔方的举证责任限定为，提供与确认保险事故的性质、原因、损失程度等有关的证明和资料，并且以其所能提供为限。结合《证据规则》第7条的规定，根据公平原则，可以得出如下结论：索赔方提供了其客观上能够提供的材料，完成力所能及的初步的证明义务后，如果根据这些证据能够初步得出事故发生在保险责任范围内的结论，则索赔方即完成了证明保险事故发生的举证责任。也就是说，索赔方的举证责任是初步的举证责任，在提供了所能提供的证明材料后，如果不存在故意或过失不提供其他相关材料的情形，其举证责任即已完成。

需要说明的问题是，索赔方提供的证明和资料以其所能提供的为限。所能提供而不提供是指索赔方存在故意或过失不提供其本来能够提供的证明和资料。例如，在一起意外伤害保险案件中，被保险人突然摔倒死亡，受益人认为被保险人的死亡属于意外伤害，保险公司认为被保险人存在因潜在疾病发作导致摔倒死亡的可能性。保险公司据此要求对被保险人的遗体进行解剖鉴定，但是受益人拒绝。法院认为，法院可以理解受益人的悲伤心情，但是在可以对遗体解剖进而查明死亡原因的情况下，受益人拒绝解剖，这属于受益人不提供其所能提供的证明和资料，受益人应承担举证不能的后果。

除了上述几种常见的保险合同纠纷之外，保险合同纠纷诉讼中还有保证保险合同纠纷等多种纠纷形式，解决这些纠纷时，可以参照上述纠纷的处理方式和诉讼程序进行处理。

■教学与训练任务三：分析解决人身意外伤害保险合同纠纷

【实训背景】

2009年4月29日，73岁的张大明与老伴李小凤参加了某旅行社组织的到京华旅游的旅游团，旅行社为其购买了个人旅游意外伤害保险。保险单记载：旅游意外伤害保险的保险金为24万元、意外身故丧葬费为1万元。保险条款约定：在保险期间，被保险人遭受意外伤害，被保险人自意外伤害发生之日起180日内以该次意外伤害事故为直接原因身故的，保险公司按保险单所载意外身故伤残保险金额给付身故保险金；“除外责任”部分约定，被保险人因殴斗、醉酒、自杀等原因身故、残疾的，保险公司不负给付保险金责任；意外伤害指，遭受外来的、突发的、非本意的、非疾病的使身体受到伤害的客观事件。

5月20日凌晨一点半左右，张大明夫妇随团坐火车到达京华，随即被安排在某酒店四楼住宿。凌晨5点多种，张大明被发现已经从房间窗户坠落在酒店一楼死亡。5月25日，公安机关出具调查结论，认为张大明的死亡系高坠致颅脑损伤死亡，不属于刑事案件。

2009年6月16日，保险公司出具拒赔通知书，以张大明出险原因不属于保险责任赔偿范围为由拒绝赔偿保险金。张大明的继承人李小凤等诉至京华市西南区人民法院，要求保险公司支付保险赔偿金25万元及自2009年6月16日起至付款之日的利息；赔偿律师费15 000元、交通费3000元、住宿费720元、证人作证费用1200元。

保险公司答辩称，张大明除非是自杀，否则不可能从窗口失足跌落。根据保险条款的约定，保险公司对于自杀不承担给付保险金的责任，张大明的死亡不符合给付保险金的条件。经过现场勘查，窗户横栏高度接近90cm，位于张大明的腰部，张大明要越过或翻过横栏，如果不是特意为之，根本无法完成。可以推测，张大明的死亡经历了以下步骤：打开窗户，进行踩踏、攀登，跳出窗外，或者俯身窗外，手脚配合，翻出窗外的过程，这显然不符合意外伤害“外来的、突发的、非本意的”构成要件。张大明的死亡，是一系列自主行为所致，因此，保险公司不应当赔偿。

李小凤等人认为，张大明不可能自杀，其死亡为意外事件。一方面，张大明家庭和睦，身体健康，在旅游过程中也积极乐观，有说有笑，不存在自杀的主观因素。另一方面，酒店窗户横栏位于人的膝盖部位，存在安全隐患，人只要稍微失去重心就有跌出窗户的危险。张大明入住酒店时，已经是凌晨一点半左右，作为73岁的老人，身心已经相当疲惫。当时天气炎热，张大明可能会开窗透气；张大明还有抽烟的癖好，抽烟时很可能靠近窗户，这都增加了发生意外的几率。因此，有诸多可能使其不慎坠楼身亡。

法官和原被告代理人共同到现场勘查，张大明所住房间窗台高12.5cm，活动窗底部到地面距离为86.50cm，活动窗拉开后窗口高105cm，宽50cm。在勘查现场，法官找到与张大明同等身高的人作为参照，横栏位于此人髋部。

【实训任务】

根据有关法律规定分析上述案例，分别回答以下问题：

1. 在人身意外伤害保险合同案件中，什么情况下保险公司才能拒绝赔偿？

2. 保险人与投保人、被保险人或者受益人对于保险合同的条款有争议时，应当如何处理？

3. 本案中索赔方的举证责任如何承担？并说明理由。

【实训指导】

1. 当发生人身意外伤害保险在合同约定的免责事项时保险人有权拒赔。常见的保险人拒赔的原因主要有以下三种情况：

第一，被保险人带病投保，未如实告知；

第二，被保险人填写的职业类别与投保时的真实职业类别有误差；

第三，人为造成的被保险人的伤害且不属于意外事故的情形，比如自杀等。

2. 《保险法》第30条规定："采用保险人提供的格式条款订立的保险合同，保险人与投保人、被保险人或者受益人对合同条款有争议的，应当按照通常理解予以解释。对合同条款有两种以上解释的，人民法院或者仲裁机构应当作出有利于被保险人和受益人的解释。"

3. 索赔方的举证责任为初步的举证责任。

《民事诉讼法》第64条规定："当事人对自己提出的主张，有责任提供证据。"

根据《民事诉讼法》第64条、《保险法》第22条和《证据规则》第7条的规定，在本案中，李小凤等原告有义务提交证据材料证明保险事故已经发生及发生的原因。本案中，保险事故指被保险人发生了意外伤害，即遭受外来的、突发的、非本意的、非疾病的使身体受到伤害的客观事件。李小凤等人提交的公安机关出具的死亡调查结论等证据，已经基本可以实现上述证明目的，即可以证明张大明已经死亡，其死亡是高坠致死。根据日常生活经验，人具有趋利避害、求生的本能。张大明从窗口高坠致死，如果没有确切证据证明其是自杀，应该认定是意外事件，而不能认定是自杀，否则，有悖于日常生活经验和正常的逻辑。因此，李小凤等原告提交了能够证明张大明高坠致死的材料，即完成了举证责任，可以证明张大明是意外伤害死亡，其死亡属于保险事故。

■训练项目三：模拟庭审的方式解决保险纠纷

【考评背景】

杨大明于2010年9月16日向中民财产保险股份有限公司京华市海法支公司（以下简称中民保公司）投保了机动车交通强制保险及一般机动车辆保险，保险期限均为自2010年9月17日至2011年9月16日止。2011年1月26日杨大明驾驶车辆（车牌号为京PH2222）在京华市海法区杏石口路常青园路口由西向东行驶中与由东向西行驶的王大顺相撞，造成王大顺受伤，共花去医疗费、交通费、误工费、护理费、营养费等共计41 780元，经京华市公安局公安交通管理局认定此交通事故由杨大明承担全部责任，杨大明向王大顺支付了相应的赔偿金共计41 780元，此损失应属于保险期内的保险赔偿责任范围内的损失，中民保公司应在保险额度内向杨大明支付保险理赔金，但杨大明向中民保公司申请理赔时中民保公司拒绝理赔，故杨大明诉至法院，诉讼请求：①请求判令中民保公司支付杨大明保险理赔金41 780元（具体包括医药费31 760.71元，误工费6000元，护理费2000元，伙食补助280元，营养费1000元，交通费700元）；②判令中民保公司承担诉讼费。

【考评内容】

请同学们按照法院庭审的需要分组进行模拟审判。可参照书后所附模拟法庭审判脚本进行。

【考评标准】

实训要求及评分将参考以下标准：

1. 学生的法学基本功，对扮演角色所涉专业知识的掌握与熟悉程度；

2. 对案件事实本身的熟悉度，梳理案件事实的清晰度与条理性，证据和法律文件等材料准备的充分度；

3. 在庭审的攻击与防御中，运用法律分析案情的思路是否清楚，推理是否严密，论证是否有说服力，结论是否得当；

4. 口齿是否清楚，表达是否准确，法律术语是否得当，及语言表达技巧；

5. 对突发性事件的应变能力，如在质证和辩论中遭遇对方反诘时的应对是否机敏、沉着；

6. 对法庭礼仪的遵守情况，举止是否得体，言行是否庄重大方，临场风度与着装情况；

7. 对法定程序的遵守程度，庭审活动中有无违反、遗漏诉讼程序和庭审规则的情况；

8. 学生在庭审过程中整体表现的好坏，等等。

【参考样本】

模拟法庭审判脚本

法官 2 人：
陪审员 1 人：
书记员 1 人：
原告：
原告代理人 1 人：
被告：
被告代理人 1 人：

画外音：案例陈述

一、法庭准备阶段

书记员：

（一）查点当事人及其他诉讼参加人到庭情况并请入席

（二）现在宣布法庭纪律

1. 到庭所有人员应听从审判员统一指挥，一律关闭通讯工具，遵守法庭秩序，不准吸烟。

2. 旁听人员必须保持肃静，不得喧哗、鼓掌、插话，不得进入审判区，有意见可以在闭庭后提出。

3. 当事人及其他诉讼参与人不得中途退庭，如擅自退庭，是原告的作撤诉处理；是被告的则依法缺席判决。

4. 审判人员或法警有权制止违反法庭纪律，妨碍民事诉讼活动的行为，对不听制止的，可依法予以训诫、责令退出法庭或者予以罚款、拘留；对情节严重的依法追究其刑事责任。

（三）请全体起立，（起立后）本案审判长、审判员、人民陪审员入庭主审法官：请坐。

书记员：报告审判员，双方当事人及委托代理人经合法传唤现均已到庭，请开庭。

主审法官：（敲法槌）现在开庭，首先核对当事人身份。原告？

原告：……

主审法官：原告委托代理人，请讲一下你的姓名、身份及代理权限。

原告代理人：我是北京××律师事务所的律师××委托权限为一般委托。

主审法官：被告，你的情况？

被告：……

主审法官：被告委托代理人，请讲一下你的姓名、身份及代理权限。

被告代理人：×××，我是××律师事务所的律师，委托权限为一般委托。

主审法官：根据民事诉讼法的规定，当事人在法庭上享有申请回避的权利，有举证、质证、请求调解、进行辩论和最后陈述的权利，原告有权放弃诉讼请求。同时根据最高人民法院《关于民事诉讼证据的若干规定》，当事人在庭审当中变更或者增加诉讼请求应当在举证期限届满之前提出，反诉也是这样。同时当事人对提出请求或者反驳是应当提供证据。上述诉讼权利和义务在应诉通知和庭前证据交换阶段已经书面告知了当事人，当事人是否清楚？

原告：清楚。

被告：清楚。

主审法官：原告××诉被告××（保险合同纠纷）一案由本院法官××即我本人担任审判长，与本院审判员××（在左边）和××（在右边）组成合议庭，书记员××担任法庭记录。有关合议庭组成人员的通知已经在庭前书面通知了当事人，当事人对合议庭组成人员以及今天出庭担任记录的书记员是否申请回避？

原告：不申请。

被告：不申请。

二、法庭调查

法官：下面法庭调查。原告，陈述起诉的事实理由及诉讼请求。

原告代理人：事实理由：原告于2010年9月16日向被告投保了机动车交通强制保险及一般机动车辆保险，交通强制保险中死亡伤残赔偿限制11万元，医疗费用赔偿限额1万元；一般机动车辆保险的承包险种包括机动车损失保险、第三者责任保险等，第三者责任保险金额为10万元，保险期限均为自2010年9月17日至2011年9月16日止，2010年9月16日原告向被告交纳了保险费，被告出具了发票。2011 年 1 月 6 日原告驾驶车辆在杏石路由西向东行驶中与由东向西行驶的王大顺相撞，造成王大顺受伤，共花去医药费、交通费、误工费、护理费、营养费等共计 42 000 元，经京华市公安局公安交通管理局认定此交通事故由原告承担全部责任，原告依据法律规定向王大顺支付了相应的赔偿金共计 42 000 元，此损失应属于保险期内的保险赔偿责任范围内的损失，依据法律规定被告应在保险额度内向原告支付保险赔偿金 42 000 元，但原告向被告申请理赔时被告拒绝理赔，故原告诉至法院。

诉讼请求：1. 我方要求变更诉讼请求为请求判令被告支付原告保险理赔金 41 780 元；2. 判令被告承担诉讼费。

法官：被告答辩。

被告：我方不同意原告的诉讼请求，因诉讼请求中存有自费药费用 23 087. 26元，对于此费用保险公司不应予以报销，诉讼费我方也不同意支付。

法官：下面进行举证质证。原告举证。

原告：证据 1：交强险保单及商业险保单。证明双方存在保险关系及保险期限、保险事项。

证据 2：发票。证明原告依据约定向被告支付了保险费，保险合同已成立。

证据 3：交通事故认定书及执行凭证。证明被保险人在保险期限内发生了保险事故，并由被保险人承担全部责任及被保险人支付了他人的误工费、营养费。

证据 4：诊断报告书、诊断证明、病历。证明被保险人给他人造成了人身损害。

证据 5：医药费用清单及交费发票。证明人身损害发生的医药费。

证据 6：误工证明及收入情况说明。证明造成的误工费及护理费。

证据 7：交通费发票、营养费发票。证明造成的交通费、营养费损失。

证据 8：病人费用清单。证明病人医药费用与此次的人身伤害有关联性。

证据 9：机动车辆索赔申请书。证明原告于 2011 年 1 月 27 日向被告提出索赔申请，但被告不予赔付。

证据 10：报案记录代抄单。证明目的同证据 9。

法官：被告质证。

被告：证据 1：真实性认可。

证据 2：真实性认可。

证据 3：真实性认可，但具体报销金额要依据相关材料进行核定。

证据 4：真实性认可。

证据 5：真实性认可，我方计算票据金额为 31 893. 21 元。

证据 6：真实性有异议，因伤者夫妻在一个单位，工资月收入又都是 2000

元，而且工资发放表是由公司单方制作的，故我方对真实性有异议。

证据7：交通费发票的真实性认可，但认为与本案的关联性有异议，因时间不符且票据许多是在晚上7：00～8：00左右，营养费发票的真实性认可，但不足以给伤者购买营养品，而且也没有相关的医嘱。

证据8：真实性认可，但有自费药项目。

证据9：真实性认可。

证据10：真实性认可。

法官：被告举证。

被告：证据1：自费药项目清单及明细。证明应扣除的自费药费用。

法官：原告质证。

原告：证据1：对于涉及的自费药的名称项目及金额我方认可，但被告不应予以免赔。

法官：就本案纠纷双方还有无其他证据提交？

原告：没有。

被告：没有。

法官：下面进行法庭询问。

原告，你方诉讼请求中主张的41 780元，具体包括哪些费用？

原告：医药费32 000元，误工费、护理费及部分营养费共计8280元，交通费1000元，另外，还有我方额外支付的营养费500元。

法官：原告，你方执行凭证中涉及的8280元具体包括哪些费用？

原告：误工费6000元，营养费280元，护理费是2000元。

法官：原告，误工费的6000元是如何计算的？

原告：因为病历中的医嘱建议休息3个月，伤者月收入是2000元，所以共计是6000元。

法官：原告，护理费2000元你方支付的依据是什么？

原告：诊断证明中写明护理30天，护理人是何淑珍，何淑珍是伤者的家人由其进行照顾，因此何淑珍1个月无法上班其工资为2000元。

法官：被告，你方对于原告起诉的费用认为哪些不予赔付？

被告：医疗费中的自费药项目，交通费原告要求过高，且时间与医嘱时间无法对应，我方认为最多应赔付400元，营养费原告方提供的票据不合理，我方认为最多应当赔付300元，误工费及护理费共计8000元我方予以认可。

法官：被告，你方为何对自费药不予赔付？

被告：交强险条款中第19条中有规定，且商业险中也有规定，但具体条文记不清了。

法官：原告，你方手中是否有商业险条款？

原告：没有。

法官：原告，你方手中为何没有商业险条款？

原告：当时交费后保险公司并没有给我方条款，也没有就免赔事项向我方提示说明。

法官：被告，是这样吗？

被告：不是，双方签订保险合同时，保单及保险条款是一套，我方已经将条款交给原告。

法官：被告，医药费按国家基本医疗保险报销此事项，你方是否向原告进行过说明提示？

被告：在我方保险单重要提示一栏中第3项已说明我方向原告进行了提示。

法官：被告，除此之外还是否有其他证据就此条款向原告进行提示？

被告：还有投保单可以证明，但需要回市公司进行调取，我方将在2011年9月12日前向法庭提交，请予允许。

法官：被告，你方需在2011年9月12日之前向本庭提交相关证据，逾期提交将承担相应不利后果，你方是否听清？

被告：听清了。

法官：原告，你方医疗费用涉及款项共计是多少元？

原告：医疗费共计32 000元。

法官：原告，医疗费具体是在你方证据几中体现？

原告：在我方的证据5中有所体现。

法官：原告，除证据5以外还有其他证据涉及医疗费用吗？

原告：没有。

法官：原告，你方提交的交通费票据共计多少元？

原告：共计616元。

法官：原告，为何你方交通费要求被告支付1000元？

原告：因为有时候是打黑车，有时也是自己开车过去的，但都没有票据，对于超出的部分请法院酌定。

法官：原告，依据你方所述执行凭证中所涉及280元的营养费，为何你方还要额外主张500的营养费？

原告：280元的营养费是伤者自行购买的营养品，除此之外该500元是我方自行为伤者购买的营养品。

法官：双方对案件事实还有无补充？

原告：没有。

被告：没有。

法官：法庭调查结束。

三、法庭辩论

法官：下面进行法庭辩论。首先由原告发表辩论意见。

原告：原告在被告方投保了商业险及交强险，在保险期限内发生了保险事故，因此依照保险条款保险人应当向被保险人予以理赔，保险人应当足额支付我方费用，关于免赔理由被告提供证据并未证明被告向我方进行了告知，对免赔事项应当予以加黑加粗予以说明，但现在被告并没有证据予以证明。

法官：被告，发表你方辩论意见。

被告：坚持答辩意见。

法官：双方还有无新的辩论意见？

原告：没有。

被告：没有。

法官：法庭辩论结束。就本案纠纷双方是否请求法庭主持调解？

原告：同意。

被告：同意，医药费中的自费药项目需要剔除。

法官：原告，是何意见？

原告：不同意。

法官：鉴于双方意见分歧较大，法庭不再进行调解工作。下面双方陈述最后意见。

原告：请求法庭支持原告诉讼请求。

被告：请求法庭驳回原告诉讼请求。

法官：休庭。当事人看笔录签字。

第二次开庭

一、法庭准备

法官：原告方对被告方出庭人员是否有异议？

原告：无异议。

法官：被告方对原告方出庭人员是否有异议？

被告：无异议。

法官：法庭对双方出庭人员身份核对完毕，与向本庭提交的身份证明一致，出庭资格合法有效，准予出庭。现在宣布开庭。根据《中华人民共和国民事诉讼法》的规定，当事人有权委托代理人，提出回避请求，收集提供证据，进行辩论，请求调解，提出上诉，申请执行。可以查阅本案有关材料，复制有关材料及法律文书。双方可以自行和解，原告可以放弃或者变更诉讼请求，被告可以承认或者反驳诉讼请求，有权提出反诉。当事人对自己的主张，有责任提供证据。当事人必须依法行使诉讼权利，遵守诉讼秩序，履行发生法律效力的裁判文书。以上权利义务当事人是否听清了？

原告：听清了。

被告：听清了。

法官：当事人对法庭组成人员是否申请回避？

原告：不申请。

被告：不申请。

法官：今天继续开庭，原告诉讼请求与上次开庭是否一致？

原告：一致。

法官：被告答辩意见与上次开庭是否一致？

被告：一致。

二、法庭调查

法官：恢复法庭调查，上次庭审中原告方出示了10份证据，被告已质证，被告方出示了1份证据，原告已质证，下面由原告举证。

原告：没有。

法官：被告举证。

被告：补充证据1：投保单的原件，保单上面有杨大明的签字。证明保险公司已经履行了提示告知义务，条款中也包括责任的免除内容。

补充证据2：商业险条款。证明双方的约定。

法官：原告质证。

原告：补充证据1：真实性认可，对方并没有向我方提供过条款，也没有向我方充分说明免责条款的内容。

补充证据2：真实性不认可，因为对方并没有向我方出示过，且自费药并不是免责条款的内容。

法官：双方当事人是否有新的证据提交。

原告：没有。

被告：没有。

法官：下面进行法庭询问。

法官：原告，你方称被告没有向你方交付保单条款，也未向你方就免责条款提出过说明，但为何被告提交的补充证据1中投保人说明一栏记载，被告已向你方详细介绍并提供了投保险种所适用的条款，并对其中免除保险人责任的条款，以及保险合同中付费约定的内容向你作了明确的说明，你方已充分理解并接受上述内容，对此你方作何解释？

原告：此条款是格式条款，免责条款不应该包括免除医疗费的内容，机动车商业险的条款也没有向我方出示过。

法官：被告，关于原告提交的医药费你方计算的总计金额是多少？

被告：31 893.21 元。

法官：原告，认可吗？

原告：认可。

法官：双方对案件事实还有无补充？

原告：没有。

被告：没有。

法官：法庭调查结束。

三、法庭辩论

法官：下面由原告方发表辩论意见。

原告：保险人并未向被保险人出示过商业险条款，也没有对我方就免责条款作出过说明，保险人一直主张自费药属于免责条款内容，但对方在法庭上并没有出示过免责条款，也没有出示过免责条款的内容，保险人出示的交通责任保险条款，责任免责条款并未包括保险人的主张，并且依据交强险中的赔偿条款内容，保险只是依据的基本医疗保险工伤保险医疗费用的内容，提出免除自费药并不合理，其他内容以我方书面代理词为准。

法官：下面由被告方发表辩论意见。

被告：保险公司已经提供的投保单，保单上有原告方的签字，投保单明确说明被告已向原告做到了提示告知义务，并且原告也已签字认可，现原告否认我方并没有向其提供保险条款并不合理，条款中明确约定对免除自费药的内容是在赔偿内容中并没有在商业保险条款内容中，所以我方不同意赔偿自费药的部分，交通费的部分原告主张较高，且交通费上的记载时间也并不对应，对于营养费的部分我方也不予认可。

法官：双方当事人是否还有新的辩论意见？

原告：没有。

被告：没有。

法官：法庭辩论结束。就本案纠纷双方是否请求法庭主持调解？

原告：同意。

被告：不同意。

法官：鉴于双方意见分歧较大，法庭不再进行调解工作。下面双方陈述最后意见。

原告：坚持诉讼请求。

被告：坚持答辩意见。

法官：现在休庭，双方当事人看笔录签字。

四、评议与宣判阶段

法官：（敲法槌）请坐，现在继续开庭。合议庭合议认为（接下来对每一个争议的焦点说明合议意见）：

……

如不服本判决，可在判决书送达之日起15日内，向本院递交上诉状，并按对方当事人的人数提出副本，上诉于京华市第一中级人民法院。

当事人在闭庭后5日内至本院阅读笔录签字。

审 判 长：×××

审 判 员：×××

书 记 员：×××

×年×月×日

模拟庭审结束。

附录一：中华人民共和国保险法

中华人民共和国主席令
第十一号

《中华人民共和国保险法》已由中华人民共和国第十一届全国人民代表大会常务委员会第七次会议于2009年2月28日修订通过，现将修订后的《中华人民共和国保险法》公布，自2009年10月1日起施行。

中华人民共和国主席 胡锦涛
2009年2月28日

中华人民共和国保险法（修订）

（1995年6月30日第八届全国人民代表大会常务委员会第十四次会议通过　根据2002年10月28日第九届全国人民代表大会常务委员会第三十次会议《关于修改〈中华人民共和国保险法〉的决定》修正　2009年2月28日第十一届全国人民代表大会常务委员会第七次会议修订）

目　录

第一章　总　则

第一条　为了规范保险活动，保护保险活动当事人的合法权益，加强对保险业的监督管理，维护社会经济秩序和社会公共利益，促进保险事业的健康发展，制定本法。

第二条　本法所称保险，是指投保人根据合同约定，向保险人支付保险费，保险人对于合同约定的可能发生的事故因其发生所造成的财产损失承担赔偿保险金责任，或者当被保险人死亡、伤残、疾病或者达到合同约定的年龄、期限等条件时承担给付保险金责任的商业保险行为。

第三条　在中华人民共和国境内从事保险活动，适用本法。

第四条　从事保险活动必须遵守法律、行政法规，尊重社会公德，不得损害社会公共利益。

第五条　保险活动当事人行使权利、履行义务应当遵循诚实信用原则。

第六条　保险业务由依照本法设立的保险公司以及法律、行政法规规定的其他保险组织经营，其他单位和个人不得经营保险业务。

第七条　在中华人民共和国境内的法人和其他组织需要办理境内保险的，应当向中华人民共和国境内的保险公司投保。

第八条　保险业和银行业、证券业、信托业实行分业经营、分业管理，保险公司与银行、证券、信托业务机构分别设立。国家另有规定的除外。

第九条　国务院保险监督管理机构依法对保险业实施监督管理。

国务院保险监督管理机构根据履行职责的需要设立派出机构。派出机构按照国务院保险监督管理机构的授权履行监督管理职责。

第二章　保险合同

第一节　一般规定

第十条　保险合同是投保人与保险人约定保险权利义务关系的协议。

投保人是指与保险人订立保险合同，并按照合同约定负有支付保险费义务的人。

保险人是指与投保人订立保险合同，并按照合同约定承担赔偿或者给付保险金责任的保险公司。

第十一条　订立保险合同，应当协商一致，遵循公平原则确定各方的权利和义务。

除法律、行政法规规定必须保险的外，保险合同自愿订立。

第十二条　人身保险的投保人在保险合同订立时，对被保险人应当具有保险利益。

财产保险的被保险人在保险事故发生时，对保险标的应当具有保险利益。

人身保险是以人的寿命和身体为保险标的的保险。

财产保险是以财产及其有关利益为保险标的的保险。

被保险人是指其财产或者人身受保险合同保障，享有保险金请求权的人。投保人可以为被保险人。

保险利益是指投保人或者被保险人对保险标的具有的法律上承认的利益。

第十三条　投保人提出保险要求，经保险人同意承保，保险合同成立。保险人应当及时向投保人签发保险单或者其他保险凭证。

保险单或者其他保险凭证应当载明当事人双方约定的合同内容。当事人也可以约定采用其他书面形式载明合同内容。

依法成立的保险合同，自成立时生效。投保人和保险人可以对合同的效力约定附条件或者附期限。

第十四条　保险合同成立后，投保人按照约定交付保险费，保险人按照约定的时间开始承担保险责任。

第十五条　除本法另有规定或者保险合同另有约定外，保险合同成立后，投保人可以解除合同，保险人不得解除合同。

第十六条　订立保险合同，保险人就保险标的或者被保险人的有关情况提出询问的，投保人应当如实告知。

投保人故意或者因重大过失未履行前款规定的如实告知义务，足以影响保险人决定是否同意承保或者提高保险费率的，保险人有权解除合同。

前款规定的合同解除权，自保险人知道有解除事由之日起，超过三十日不行使而消灭。自合同成立之日起超过二年的，保险人不得解除合同；发生保险事故的，保险人应当承担赔偿或者给付保险金的责任。

投保人故意不履行如实告知义务的，保险人对于合同解除前发生的保险事故，不承担赔偿或者给付保险金的责任，并不退还保险费。

投保人因重大过失未履行如实告知义务，对保险事故的发生有严重影响的，保险人对于合同解除前发生的保险事故，不承担赔偿或者给付保险金的责任，但应当退还保险费。

保险人在合同订立时已经知道投保人未如实告知的情况的，保险人不得解除合同；发生保险事故的，保险人应当承担赔偿或者给付保险金的责任。

保险事故是指保险合同约定的保险责任范围内的事故。

第十七条　订立保险合同，采用保险人提供的格式条款的，保险人向投保人提供的投保单应当附格式条款，保险人应当向投保人说明合同的内容。

对保险合同中免除保险人责任的条款，保险人在订立合同时应当在投保单、保险单或者其他保险凭证上作出足以引起投保人注意的提示，并对该条款的内容以书面或者口头形式向投保人作出明确说明；未作提示或者明确说明的，该条款不产生效力。

第十八条　保险合同应当包括下列事项：

（一）保险人的名称和住所；

（二）投保人、被保险人的姓名或者名称、住所，以及人身保险的受益人的姓名或者名称、住所；

（三）保险标的；

（四）保险责任和责任免除；

（五）保险期间和保险责任开始时间；

（六）保险金额；

（七）保险费以及支付办法；

（八）保险金赔偿或者给付办法；

（九）违约责任和争议处理；

（十）订立合同的年、月、日。

投保人和保险人可以约定与保险有关的其他事项。

受益人是指人身保险合同中由被保险人或者投保人指定的享有保险金请求权的人。投保人、被保险人可以为受益人。

保险金额是指保险人承担赔偿或者给付保险金责任的最高限额。

第十九条　采用保险人提供的格式条款订立的保险合同中的下列条款无效：

（一）免除保险人依法应承担的义务或者加重投保人、被保险人责任的；

（二）排除投保人、被保险人或者受益人依法享有的权利的。

第二十条　投保人和保险人可以协商变更合同内容。

变更保险合同的，应当由保险人在保险单或者其他保险凭证上批注或者附贴批单，或者由投保人和保险人订立变更的书面协议。

第二十一条　投保人、被保险人或者受益人知道保险事故发生后，应当及时通知保险人。故意或者因重大过失未及时通知，致使保险事故的性质、原因、损失程度等难以确定的，保险人对无法确定的部分，不承担赔偿或者给付保险金的责任，但保险人通过其他途径已经及时知道或者应当及时知道保险事故发生的除外。

第二十二条　保险事故发生后，按照保险合同请求保险人赔偿或者给付保险金时，投保人、被保险人或者受益人应当向保险人提供其所能提供的与确认保险事故的性质、原因、损失程度等有关的证明和资料。

保险人按照合同的约定，认为有关的证明和资料不完整的，应当及时一次性通知投保人、被保险人或者受益人补充提供。

第二十三条　保险人收到被保险人或者受益人的赔偿或者给付保险金的请求后，应当及时作出核定；情形复杂的，应当在三十日内作出核定，但合同另有约定的除外。保险人应当将核定结果通知被保险人或者受益人；对属于保险责任的，在与被保险人或者受益人达成赔偿或者给付保险金的协议后十日内，履行赔偿或者给付保险金义务。保险合同对赔偿或者给付保险金的期限有约定的，保险人应当按照约定履行赔偿或者给付保险金义务。

保险人未及时履行前款规定义务的，除支付保险金外，应当赔偿被保险人或者受益人因此受到的损失。

任何单位和个人不得非法干预保险人履行赔偿或者给付保险金的义务，也不得限制被保险人或者受益人取得保险金的权利。

第二十四条　保险人依照本法第二十三条的规定作出核定后，对不属于保险责任的，应当自作出核定之日起三日内向被保险人或者受益人发出拒绝赔偿或者拒绝给付保险金通知书，并说明理由。

第二十五条　保险人自收到赔偿或者给付保险金的请求和有关证明、资料之日起六十日内，对其赔偿或者给付保险金的数额不能确定的，应当根据已有证明和资料可以确定的数额先予支付；保险人最终确定赔偿或者给付保险金的数额后，应当支付相应的差额。

第二十六条　人寿保险以外的其他保险的被保险人或者受益人，向保险人请求赔偿或者给付保险金的诉讼时效期间为二年，自其知道或者应当知道保险事故发生之日起计算。

人寿保险的被保险人或者受益人向保险人请求给付保险金的诉讼时效期间为五年，自其知道或者应当知道保险事故发生之日起计算。

第二十七条　未发生保险事故，被保险人或者受益人谎称发生了保险事故，向保险人提出赔偿或者给付保险金请求的，保险人有权解除合同，并不退还保险费。

投保人、被保险人故意制造保险事故的，保险人有权解除合同，不承担赔偿或者给付保险金的责任；除本法第四十三条规定外，不退还保险费。

保险事故发生后，投保人、被保险人或者受益人以伪造、变造的有关证明、资料或者其他证据，编造虚假的事故原因或者夸大损失程度的，保险人对其虚报的部分不承担赔偿或者给付保险金的责任。

投保人、被保险人或者受益人有前三款规定行为之一，致使保险人支付保险金或者支出费用的，应当退回或者赔偿。

第二十八条　保险人将其承担的保险业务，以分保形式部分转移给其他保险人的，为再保险。

应再保险接受人的要求，再保险分出人应当将其自负责任及原保险的有关情况书面告知再保险接受人。

第二十九条　再保险接受人不得向原保险的投保人要求支付保险费。

原保险的被保险人或者受益人不得向再保险接受人提出赔偿或者给付保险金的请求。

再保险分出人不得以再保险接受人未履行再保险责任为由，拒绝履行或者迟延履行其原保险责任。

第三十条　采用保险人提供的格式条款订立的保险合同，保险人与投保人、被保险人或者受益人对合同条款有争议的，应当按照通常理解予以解释。对合同条款有两种以上解释的，人民法院或者仲裁机构应当作出有利于被保险人和受益人的解释。

第二节　人身保险合同

第三十一条　投保人对下列人员具有保险利益：

（一）本人；

（二）配偶、子女、父母；

（三）前项以外与投保人有抚养、赡养或者扶养关系的家庭其他成员、近亲属；

（四）与投保人有劳动关系的劳动者。

除前款规定外，被保险人同意投保人为其订立合同的，视为投保人对被保险人具有保险利益。

订立合同时，投保人对被保险人不具有保险利益的，合同无效。

第三十二条　投保人申报的被保险人年龄不真实，并且其真实年龄不符合合同约定的年龄限制的，保险人可以解除合同，并按照合同约定退还保险单的现金价值。保险人行使合同解除权，适用本法第十六条第三款、第六款的规定。

投保人申报的被保险人年龄不真实，致使投保人支付的保险费少于应付保险费的，保险人有权更正并要求投保人补交保险费，或者在给付保险金时按照实付保险费与应付保险费的比例支付。

投保人申报的被保险人年龄不真实，致使投保人支付的保险费多于应付保险费的，保险人应当将多收的保险费退还投保人。

第三十三条　投保人不得为无民事行为能力人投保以死亡为给付保险金条件的人身保险，保险人也不得承保。

父母为其未成年子女投保的人身保险，不受前款规定限制。但是，因被保险人死亡给付的保险金总和不得超过国务院保险监督管理机构规定的限额。

第三十四条　以死亡为给付保险金条件的合同，未经被保险人同意并认可保险金额的，合同无效。

按照以死亡为给付保险金条件的合同所签发的保险单，未经被保险人书面同意，不得转让或者质押。

父母为其未成年子女投保的人身保险，不受本条第一款规定限制。

第三十五条　投保人可以按照合同约定向保险人一次支付全部保险费或者分期支付保险费。

第三十六条　合同约定分期支付保险费，投保人支付首期保险费后，除合同另有约定外，投保人自保险人催告之日起超过三十日未支付当期保险费，或者超过约定的期限六十日未支付当期保险费的，合同效力中止，或者由保险人按照合同约定的条件减少保险金额。

被保险人在前款规定期限内发生保险事故的，保险人应当按照合同约定给付保险金，但可以扣减欠交的保险费。

第三十七条　合同效力依照本法第三十六条规定中止的，经保险人与投保人协商并达成协议，在投保人补交保险费后，合同效力恢复。但是，自合同效力中止之日起满二年双方未达成协议的，保险人有权解除合同。

保险人依照前款规定解除合同的，应当按照合同约定退还保险单的现金价值。

第三十八条　保险人对人寿保险的保险费，不得用诉讼方式要求投保人支付。

第三十九条　人身保险的受益人由被保险人或者投保人指定。

投保人指定受益人时须经被保险人同意。投保人为与其有劳动关系的劳动者投保人身保险，不得指定被保险人及其近亲属以外的人为受益人。

被保险人为无民事行为能力人或者限制民事行为能力人的，可以由其监护人指定受益人。

第四十条　被保险人或者投保人可以指定一人或者数人为受益人。

受益人为数人的，被保险人或者投保人可以确定受益顺序和受益份额；未确定受益份额的，受益人按照相等份额享有受益权。

第四十一条　被保险人或者投保人可以变更受益人并书面通知保险人。保险人收到变更受益人的书面通知后，应当在保险单或者其他保险凭证上批注或者附贴批单。

投保人变更受益人时须经被保险人同意。

第四十二条　被保险人死亡后，有下列情形之一的，保险金作为被保险人的遗产，由保险人依照《中华人民共和国继承法》的规定履行给付保险金的义务：

（一）没有指定受益人，或者受益人指定不明无法确定的；

（二）受益人先于被保险人死亡，没有其他受益人的；

（三）受益人依法丧失受益权或者放弃受益权，没有其他受益人的。

受益人与被保险人在同一事件中死亡，且不能确定死亡先后顺序的，推定受益人死亡在先。

第四十三条　投保人故意造成被保险人死亡、伤残或者疾病的，保险人不承担给付保险金的责任。投保人已交足二年以上保险费的，保险人应当按照合同约定向其他权利人退还保险单的现金价值。

受益人故意造成被保险人死亡、伤残、疾病的，或者故意杀害被保险人未遂的，该受益人丧失受益权。

第四十四条　以被保险人死亡为给付保险金条件的合同，自合同成立或者合同效力恢复之日起二年内，被保险人自杀的，保险人不承担给付保险金的责任，但被保险人自杀时为无民事行为能力人的除外。

保险人依照前款规定不承担给付保险金责任的，应当按照合同约定退还保险单的现金价值。

第四十五条　因被保险人故意犯罪或者抗拒依法采取的刑事强制措施导致其伤残或者死亡的，保险人不承担给付保险金的责任。投保人已交足二年以上保险费的，保险人应当按照合同约定退还保险单的现金价值。

第四十六条　被保险人因第三者的行为而发生死亡、伤残或者疾病等保险事故的，保险人向被保险人或者受益人给付保险金后，不享有向第三者追偿的权利，但被保险人或者受益人仍有权向第三者请求赔偿。

第四十七条　投保人解除合同的，保险人应当自收到解除合同通知之日起三十日内，按照合同约定退还保险单的现金价值。

第三节　财产保险合同

第四十八条　保险事故发生时，被保险人对保险标的不具有保险利益的，不得向保险人请求赔偿保险金。

第四十九条　保险标的转让的，保险标的的受让人承继被保险人的权利和义务。

保险标的转让的，被保险人或者受让人应当及时通知保险人，但货物运输保险合同和另有约定的合同除外。

因保险标的转让导致危险程度显著增加的，保险人自收到前款规定的通知之日起三十日内，可以按照合同约定增加保险费或者解除合同。保险人解除合同的，应当将已收取的保险费，按照合同约定扣除自保险责任开始之日起至合同解除之日止应收的部分后，退还投保人。

被保险人、受让人未履行本条第二款规定的通知义务的，因转让导致保险标的危险程度显著增加而发生的保险事故，保险人不承担赔偿保险金的责任。

第五十条　货物运输保险合同和运输工具航程保险合同，保险责任开始后，合同当事人不得解除合同。

第五十一条　被保险人应当遵守国家有关消防、安全、生产操作、劳动保护等方面的规定，维护保险标的的安全。

保险人可以按照合同约定对保险标的的安全状况进行检查，及时向投保人、被保险人提出消除不安全因素和隐患的书面建议。

投保人、被保险人未按照约定履行其对保险标的的安全应尽责任的，保险人有权要求增加保险费或者解除合同。

保险人为维护保险标的的安全，经被保险人同意，可以采取安全预防措施。

第五十二条　在合同有效期内，保险标的的危险程度显著增加的，被保险人应当按照合同约定及时通知保险人，保险人可以按照合同约定增加保险费或者解除合同。保险人解除合同的，应当将已收取的保险费，按照合同约定扣除自保险责任开始之日起至合同解除之日止应收的部分后，退还投保人。

被保险人未履行前款规定的通知义务的，因保险标的的危险程度显著增加而发生的保险事故，保险人不承担赔偿保险金的责任。

第五十三条　有下列情形之一的，除合同另有约定外，保险人应当降低保险费，并按日计算退还相应的保险费：

（一）据以确定保险费率的有关情况发生变化，保险标的的危险程度明显减少的；

（二）保险标的的保险价值明显减少的。

第五十四条　保险责任开始前，投保人要求解除合同的，应当按照合同约定向保险人支付手续费，保险人应当退还保险费。保险责任开始后，投保人要求解除合同的，保险人应当将已收取的保险费，按照合同约定扣除自保险责任开始之日起至合同解除之日止应收的部分后，退还投保人。

第五十五条　投保人和保险人约定保险标的的保险价值并在合同中载明的，保险标的发生损失时，以约定的保险价值为赔偿计算标准。

投保人和保险人未约定保险标的的保险价值的，保险标的发生损失时，以保险事故发生时保险标的的实际价值为赔偿计算标准。

保险金额不得超过保险价值。超过保险价值的，超过部分无效，保险人应当退还相应的保险费。

保险金额低于保险价值的，除合同另有约定外，保险人按照保险金额与保险价值的比例承担赔偿保险金的责任。

第五十六条　重复保险的投保人应当将重复保险的有关情况通知各保险人。

重复保险的各保险人赔偿保险金的总和不得超过保险价值。除合同另有约定外，各保险人按照其保险金额与保险金额总和的比例承担赔偿保险金的责任。

重复保险的投保人可以就保险金额总和超过保险价值的部分，请求各保险人按比例返还保险费。

重复保险是指投保人对同一保险标的、同一保险利益、同一保险事故分别与两个以上保险人订立保险合同，且保险金额总和超过保险价值的保险。

第五十七条　保险事故发生时，被保险人应当尽力采取必要的措施，防止或者减少损失。

保险事故发生后，被保险人为防止或者减少保险标的的损失所支付的必要的、合理的费用，由保险人承担；保险人所承担的费用数额在保险标的损失赔偿金额以外另行计算，最高不超过保险金额的数额。

第五十八条　保险标的发生部分损失的，自保险人赔偿之日起三十日内，投保人可以解除合同；除合同另有约定外，保险人也可以解除合同，但应当提前十五日通知投保人。

合同解除的，保险人应当将保险标的未受损失部分的保险费，按照合同约定扣除自保险责任开始之日起至合同解除之日止应收的部分后，退还投保人。

第五十九条　保险事故发生后，保险人已支付了全部保险金额，并且保险金额等于保险价值的，受损保险标的的全部权利归于保险人；保险金额低于保险价值的，保险人按照保险金额与保险价值的比例取得受损保险标的的部分权利。

第六十条　因第三者对保险标的的损害而造成保险事故的，保险人自向被保险人赔偿保险金之日起，在赔偿金额范围内代位行使被保险人对第三者请求赔偿的权利。

前款规定的保险事故发生后，被保险人已经从第三者取得损害赔偿的，保险人赔偿保险金时，可以相应扣减被保险人从第三者已取得的赔偿金额。

保险人依照本条第一款规定行使代位请求赔偿的权利，不影响被保险人就未取得赔偿的部分向第三者请求赔偿的权利。

第六十一条　保险事故发生后，保险人未赔偿保险金之前，被保险人放弃对第三者请求赔偿的权利的，保险人不承担赔偿保险金的责任。

保险人向被保险人赔偿保险金后，被保险人未经保险人同意放弃对第三者请求赔偿的权利的，该行为无效。

被保险人故意或者因重大过失致使保险人不能行使代位请求赔偿的权利的，保险人可以扣减或者要求返还相应的保险金。

第六十二条　除被保险人的家庭成员或者其组成人员故意造成本法第六十条第一款规定的保险事故外，保险人不得对被保险人的家庭成员或者其组成人员行使代位请求赔偿的权利。

第六十三条　保险人向第三者行使代位请求赔偿的权利时，被保险人应当向保险人提供必要的文件和所知道的有关情况。

第六十四条　保险人、被保险人为查明和确定保险事故的性质、原因和保险标的的损失程度所支付的必要的、合理的费用，由保险人承担。

第六十五条　保险人对责任保险的被保险人给第三者造成的损害，可以依照法律的规定或者合同的约定，直接向该第三者赔偿保险金。

责任保险的被保险人给第三者造成损害，被保险人对第三者应负的赔偿责任确定的，根据被保险人的请求，保险人应当直接向该第三者赔偿保险金。被保险人怠于请求的，第三者有权就其应获赔偿部分直接向保险人请求赔偿保险金。

责任保险的被保险人给第三者造成损害，被保险人未向该第三者赔偿的，保险人不得向被保险人赔偿保险金。

责任保险是指以被保险人对第三者依法应负的赔偿责任为保险标的的保险。

第六十六条　责任保险的被保险人因给第三者造成损害的保险事故而被提起仲裁或者诉讼的，被保险人支付的仲裁或者诉讼费用以及其他必要的、合理的费用，除合同另有约定外，由保险人承担。

第三章　保险公司

第六十七条　设立保险公司应当经国务院保险监督管理机构批准。

国务院保险监督管理机构审查保险公司的设立申请时，应当考虑保险业的发展和公平竞争的需要。

第六十八条　设立保险公司应当具备下列条件：

（一）主要股东具有持续盈利能力，信誉良好，最近三年内无重大违法违规记录，净资产不低于人民币二亿元；

（二）有符合本法和《中华人民共和国公司法》规定的章程；

（三）有符合本法规定的注册资本；

（四）有具备任职专业知识和业务工作经验的董事、监事和高级管理人员；

（五）有健全的组织机构和管理制度；

（六）有符合要求的营业场所和与经营业务有关的其他设施；

（七）法律、行政法规和国务院保险监督管理机构规定的其他条件。

第六十九条　设立保险公司，其注册资本的最低限额为人民币二亿元。

国务院保险监督管理机构根据保险公司的业务范围、经营规模，可以调整其注册资本的最低限额，但不得低于本条第一款规定的限额。

保险公司的注册资本必须为实缴货币资本。

第七十条　申请设立保险公司，应当向国务院保险监督管理机构提出书面申请，并提交下列材料：

（一）设立申请书，申请书应当载明拟设立的保险公司的名称、注册资本、业务范围等；

（二）可行性研究报告；

（三）筹建方案；

（四）投资人的营业执照或者其他背景资料，经会计师事务所审计的上一年度财务会计报告；

（五）投资人认可的筹备组负责人和拟任董事长、经理名单及本人认可证明；

（六）国务院保险监督管理机构规定的其他材料。

第七十一条　国务院保险监督管理机构应当对设立保险公司的申请进行审查，自受理之日起六个月内作出批准或者不批准筹建的决定，并书面通知申请人。决定不批准的，应当书面说明理由。

第七十二条　申请人应当自收到批准筹建通知之日起一年内完成筹建工作；筹建期间不得从事保险经营活动。

第七十三条　筹建工作完成后，申请人具备本法第六十八条规定的设立条件的，可以向国务院保险监督管理机构提出开业申请。

国务院保险监督管理机构应当自受理开业申请之日起六十日内，作出批准或者不批准开业的决定。决定批准的，颁发经营保险业务许可证；决定不批准的，应当书面通知申请人并说明理由。

第七十四条　保险公司在中华人民共和国境内设立分支机构，应当经保险监督管理机构批准。

保险公司分支机构不具有法人资格，其民事责任由保险公司承担。

第七十五条　保险公司申请设立分支机构，应当向保险监督管理机构提出书面申请，并提交下列材料：

（一）设立申请书；

（二）拟设机构三年业务发展规划和市场分析材料；

（三）拟任高级管理人员的简历及相关证明材料；

（四）国务院保险监督管理机构规定的其他材料。

第七十六条　保险监督管理机构应当对保险公司设立分支机构的申请进行审查，自受理之日起六十日内作出批准或者不批准的决定。决定批准的，颁发分支机构经营保险业务许可证；决定不批准的，应当书面通知申请人并说明理由。

第七十七条　经批准设立的保险公司及其分支机构，凭经营保险业务许可证向工商行政管理机关办理登记，领取营业执照。

第七十八条　保险公司及其分支机构自取得经营保险业务许可证之日起六个月内，无正当理由未向工商行政管理机关办理登记的，其经营保险业务许可证失效。

第七十九条　保险公司在中华人民共和国境外设立子公司、分支机构、代表机构，应当经国务院保险监督管理机构批准。

第八十条　外国保险机构在中华人民共和国境内设立代表机构，应当经国务院保险监督管理机构批准。代表机构不得从事保险经营活动。

第八十一条　保险公司的董事、监事和高级管理人员，应当品行良好，熟悉与保险相关的法律、行政法规，具有履行职责所需的经营管理能力，并在任职前取得保险监督管理机构核准的任职资格。

保险公司高级管理人员的范围由国务院保险监督管理机构规定。

第八十二条　有《中华人民共和国公司法》第一百四十七条规定的情形或者下列情形之一的，不得担任保险公司的董事、监事、高级管理人员：

（一）因违法行为或者违纪行为被金融监督管理机构取消任职资格的金融机构的董事、监事、高级管理人员，自被取消任职资格之日起未逾五年的；

（二）因违法行为或者违纪行为被吊销执业资格的律师、注册会计师或者资产评估机构、验证机构等机构的专业人员，自被吊销执业资格之日起未逾五年的。

第八十三条　保险公司的董事、监事、高级管理人员执行公司职务时违反法律、行政法规或者公司章程的规定，给公司造成损失的，应当承担赔偿责任。

第八十四条　保险公司有下列情形之一的，应当经保险监督管理机构批准：

（一）变更名称；

（二）变更注册资本；

（三）变更公司或者分支机构的营业场所；

（四）撤销分支机构；

（五）公司分立或者合并；

（六）修改公司章程；

（七）变更出资额占有限责任公司资本总额百分之五以上的股东，或者变更持有股份有限公司股份百分之五以上的股东；

（八）国务院保险监督管理机构规定的其他情形。

第八十五条　保险公司应当聘用经国务院保险监督管理机构认可的精算专业人员，建立精算报告制度。

保险公司应当聘用专业人员，建立合规报告制度。

第八十六条　保险公司应当按照保险监督管理机构的规定，报送有关报告、报表、文件和资料。

保险公司的偿付能力报告、财务会计报告、精算报告、合规报告及其他有关报告、报表、文件和资料必须如实记录保险业务事项，不得有虚假记载、误导性陈述和重大遗漏。

第八十七条　保险公司应当按照国务院保险监督管理机构的规定妥善保管业务经营活动的完整账簿、原始凭证和有关资料。

前款规定的账簿、原始凭证和有关资料的保管期限，自保险合同终止之日起计算，保险期间在一年以下的不得少于五年，保险期间超过一年的不得少于十年。

第八十八条　保险公司聘请或者解聘会计师事务所、资产评估机构、资信评级机构等中介服务机构，应当向保险监督管理机构报告；解聘会计师事务所、资产评估机构、资信评级机构等中介服务机构，应当说明理由。

第八十九条　保险公司因分立、合并需要解散，或者股东会、股东大会决议解散，或者公司章程规定的解散事由出现，经国务院保险监督管理机构批准后解散。

经营有人寿保险业务的保险公司，除因分立、合并或者被依法撤销外，不得解散。

保险公司解散，应当依法成立清算组进行清算。

第九十条　保险公司有《中华人民共和国企业破产法》第二条规定情形的，经国务院保险监督管理机构同意，保险公司或者其债权人可以依法向人民法院申请重整、和解或者破产清算；国务院保险监督管理机构也可以依法向人民法院申请对该保险公司进行重整或者破产清算。

第九十一条　破产财产在优先清偿破产费用和共益债务后，按照下列顺序清偿：

（一）所欠职工工资和医疗、伤残补助、抚恤费用，所欠应当划入职工个人账户的基本养老保险、基本医疗保险费用，以及法律、行政法规规定应当支付给职工的补偿金；

（二）赔偿或者给付保险金；

（三）保险公司欠缴的除第（一）项规定以外的社会保险费用和所欠税款；

（四）普通破产债权。

破产财产不足以清偿同一顺序的清偿要求的，按照比例分配。

破产保险公司的董事、监事和高级管理人员的工资，按照该公司职工的平均工资计算。

第九十二条　经营有人寿保险业务的保险公司被依法撤销或者被依法宣告破产的，其持有的人寿保险合同及责任准备金，必须转让给其他经营有人寿保险业务的保险公司；不能同其他保险公司达成转让协议的，由国务院保险监督管理机构指定经营有人寿保险业务的保险公司接受转让。

转让或者由国务院保险监督管理机构指定接受转让前款规定的人寿保险合同及责任准备金的，应当维护被保险人、受益人的合法权益。

第九十三条　保险公司依法终止其业务活动，应当注销其经营保险业务许可证。

第九十四条　保险公司，除本法另有规定外，适用《中华人民共和国公司法》的规定。

第四章　保险经营规则

第九十五条　保险公司的业务范围：

（一）人身保险业务，包括人寿保险、健康保险、意外伤害保险等保险业务；

（二）财产保险业务，包括财产损失保险、责任保险、信用保险、保证保险等保险业务；

（三）国务院保险监督管理机构批准的与保险有关的其他业务。

保险人不得兼营人身保险业务和财产保险业务。但是，经营财产保险业务的保险公司经国务院保险监督管理机构批准，可以经营短期健康保险业务和意外伤害保险业务。

保险公司应当在国务院保险监督管理机构依法批准的业务范围内从事保险经营活动。

第九十六条　经国务院保险监督管理机构批准，保险公司可以经营本法第九十五条规定的保险业务的下列再保险业务：

（一）分出保险；

（二）分入保险。

第九十七条　保险公司应当按照其注册资本总额的百分之二十提取保证金，存入国务院保险监督管理机构指定的银行，除公司清算时用于清偿债务外，不得动用。

第九十八条　保险公司应当根据保障被保险人利益、保证偿付能力的原则，提取各项责任准备金。

保险公司提取和结转责任准备金的具体办法，由国务院保险监督管理机构制定。

第九十九条　保险公司应当依法提取公积金。

第一百条　保险公司应当缴纳保险保障基金。

保险保障基金应当集中管理，并在下列情形下统筹使用：

（一）在保险公司被撤销或者被宣告破产时，向投保人、被保险人或者受益人提供救济；

（二）在保险公司被撤销或者被宣告破产时，向依法接受其人寿保险合同的保险公司提供救济；

（三）国务院规定的其他情形。

保险保障基金筹集、管理和使用的具体办法，由国务院制定。

第一百零一条　保险公司应当具有与其业务规模和风险程度相适应的最低偿付

能力。保险公司的认可资产减去认可负债的差额不得低于国务院保险监督管理机构规定的数额；低于规定数额的，应当按照国务院保险监督管理机构的要求采取相应措施达到规定的数额。

第一百零二条　经营财产保险业务的保险公司当年自留保险费，不得超过其实有资本金加公积金总和的四倍。

第一百零三条　保险公司对每一危险单位，即对一次保险事故可能造成的最大损失范围所承担的责任，不得超过其实有资本金加公积金总和的百分之十；超过的部分应当办理再保险。

保险公司对危险单位的划分应当符合国务院保险监督管理机构的规定。

第一百零四条　保险公司对危险单位的划分方法和巨灾风险安排方案，应当报国务院保险监督管理机构备案。

第一百零五条　保险公司应当按照国务院保险监督管理机构的规定办理再保险，并审慎选择再保险接受人。

第一百零六条　保险公司的资金运用必须稳健，遵循安全性原则。

保险公司的资金运用限于下列形式：

（一）银行存款；

（二）买卖债券、股票、证券投资基金份额等有价证券；

（三）投资不动产；

（四）国务院规定的其他资金运用形式。

保险公司资金运用的具体管理办法，由国务院保险监督管理机构依照前两款的规定制定。

第一百零七条　经国务院保险监督管理机构会同国务院证券监督管理机构批准，保险公司可以设立保险资产管理公司。

保险资产管理公司从事证券投资活动，应当遵守《中华人民共和国证券法》等法律、行政法规的规定。

保险资产管理公司的管理办法，由国务院保险监督管理机构会同国务院有关部门制定。

第一百零八条　保险公司应当按照国务院保险监督管理机构的规定，建立对关联交易的管理和信息披露制度。

第一百零九条　保险公司的控股股东、实际控制人、董事、监事、高级管理人员不得利用关联交易损害公司的利益。

第一百一十条　保险公司应当按照国务院保险监督管理机构的规定，真实、准确、完整地披露财务会计报告、风险管理状况、保险产品经营情况等重大事项。

第一百一十一条　保险公司从事保险销售的人员应当符合国务院保险监督管理机构规定的资格条件，取得保险监督管理机构颁发的资格证书。

前款规定的保险销售人员的范围和管理办法，由国务院保险监督管理机构规定。

第一百一十二条　保险公司应当建立保险代理人登记管理制度，加强对保险代理人的培训和管理，不得唆使、诱导保险代理人进行违背诚信义务的活动。

第一百一十三条　保险公司及其分支机构应当依法使用经营保险业务许可证，不得转让、出租、出借经营保险业务许可证。

第一百一十四条　保险公司应当按照国务院保险监督管理机构的规定，公平、合理拟订保险条款和保险费率，不得损害投保人、被保险人和受益人的合法权益。

保险公司应当按照合同约定和本法规定，及时履行赔偿或者给付保险金义务。

第一百一十五条　保险公司开展业务，应当遵循公平竞争的原则，不得从事不正当竞争。

第一百一十六条　保险公司及其工作人员在保险业务活动中不得有下列行为：

（一）欺骗投保人、被保险人或者受益人；

（二）对投保人隐瞒与保险合同有关的重要情况；

（三）阻碍投保人履行本法规定的如实告知义务，或者诱导其不履行本法规定的如实告知义务；

（四）给予或者承诺给予投保人、被保险人、受益人保险合同约定以外的保险费回扣或者其他利益；

（五）拒不依法履行保险合同约定的赔偿或者给付保险金义务；

（六）故意编造未曾发生的保险事故、虚构保险合同或者故意夸大已经发生的保险事故的损失程度进行虚假理赔，骗取保险金或者牟取其他不正当利益；

（七）挪用、截留、侵占保险费；

（八）委托未取得合法资格的机构或者个人从事保险销售活动；

（九）利用开展保险业务为其他机构或者个人牟取不正当利益；

（十）利用保险代理人、保险经纪人或者保险评估机构，从事以虚构保险中介业务或者编造退保等方式套取费用等违法活动；

（十一）以捏造、散布虚假事实等方式损害竞争对手的商业信誉，或者以其他不正当竞争行为扰乱保险市场秩序；

（十二）泄露在业务活动中知悉的投保人、被保险人的商业秘密；

（十三）违反法律、行政法规和国务院保险监督管理机构规定的其他行为。

第五章　保险代理人和保险经纪人

第一百一十七条　保险代理人是根据保险人的委托，向保险人收取佣金，并在保险人授权的范围内代为办理保险业务的机构或者个人。

保险代理机构包括专门从事保险代理业务的保险专业代理机构和兼营保险代理

业务的保险兼业代理机构。

第一百一十八条　保险经纪人是基于投保人的利益，为投保人与保险人订立保险合同提供中介服务，并依法收取佣金的机构。

第一百一十九条　保险代理机构、保险经纪人应当具备国务院保险监督管理机构规定的条件，取得保险监督管理机构颁发的经营保险代理业务许可证、保险经纪业务许可证。

保险专业代理机构、保险经纪人凭保险监督管理机构颁发的许可证向工商行政管理机关办理登记，领取营业执照。

保险兼业代理机构凭保险监督管理机构颁发的许可证，向工商行政管理机关办理变更登记。

第一百二十条　以公司形式设立保险专业代理机构、保险经纪人，其注册资本最低限额适用《中华人民共和国公司法》的规定。

国务院保险监督管理机构根据保险专业代理机构、保险经纪人的业务范围和经营规模，可以调整其注册资本的最低限额，但不得低于《中华人民共和国公司法》规定的限额。

保险专业代理机构、保险经纪人的注册资本或者出资额必须为实缴货币资本。

第一百二十一条　保险专业代理机构、保险经纪人的高级管理人员，应当品行良好，熟悉保险法律、行政法规，具有履行职责所需的经营管理能力，并在任职前取得保险监督管理机构核准的任职资格。

第一百二十二条　个人保险代理人、保险代理机构的代理从业人员、保险经纪人的经纪从业人员，应当具备国务院保险监督管理机构规定的资格条件，取得保险监督管理机构颁发的资格证书。

第一百二十三条　保险代理机构、保险经纪人应当有自己的经营场所，设立专门账簿记载保险代理业务、经纪业务的收支情况。

第一百二十四条　保险代理机构、保险经纪人应当按照国务院保险监督管理机构的规定缴存保证金或者投保职业责任保险。未经保险监督管理机构批准，保险代理机构、保险经纪人不得动用保证金。

第一百二十五条　个人保险代理人在代为办理人寿保险业务时，不得同时接受两个以上保险人的委托。

第一百二十六条　保险人委托保险代理人代为办理保险业务，应当与保险代理人签订委托代理协议，依法约定双方的权利和义务。

第一百二十七条　保险代理人根据保险人的授权代为办理保险业务的行为，由保险人承担责任。

保险代理人没有代理权、超越代理权或者代理权终止后以保险人名义订立合同，使投保人有理由相信其有代理权的，该代理行为有效。保险人可以依法追究越权的保险代理人的责任。

第一百二十八条　保险经纪人因过错给投保人、被保险人造成损失的，依法承担赔偿责任。

第一百二十九条　保险活动当事人可以委托保险公估机构等依法设立的独立评估机构或者具有相关专业知识的人员，对保险事故进行评估和鉴定。

接受委托对保险事故进行评估和鉴定的机构和人员，应当依法、独立、客观、公正地进行评估和鉴定，任何单位和个人不得干涉。

前款规定的机构和人员，因故意或者过失给保险人或者被保险人造成损失的，依法承担赔偿责任。

第一百三十条　保险佣金只限于向具有合法资格的保险代理人、保险经纪人支付，不得向其他人支付。

第一百三十一条　保险代理人、保险经纪人及其从业人员在办理保险业务活动中不得有下列行为：

（一）欺骗保险人、投保人、被保险人或者受益人；

（二）隐瞒与保险合同有关的重要情况；

（三）阻碍投保人履行本法规定的如实告知义务，或者诱导其不履行本法规定的如实告知义务；

（四）给予或者承诺给予投保人、被保险人或者受益人保险合同约定以外的利益；

（五）利用行政权力、职务或者职业便利以及其他不正当手段强迫、引诱或者限制投保人订立保险合同；

（六）伪造、擅自变更保险合同，或者为保险合同当事人提供虚假证明材料；

（七）挪用、截留、侵占保险费或者保险金；

（八）利用业务便利为其他机构或者个人牟取不正当利益；

（九）串通投保人、被保险人或者受益人，骗取保险金；

（十）泄露在业务活动中知悉的保险人、投保人、被保险人的商业秘密。

第一百三十二条　保险专业代理机构、保险经纪人分立、合并、变更组织形式、设立分支机构或者解散的，应当经保险监督管理机构批准。

第一百三十三条　本法第八十六条第一款、第一百一十三条的规定，适用于保险代理机构和保险经纪人。

第六章　保险业监督管理

第一百三十四条　保险监督管理机构依照本法和国务院规定的职责，遵循依法、公开、公正的原则，对保险业实施监督管理，维护保险市场秩序，保护投保人、被保险人和受益人的合法权益。

第一百三十五条　国务院保险监督管理机构依照法律、行政法规制定并发布有关保险业监督管理的规章。

第一百三十六条　关系社会公众利益的保险险种、依法实行强制保险的险种和新开发的人寿保险险种等的保险条款和保险费率，应当报国务院保险监督管理机构批准。国务院保险监督管理机构审批时，应当遵循保护社会公众利益和防止不正当竞争的原则。其他保险险种的保险条款和保险费率，应当报保险监督管理机构备案。

保险条款和保险费率审批、备案的具体办法，由国务院保险监督管理机构依照前款规定制定。

第一百三十七条　保险公司使用的保险条款和保险费率违反法律、行政法规或者国务院保险监督管理机构的有关规定的，由保险监督管理机构责令停止使用，限期修改；情节严重的，可以在一定期限内禁止申报新的保险条款和保险费率。

第一百三十八条　国务院保险监督管理机构应当建立健全保险公司偿付能力监管体系，对保险公司的偿付能力实施监控。

第一百三十九条　对偿付能力不足的保险公司，国务院保险监督管理机构应当将其列为重点监管对象，并可以根据具体情况采取下列措施：

（一）责令增加资本金、办理再保险；

（二）限制业务范围；

（三）限制向股东分红；

（四）限制固定资产购置或者经营费用规模；

（五）限制资金运用的形式、比例；

（六）限制增设分支机构；

（七）责令拍卖不良资产、转让保险业务；

（八）限制董事、监事、高级管理人员的薪酬水平；

（九）限制商业性广告；

（十）责令停止接受新业务。

第一百四十条　保险公司未依照本法规定提取或者结转各项责任准备金，或者未依照本法规定办理再保险，或者严重违反本法关于资金运用的规定的，由保险监督管理机构责令限期改正，并可以责令调整负责人及有关管理人员。

第一百四十一条　保险监督管理机构依照本法第一百四十条的规定作出限期改正的决定后，保险公司逾期未改正的，国务院保险监督管理机构可以决定选派保险专业人员和指定该保险公司的有关人员组成整顿组，对公司进行整顿。

整顿决定应当载明被整顿公司的名称、整顿理由、整顿组成员和整顿期限，并予以公告。

第一百四十二条　整顿组有权监督被整顿保险公司的日常业务。被整顿公司的负责人及有关管理人员应当在整顿组的监督下行使职权。

第一百四十三条　整顿过程中，被整顿保险公司的原有业务继续进行。但是，国务院保险监督管理机构可以责令被整顿公司停止部分原有业务、停止接受新业务，调整资金运用。

第一百四十四条　被整顿保险公司经整顿已纠正其违反本法规定的行为，恢复正常经营状况的，由整顿组提出报告，经国务院保险监督管理机构批准，结束整顿，并由国务院保险监督管理机构予以公告。

第一百四十五条　保险公司有下列情形之一的，国务院保险监督管理机构可以对其实行接管：

（一）公司的偿付能力严重不足的；

（二）违反本法规定，损害社会公共利益，可能严重危及或者已经严重危及公司的偿付能力的。

被接管的保险公司的债权债务关系不因接管而变化。

第一百四十六条　接管组的组成和接管的实施办法，由国务院保险监督管理机构决定，并予以公告。

第一百四十七条　接管期限届满，国务院保险监督管理机构可以决定延长接管期限，但接管期限最长不得超过二年。

第一百四十八条　接管期限届满，被接管的保险公司已恢复正常经营能力的，由国务院保险监督管理机构决定终止接管，并予以公告。

第一百四十九条　被整顿、被接管的保险公司有《中华人民共和国企业破产法》第二条规定情形的，国务院保险监督管理机构可以依法向人民法院申请对该保险公司进行重整或者破产清算。

第一百五十条　保险公司因违法经营被依法吊销经营保险业务许可证的，或者偿付能力低于国务院保险监督管理机构规定标准，不予撤销将严重危害保险市场秩序、损害公共利益的，由国务院保险监督管理机构予以撤销并公告，依法及时组织清算组进行清算。

第一百五十一条　国务院保险监督管理机构有权要求保险公司股东、实际控制人在指定的期限内提供有关信息和资料。

第一百五十二条　保险公司的股东利用关联交易严重损害公司利益，危及公司偿付能力的，由国务院保险监督管理机构责令改正。在按照要求改正前，国务院保险监督管理机构可以限制其股东权利；拒不改正的，可以责令其转让所持的保险公司股权。

第一百五十三条　保险监督管理机构根据履行监督管理职责的需要，可以与保险公司董事、监事和高级管理人员进行监督管理谈话，要求其就公司的业务活动和风险管理的重大事项作出说明。

第一百五十四条　保险公司在整顿、接管、撤销清算期间，或者出现重大风险时，国务院保险监督管理机构可以对该公司直接负责的董事、监事、高级管理人员和其他直接责任人员采取以下措施：

（一）通知出境管理机关依法阻止其出境；

（二）申请司法机关禁止其转移、转让或者以其他方式处分财产，或者在财产上设定其他权利。

第一百五十五条　保险监督管理机构依法履行职责，可以采取下列措施：

（一）对保险公司、保险代理人、保险经纪人、保险资产管理公司、外国保险机构的代表机构进行现场检查；

（二）进入涉嫌违法行为发生场所调查取证；

（三）询问当事人及与被调查事件有关的单位和个人，要求其对与被调查事件有关的事项作出说明；

（四）查阅、复制与被调查事件有关的财产权登记等资料；

（五）查阅、复制保险公司、保险代理人、保险经纪人、保险资产管理公司、外国保险机构的代表机构以及与被调查事件有关的单位和个人的财务会计资料及其他相关文件和资料；对可能被转移、隐匿或者毁损的文件和资料予以封存；

（六）查询涉嫌违法经营的保险公司、保险代理人、保险经纪人、保险资产管理公司、外国保险机构的代表机构以及与涉嫌违法事项有关的单位和个人的银行账户；

（七）对有证据证明已经或者可能转移、隐匿违法资金等涉案财产或者隐匿、伪造、毁损重要证据的，经保险监督管理机构主要负责人批准，申请人民法院予以冻结或者查封。

保险监督管理机构采取前款第（一）项、第（二）项、第（五）项措施的，应当经保险监督管理机构负责人批准；采取第（六）项措施的，应当经国务院保险监督管理机构负责人批准。

保险监督管理机构依法进行监督检查或者调查，其监督检查、调查的人员不得少于二人，并应当出示合法证件和监督检查、调查通知书；监督检查、调查的人员少于二人或者未出示合法证件和监督检查、调查通知书的，被检查、调查的单位和个人有权拒绝。

第一百五十六条　保险监督管理机构依法履行职责，被检查、调查的单位和个人应当配合。

第一百五十七条　保险监督管理机构工作人员应当忠于职守，依法办事，公正廉洁，不得利用职务便利牟取不正当利益，不得泄露所知悉的有关单位和个人的商业秘密。

第一百五十八条　国务院保险监督管理机构应当与中国人民银行、国务院其他金融监督管理机构建立监督管理信息共享机制。

保险监督管理机构依法履行职责，进行监督检查、调查时，有关部门应当予以配合。

第七章　法律责任

第一百五十九条　违反本法规定，擅自设立保险公司、保险资产管理公司或者非法经营商业保险业务的，由保险监督管理机构予以取缔，没收违法所得，并处违法所得一倍以上五倍以下的罚款；没有违法所得或者违法所得不足二十万元的，处二十万元以上一百万元以下的罚款。

第一百六十条　违反本法规定，擅自设立保险专业代理机构、保险经纪人，或者未取得经营保险代理业务许可证、保险经纪业务许可证从事保险代理业务、保险经纪业务的，由保险监督管理机构予以取缔，没收违法所得，并处违法所得一倍以上五倍以下的罚款；没有违法所得或者违法所得不足五万元的，处五万元以上三十万元以下的罚款。

第一百六十一条　保险公司违反本法规定，超出批准的业务范围经营的，由保险监督管理机构责令限期改正，没收违法所得，并处违法所得一倍以上五倍以下的罚款；没有违法所得或者违法所得不足十万元的，处十万元以上五十万元以下的罚款。逾期不改正或者造成严重后果的，责令停业整顿或者吊销业务许可证。

第一百六十二条　保险公司有本法第一百一十六条规定行为之一的，由保险监督管理机构责令改正，处五万元以上三十万元以下的罚款；情节严重的，限制其业务范围、责令停止接受新业务或者吊销业务许可证。

第一百六十三条　保险公司违反本法第八十四条规定的，由保险监督管理机构责令改正，处一万元以上十万元以下的罚款。

第一百六十四条　保险公司违反本法规定，有下列行为之一的，由保险监督管理机构责令改正，处五万元以上三十万元以下的罚款：

（一）超额承保，情节严重的；

（二）为无民事行为能力人承保以死亡为给付保险金条件的保险的。

第一百六十五条　违反本法规定，有下列行为之一的，由保险监督管理机构责令改正，处五万元以上三十万元以下的罚款；情节严重的，可以限制其业务范围、责令停止接受新业务或者吊销业务许可证：

（一）未按照规定提存保证金或者违反规定动用保证金的；

（二）未按照规定提取或者结转各项责任准备金的；

（三）未按照规定缴纳保险保障基金或者提取公积金的；

（四）未按照规定办理再保险的；

（五）未按照规定运用保险公司资金的；

（六）未经批准设立分支机构或者代表机构的；

（七）未按照规定申请批准保险条款、保险费率的。

第一百六十六条　保险代理机构、保险经纪人有本法第一百三十一条规定行为之一的，由保险监督管理机构责令改正，处五万元以上三十万元以下的罚款；情节严重的，吊销业务许可证。

第一百六十七条　保险代理机构、保险经纪人违反本法规定，有下列行为之一的，由保险监督管理机构责令改正，处二万元以上十万元以下的罚款；情节严重的，责令停业整顿或者吊销业务许可证：

（一）未按照规定缴存保证金或者投保职业责任保险的；

（二）未按照规定设立专门账簿记载业务收支情况的。

第一百六十八条　保险专业代理机构、保险经纪人违反本法规定，未经批准设立分支机构或者变更组织形式的，由保险监督管理机构责令改正，处一万元以上五万元以下的罚款。

第一百六十九条　违反本法规定，聘任不具有任职资格、从业资格的人员的，由保险监督管理机构责令改正，处二万元以上十万元以下的罚款。

第一百七十条　违反本法规定，转让、出租、出借业务许可证的，由保险监督管理机构处一万元以上十万元以下的罚款；情节严重的，责令停业整顿或者吊销业务许可证。

第一百七十一条　违反本法规定，有下列行为之一的，由保险监督管理机构责令限期改正；逾期不改正的，处一万元以上十万元以下的罚款：

（一）未按照规定报送或者保管报告、报表、文件、资料的，或者未按照规定提供有关信息、资料的；

（二）未按照规定报送保险条款、保险费率备案的；

（三）未按照规定披露信息的。

第一百七十二条　违反本法规定，有下列行为之一的，由保险监督管理机构责令改正，处十万元以上五十万元以下的罚款；情节严重的，可以限制其业务范围、责令停止接受新业务或者吊销业务许可证：

（一）编制或者提供虚假的报告、报表、文件、资料的；

（二）拒绝或者妨碍依法监督检查的；

（三）未按照规定使用经批准或者备案的保险条款、保险费率的。

第一百七十三条　保险公司、保险资产管理公司、保险专业代理机构、保险经纪人违反本法规定的，保险监督管理机构除分别依照本法第一百六十一条至第一百七十二条的规定对该单位给予处罚外，对其直接负责的主管人员和其他直接责任人员给予警告，并处一万元以上十万元以下的罚款；情节严重的，撤销任职资格或者从业资格。

第一百七十四条　个人保险代理人违反本法规定的，由保险监督管理机构给予警告，可以并处二万元以下的罚款；情节严重的，处二万元以上十万元以下的罚款，并可以吊销其资格证书。

未取得合法资格的人员从事个人保险代理活动的，由保险监督管理机构给予警告，可以并处二万元以下的罚款；情节严重的，处二万元以上十万元以下的罚款。

第一百七十五条　外国保险机构未经国务院保险监督管理机构批准，擅自在中华人民共和国境内设立代表机构的，由国务院保险监督管理机构予以取缔，处五万元以上三十万元以下的罚款。

外国保险机构在中华人民共和国境内设立的代表机构从事保险经营活动的，由保险监督管理机构责令改正，没收违法所得，并处违法所得一倍以上五倍以下的罚款；没有违法所得或者违法所得不足二十万元的，处二十万元以上一百万元以下的罚款；对其首席代表可以责令撤换；情节严重的，撤销其代表机构。

第一百七十六条　投保人、被保险人或者受益人有下列行为之一，进行保险诈骗活动，尚不构成犯罪的，依法给予行政处罚：

（一）投保人故意虚构保险标的，骗取保险金的；

（二）编造未曾发生的保险事故，或者编造虚假的事故原因或者夸大损失程度，骗取保险金的；

（三）故意造成保险事故，骗取保险金的。

保险事故的鉴定人、评估人、证明人故意提供虚假的证明文件，为投保人、被保险人或者受益人进行保险诈骗提供条件的，依照前款规定给予处罚。

第一百七十七条　违反本法规定，给他人造成损害的，依法承担民事责任。

第一百七十八条　拒绝、阻碍保险监督管理机构及其工作人员依法行使监督检查、调查职权，未使用暴力、威胁方法的，依法给予治安管理处罚。

第一百七十九条　违反法律、行政法规的规定，情节严重的，国务院保险监督管理机构可以禁止有关责任人员一定期限直至终身进入保险业。

第一百八十条　保险监督管理机构从事监督管理工作的人员有下列情形之一的，依法给予处分：

（一）违反规定批准机构的设立的；

（二）违反规定进行保险条款、保险费率审批的；

（三）违反规定进行现场检查的；

（四）违反规定查询账户或者冻结资金的；

（五）泄露其知悉的有关单位和个人的商业秘密的；

（六）违反规定实施行政处罚的；

（七）滥用职权、玩忽职守的其他行为。

第一百八十一条　违反本法规定，构成犯罪的，依法追究刑事责任。

第八章　附　则

第一百八十二条　保险公司应当加入保险行业协会。保险代理人、保险经纪人、保险公估机构可以加入保险行业协会。

保险行业协会是保险业的自律性组织，是社会团体法人。

第一百八十三条　保险公司以外的其他依法设立的保险组织经营的商业保险业务，适用本法。

第一百八十四条　海上保险适用《中华人民共和国海商法》的有关规定；《中华人民共和国海商法》未规定的，适用本法的有关规定。

第一百八十五条　中外合资保险公司、外资独资保险公司、外国保险公司分公司适用本法规定；法律、行政法规另有规定的，适用其规定。

第一百八十六条　国家支持发展为农业生产服务的保险事业。农业保险由法律、行政法规另行规定。

强制保险，法律、行政法规另有规定的，适用其规定。

第一百八十七条　本法自 2009 年 10 月 1 日起施行。

附录二：最高人民法院关于适用《中华人民共和国保险法》若干问题的解释（一）

中华人民共和国最高人民法院公告

《最高人民法院关于适用〈中华人民共和国保险法〉若干问题的解释（一）》已于2009年9月14日由最高人民法院审判委员会第1473次会议通过，现予公布，自2009年10月1日起施行。

二○○九年九月二十一日

最高人民法院关于适用《中华人民共和国保险法》若干问题的解释（一）

为正确审理保险合同纠纷案件，切实维护当事人的合法权益，现就人民法院适用2009年2月28日第十一届全国人大常委会第七次会议修订的《中华人民共和国保险法》（以下简称保险法）的有关问题规定如下：

第一条　保险法施行后成立的保险合同发生的纠纷，适用保险法的规定。保险法施行前成立的保险合同发生的纠纷，除本解释另有规定外，适用当时的法律规定；当时的法律没有规定的，参照适用保险法的有关规定。

认定保险合同是否成立，适用合同订立时的法律。

第二条　对于保险法施行前成立的保险合同，适用当时的法律认定无效而适用保险法认定有效的，适用保险法的规定。

第三条　保险合同成立于保险法施行前而保险标的转让、保险事故、理赔、代位求偿等行为或事件，发生于保险法施行后的，适用保险法的规定。

第四条　保险合同成立于保险法施行前，保险法施行后，保险人以投保人未履行如实告知义务或者申报被保险人年龄不真实为由，主张解除合同的，适用保险法的规定。

第五条 保险法施行前成立的保险合同，下列情形下的期间自 2009 年 10 月 1 日起计算：

（一）保险法施行前，保险人收到赔偿或者给付保险金的请求，保险法施行后，适用保险法第二十三条规定的三十日的；

（二）保险法施行前，保险人知道解除事由，保险法施行后，按照保险法第十六条、第三十二条的规定行使解除权，适用保险法第十六条规定的三十日的；

（三）保险法施行后，保险人按照保险法第十六条第二款的规定请求解除合同，适用保险法第十六条规定的二年的；

（四）保险法施行前，保险人收到保险标的转让通知，保险法施行后，以保险标的转让导致危险程度显著增加为由请求按照合同约定增加保险费或者解除合同，适用保险法第四十九条规定的三十日的。

第六条 保险法施行前已经终审的案件，当事人申请再审或者按照审判监督程序提起再审的案件，不适用保险法的规定。

附录三：最高人民法院关于适用《中华人民共和国保险法》若干问题的解释（二）

中华人民共和国最高人民法院公告

《最高人民法院关于适用〈中华人民共和国保险法〉若干问题的解释（二）》已于2013年5月6日由最高人民法院审判委员会第1577次会议通过，现予公布，自2013年6月8日起施行。

最高人民法院
2013年5月31日

最高人民法院关于适用《中华人民共和国保险法》若干问题的解释（二）

（2013年5月6日最高人民法院审判委员会第1577次会议通过）

为正确审理保险合同纠纷案件，切实维护当事人的合法权益，根据《中华人民共和国保险法》《中华人民共和国合同法》《中华人民共和国民事诉讼法》等法律规定，结合审判实践，就保险法中关于保险合同一般规定部分有关法律适用问题解释如下：

第一条　财产保险中，不同投保人就同一保险标的分别投保，保险事故发生后，被保险人在其保险利益范围内依据保险合同主张保险赔偿的，人民法院应予支持。

第二条　人身保险中，因投保人对被保险人不具有保险利益导致保险合同无效，投保人主张保险人退还扣减相应手续费后的保险费的，人民法院应予支持。

第三条　投保人或者投保人的代理人订立保险合同时没有亲自签字或者盖章，而由保险人或者保险人的代理人代为签字或者盖章的，对投保人不生效。但投保人已经交纳保险费的，视为其对代签字或者盖章行为的追认。

保险人或者保险人的代理人代为填写保险单证后经投保人签字或者盖章确认的，代为填写的内容视为投保人的真实意思表示。但有证据证明保险人或者保险人的代理人存在保险法第一百一十六条、第一百三十一条相关规定情形的除外。

第四条　保险人接受了投保人提交的投保单并收取了保险费，尚未作出是否承保的意思表示，发生保险事故，被保险人或者受益人请求保险人按照保险合同承担赔偿或者给付保险金责任，符合承保条件的，人民法院应予支持；不符合承保条件的，保险人不承担保险责任，但应当退还已经收取的保险费。

保险人主张不符合承保条件的，应承担举证责任。

第五条　保险合同订立时，投保人明知的与保险标的或者被保险人有关的情况，属于保险法第十六条第一款规定的投保人“应当如实告知”的内容。

第六条　投保人的告知义务限于保险人询问的范围和内容。当事人对询问范围及内容有争议的，保险人负举证责任。

保险人以投保人违反了对投保单询问表中所列概括性条款的如实告知义务为由请求解除合同的，人民法院不予支持。但该概括性条款有具体内容的除外。

第七条　保险人在保险合同成立后知道或者应当知道投保人未履行如实告知义务，仍然收取保险费，又依照保险法第十六条第二款的规定主张解除合同的，人民法院不予支持。

第八条　保险人未行使合同解除权，直接以存在保险法第十六条第四款、第五款规定的情形为由拒绝赔偿的，人民法院不予支持。但当事人就拒绝赔偿事宜及保险合同存续另行达成一致的情况除外。

第九条　保险人提供的格式合同文本中的责任免除条款、免赔额、免赔率、比例赔付或者给付等免除或者减轻保险人责任的条款，可以认定为保险法第十七条第二款规定的“免除保险人责任的条款”。

保险人因投保人、被保险人违反法定或者约定义务，享有解除合同权利的条款，不属于保险法第十七条第二款规定的“免除保险人责任的条款”。

第十条　保险人将法律、行政法规中的禁止性规定情形作为保险合同免责条款的免责事由，保险人对该条款作出提示后，投保人、被保险人或者受益人以保险人未履行明确说明义务为由主张该条款不生效的，人民法院不予支持。

第十一条　保险合同订立时，保险人在投保单或者保险单等其他保险凭证上，对保险合同中免除保险人责任的条款，以足以引起投保人注意的文字、字体、符号或者其他明显标志作出提示的，人民法院应当认定其履行了保险法第十七条第二款规定的提示义务。

保险人对保险合同中有关免除保险人责任条款的概念、内容及其法律后果以书面或者口头形式向投保人作出常人能够理解的解释说明的，人民法院应当认定保险人履行了保险法第十七条第二款规定的明确说明义务。

第十二条　通过网络、电话等方式订立的保险合同，保险人以网页、音频、视频等形式对免除保险人责任条款予以提示和明确说明的，人民法院可以认定其履行了提示和明确说明义务。

第十三条　保险人对其履行了明确说明义务负举证责任。

投保人对保险人履行了符合本解释第十一条第二款要求的明确说明义务在相关文书上签字、盖章或者以其他形式予以确认的，应当认定保险人履行了该项义务。但另有证据证明保险人未履行明确说明义务的除外。

第十四条　保险合同中记载的内容不一致的，按照下列规则认定：

（一）投保单与保险单或者其他保险凭证不一致的，以投保单为准。但不一致的情形系经保险人说明并经投保人同意的，以投保人签收的保险单或者其他保险凭证载明的内容为准；

（二）非格式条款与格式条款不一致的，以非格式条款为准；

（三）保险凭证记载的时间不同的，以形成时间在后的为准；

（四）保险凭证存在手写和打印两种方式的，以双方签字、盖章的手写部分的内容为准。

第十五条　保险法第二十三条规定的三十日核定期间，应自保险人初次收到索赔请求及投保人、被保险人或者受益人提供的有关证明和资料之日起算。

保险人主张扣除投保人、被保险人或者受益人补充提供有关证明和资料期间的，人民法院应予支持。扣除期间自保险人根据保险法第二十二条规定作出的通知到达投保人、被保险人或者受益人之日起，至投保人、被保险人或者受益人按照通知要求补充提供的有关证明和资料到达保险人之日止。

第十六条　保险人应以自己的名义行使保险代位求偿权。

根据保险法第六十条第一款的规定，保险人代位求偿权的诉讼时效期间应自其取得代位求偿权之日起算。

第十七条　保险人在其提供的保险合同格式条款中对非保险术语所作的解释符合专业意义，或者虽不符合专业意义，但有利于投保人、被保险人或者受益人的，人民法院应予认可。

第十八条　行政管理部门依据法律规定制作的交通事故认定书、火灾事故认定书等，人民法院应当依法审查并确认其相应的证明力，但有相反证据能够推翻的除外。

第十九条　保险事故发生后，被保险人或者受益人起诉保险人，保险人以被保险人或者受益人未要求第三者承担责任为由抗辩不承担保险责任的，人民法院不予支持。

财产保险事故发生后，被保险人就其所受损失从第三者取得赔偿后的不足部分提起诉讼，请求保险人赔偿的，人民法院应予依法受理。

第二十条　保险公司依法设立并取得营业执照的分支机构属于《中华人民共和国民事诉讼法》第四十八条规定的其他组织，可以作为保险合同纠纷案件的当事人参加诉讼。

第二十一条　本解释施行后尚未终审的保险合同纠纷案件，适用本解释；本解释施行前已经终审，当事人申请再审或者按照审判监督程序决定再审的案件，不适用本解释。

主要参考书目

[1] 温世扬主编:《保险法》,法律出版社 2007 年版。
[2] 方乐华:《保险与保险法》,北京大学出版社 2009 年版。
[3] 李玉泉:《保险法学——理论与实务》(第二版),高等教育出版社 2010 年版。
[4] 王卫国、马颖、王仰光编著:《保险法》,清华大学出版社、北京交通大学出版社 2010 年版。
[5] 邓杰:《商事仲裁法》,清华大学出版社 2008 年版。
[6] 周玉华编著:《最新保险法经典疑难案例判解》,法律出版社 2008 年版。
[7] 周伟主编:《保险产品行销技巧》,清华大学出版社 2006 年版。
[8] 吴小平主编:《保险法原理与实务》,中国金融出版社 2002 年版。
[9] 梁鹏主编:《人身保险合同》(第二版),中国财政经济出版社 2011 年版。
[10] 万峰主编:《寿险销售技巧》,中国金融出版社 2003 年版。
[11] 刘子操、高波主编:《21 世纪高等学校保险学系列教材:保险学概论》(第 5 版),中国金融出版社 2012 年版。
[12] 史卫进编著:《保险法案例教程》(第二版),北京大学出版社 2010 年版。
[13] 徐昆编著:《保险案例与实训》,北京师范大学出版社 2010 年版。
[14] 张洪涛、王国良主编:《保险核保与理赔》,中国人民大学出版社 2006 年版。
[15] 付菊、李玉菲主编:《财产保险核保核赔》,中国金融出版社 2013 年版。
[16] 沈琳主编:《保险公司综合业务实训》,中国人民大学出版社 2010 年版。
[17] 郑祎华、辛桂华主编:《人身保险理论与实务》,东北财经大学出版社 2011 年版。
[18] 邓大松主编:《保险经营与管理》,中国金融出版社 2007 年版。
[19] 项俊波主编:《保险基础知识》,中国财政经济出版社 2013 年版。
[20] 奚晓明主编:《保险理赔监管与审判办案手册》,人民法院出版社 2010 年版。
[21] 孙凤英主编:《机动车辆保险与理赔》,人民交通出版社 2011 年版。
[22] 韩雪主编:《保险客户服务与管理》,中国金融出版社 2009 年版。
[23] 田蕊主编:《保险客户服务》,清华大学出版社 2011 年版。
[24] 中国保监会保险教材编写组:《风险管理与保险》,高等教育出版社 2007 年版。

[25] 法律出版社法规中心编:《中华人民共和国保险法注释本》, 法律出版社 2012 年版。
[26] 恒安标准人寿保险有限公司法律部编著:《人身保险法律实务解析》, 法律出版社 2012 年版。

图书在版编目（CIP）数据

保险法基础与实务/王雨静主编. —北京:中国政法大学出版社，2014.8
ISBN 978-7-5620-5597-6

Ⅰ.①保… Ⅱ.①王… Ⅲ.①保险法—中国 Ⅳ.①D922.284.1

中国版本图书馆CIP数据核字(2014)第197125号

出版者　中国政法大学出版社
地　址　北京市海淀区西土城路25号
邮寄地址　北京100088信箱8034分箱　邮编100088
网　址　http://www.cuplpress.com（网络实名：中国政法大学出版社）
电　话　010-58908524(编辑部)　58908334(邮购部)
承　印　固安华明印业有限公司
开　本　720mm×960mm　1/16
印　张　18.5
字　数　340千字
版　次　2014年8月第1版
印　次　2014年8月第1次印刷
定　价　39.00元